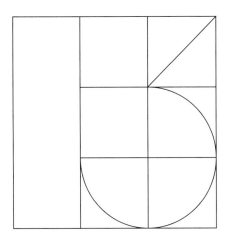

슬픈 열대를 읽다

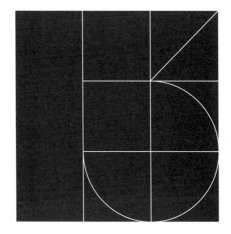

슬픈 열대를 읽다

=

레비스트로스와 인류학을
공부하는 첫걸음

양자오 지음 ＋ 박민호 옮김

저자 서문

'구조적 사유'로 들어가는 길

오로지 뼈, 뼈, 뼈만 있을 뿐!

내가 처음 레비스트로스를 알게 된 것은 1982년 초, 대학 1학년 겨울방학 때였다. 나는 도서관에서 에드먼드 리치가 쓰고 황다오린黃道琳이 번역한 『레비스트로스, 구조주의의 아버지』를 빌렸다.

2007년 젊은 나이에 세상을 뜬 황다오린은 레비스트로스와 구조주의를 타이완 독자에게 맨 처음 소개한 중요 인물이다. 레비스트로스의 불어명 'Lévi-Strauss'를 '李維史陀'로 옮긴 이도 사실상 그였다. 마찬가지로 이른 나이에 작고

한 인류학자 왕즈밍王志明이 『슬픈 열대』를 번역하면서 저자의 이름을 비록 '李維−史特勞斯'로 옮기긴 했지만, 현재까지도 황다오린의 표현을 사용하고 있다. 이는 이미 습관이 되어 버린 까닭이기도 하고, 짧게나마 교분을 맺은 선배 학자를 추념하기 위해서이기도 하며, 불어에서 'Lévi-Strauss'의 마지막 두 철자 'ss'가 묵음이라 '李維史陀'가 '李維−史特勞斯'보다 원음에 더 가깝기 때문이기도 하다.

그해 겨울방학에 나는 『레비스트로스, 구조주의의 아버지』 외에 엘빈 해치의 『인간과 문화의 이론』도 빌렸다. 늘 그렇듯 춥고 습했던 타이베이의 겨울 동안 그 두 권의 책이 나의 머리를 순식간에 엄청난 과열 상태로 만들었다.

나는 고교 시절부터 '문화'에 유별난 관심이 있다고 스스로 생각해 왔고, 문화와 관련된 많은 책(예를 들어 『중국 문화사』, 『서양 문화사』, 『동서양 철학과 그 문화』, 『중국 문화의 미래』, 『불교와 중국 문화』 등)을 읽었노라 여겼다. 하지만 한번도 그런 방식으로 문화를 바라보고 해석하며, 문화를 통해 인류의 행위를 탐색할 수 있다고 생각한 적은 없었다.

내가 처음으로 '문화인류학'이라는 낯선 학문 분과를 접한 것은 인류학에 대해 완전히 전복적인 다른 견해를 갖게 되면서부터였다.

솔직히 말하자면, 그 시대 고교생은 대학 진학을 위해 지원서의 빈칸을 메우면서도 눈앞에 펼쳐진 대학 학과의 상황에 대해서는 거의 아무것도 몰랐다. 문과를 지원하면서 가장 괴상하고 이해하기 어려웠던 학과는 타이완 전체에서 유일무이했던 '타이완대 고고인류학과'였다. 타이완대 말고는 어떤 대학에도 이런 괴상한 학과가 없었다. 게다가 다른 대학도 아니고 타이완대에 그런 학과가 개설되어 있는 것도 특이했다. 만약 타이완대가 아닌 다른 대학에 그런 학과가 단독으로 있었다면, 우리는 너무도 자연스럽게 그런 학과의 존재를 무시하고 없이 취급했을 것이다. 그러나 그 학과는 타이완대 문과대에서 점수가 가장 낮은 학과였으므로, 대다수 지원자에게 타이완대에 진학할 수 있는 기회를 상기시켜 주었던 것이다.

따라서 우리는 '고고인류학'이라는 단어를 몇 번이나 머릿속에 되새기며 그 단어의 의미에 관해 수군거릴 수밖에 없었다. 얼마나 오래전부터인지는 모르겠지만, 중국어문학과 선배들은 고고인류학을 (타이완어로) "죽은 사람의 유골을 발굴하는" 분야라고 전하곤 했다.

　나의 소싯적 관심사가 다양한 편이었다 해도 "죽은 사람의 유골을 발굴하는" 것을 전문으로 공부하는 분야에는 아무래도 흥미를 가질 수가 없었다. 나는 역사를 공부할 생각이어서 외국어문학과나 중국어문학과조차 지원하지 않았는데, 고고인류학과 지원을 고민이나 했겠는가!

　나는 지원했던 대로 타이완대 역사학과에 진학하게 되었다. 그러나 뜻밖에도 대학 1학년 필수 교과 목록에 '고고인류학 개론'이 있다는 사실을 발견했다. 나는 고교 시절부터 지나칠 정도로 결석을 자주 했다. 대학에 입학한 후로는 그정도가 더 심해져, 대부분 시간을 도서관에서 책을 찾거나 읽을지언정 수업에는 웬만해선 출석하지 않았다. 개학 후 한동안 나는 좀처럼 '고고인류학 개론' 수업에 들어가지 않았고, 고고인류학이 도대체 무얼 가르치는 학문인지조차 이해하지 못했다.

　나는 수업에 대해 조급해하거나 딱히 신경을 쓰지 않았지만, 역사학과의 한 여자 선배는 나보다 성격이 더 급하고 소심했다. 그녀는 호의에서 자신이 대학 1학년 때 사용한 비급祕笈을 찾아내 내게 억지로 전해 주었다. 나는 도서관에서

한두 시간을 할애해 지난 학기 그녀의 필기를 들추어 보며 고고인류학이 정말 "죽은 사람의 유골을 발굴하는" 분야임을 느꼈다.

천치루陳奇祿 교수의 '고고인류학 개론'은 고고인류학의 세부 내용을 담고 있었다. 거기에는 체질인류학體質人類學, 고고학, 민족지, 문화인류학이 포함되었다. 천치루 교수는 그러한 세부 내용을 먼저 열거한 후, 체질인류학에 대한 설명으로 들어갔다. 노트에는 인체 구조, 골격의 형상이 그려져 있고, 인간의 각종 뼈와 관련된 고유명사가 빼곡하게 적혀 있었다. 얼핏 보면 의예과 과정의 수업 내용처럼 느껴질 정도였다. 그러나 눈에 띄는 차이는 근육이나 내장에 관한 설명은 없고 오로지 뼈, 뼈, 뼈만 있다는 점이었다!

나는 겨울방학 전 '고고인류학 개론'의 기말고사를 형편없이 치렀다. 시험에 나온 주요 문제 하나를 완전히 공백으로 남겨 놓았다. 천치루 교수는 수업 시간에 이미 인류의 두개골과 관련된 단어들을 반드시 출제할 것이라 언급한 바 있었다. 대부분 학생은 이에 대비해 따로 준비를 했지만, 오직 나만 그 사실을 인지하지 못했다. "두폭頭幅, 두고頭高, 두장頭長의 정의와 그 학명을 쓰시오"라는 문제 앞에서 나는 한숨을 내쉴 수밖에 없었다.

　시험 성적이 발표되었다. 나의 '고고인류학 개론' 성적
은 낙제점이었다. 반에서 꼴찌인 62점. 성적 확인 후 문과대
건물로 돌아가면서, 나는 선배의 노트 필기에서 다음 학기
'고고인류학 개론'이 문화인류학을 다룬다는 점을 상기해 냈
다. 더 이상 낙제점을 받지 않기 위해 나는 문화인류학 관련
도서 몇 권을 도서관에서 빌려 방학 동안 다음 학기 수업에
대비하려 했다.

시야를 넓히다

　겨울방학 동안의 독서는 나를 큰 혼란에 빠뜨렸다. 문화
인류학은 나의 시야를 넓혀 주었고, 역사, 역사학 그리고 역
사학과에서의 훈련에 대해 다시 생각하도록 해 주었다. 과
학, 이론, 황야에서의 모험, 문학적 기록 등을 결합한 문화인
류학의 연구 방식에 비하면 역사, 특히 당시 내가 이해하던
전통적 의미에서의 역사와 역사학은 협소하고 평범하며 고
리타분해 보였다.

　대학 1학년 2학기에는 이전 학기와는 정반대로 '고고인

류학 개론'이 가장 흥미를 끄는 과목이 되었다. 나는 전과 마찬가지로 천치루 교수의 수업에 자주 결석했지만, 그의 수업에 흥미가 없어서가 아니라 그가 가르치는 내용이 너무 적고 진도도 느렸기 때문이었다. 나는 선배의 노트에 기록된, 2학기 '고고인류학 개론' 수업에서 다룰 인명과 책 제목 등을 따로 적어 두었다가 도서관에서 관련 서적을 잔뜩 껴안고 돌아오곤 했다.

2~3개월 동안 나는 에드먼드 리치가 미얀마 고원지대 원주민 사회의 구조에 관해 저술한 책, 브로니슬라브 말리노프스키와 에드워드 에번스프리처드의 민족지에 관한 책을 읽었고, 레비스트로스의 『슬픈 열대』 영역본을 구해 읽으며 타이베이의 점점 무더워지는 날씨를 견뎌 냈다.

그 후 나는 스스로 인류학을 역사보다 훨씬 좋아하게 되었노라 확신했다. 그래서 용기를 내어 둥둥관洞洞館*의 고고인류학과 사무실에 방문해 전과 방법을 문의했다.

학과 사무실의 조교는 내가 무슨 말을 하는지 이해하지 못했다. 처음 3분 동안 그는 내가 어떻게 고고인류학과에서 다른 과로 전과할 수 있는지 묻는 것으로 생각했다. 그래서 참을성 없이 반복해서 "가고 싶은 과의 사무실에 가서 문의

---

* 타이완대 내에 있는 건물. 세 개의 동이 하나로 연결된 독특한 양식이며 각 동에 농업박물관, 고고인류학과, 철학과가 위치한다. (옮긴이)

하세요. 어떤 과는 전과 시험을 치르지만 어떤 과는 치르지 않습니다"라고 말했다. 나는 여러 차례 그에게 고고인류학과로 전과하길 원한다고 말했지만, 이 말이 그의 뇌리에 좀처럼 와닿지 않는 것 같았다. 마침내 나의 말을 이해한 그가 놀란 어조로 말했다. "왜요?"

고고인류학과에는 정해진 전과 규정이 없었다. 조교는 나 대신 방법을 알아본 후, 지난 몇 년간 고고인류학과로 전과한 학생이 없었기 때문에 성적표를 제출한 후 학과장과 면담을 진행하면 될 거라 일러 주었다.

그해 고고인류학과의 학과장은 리광저우李光周 교수였다. 시간을 정한 후 나는 그의 연구실로 찾아갔다. 그가 내게 던진 첫 번째 질문은 당연히 "어째서 우리 과로 옮기려는 건가?"였다. 나는 이미 답안을 준비해 두었던 터라 즉각 문화인류학에 대한 나의 얕은 지식을 모조리 끄집어내 말을 이어 갔다. 심지어 오만방자하게 영국의 기능학파와 프랑스의 구조학파를 비교하기도 했다.

리광저우 교수는 참을성 있게 나의 말을 끝까지 들어 주었다. 내 말이 끝나기를 기다렸다 그는 질문 하나를 던졌다. "이 학과는 고고인류학과네. 그런데 학생은 고고학에 관해서는 말하지 않았군?" 나는 순간 멍해졌다. 그런 질문을 할 거라고는 전혀 생각하지 못했던 것이다. 나는 문화인류학에 대한 나의 열정과 이해를 보여 주기만 하면 학과장이 응당 나를 칭찬하며 "좋네, 우리 학과에 오게 된 걸 환영하네!"라고 말해 줄 거라 생각했다.

예상치 못한 질문에 무방비로 노출된 스무 살도 채 되지 않은 나는 할 수 없이 마음속 진실을 털어놓을 수밖에 없었다. 나는 이렇게 말했다. 나는 고고학을 좋아하지 않고, 고고학은 재미없는 학문 분야이며, 그 연구방법론과 지적 추론에는 큰 문제가 있다. 무슨 물건이 땅속에 있는가, 무슨 물건이 발굴·출토되는가, 이런 문제는 대단히 우연적이다. 이런 우연하고 희소한 자료에 의존해 과거 인류 문화와 역사를 과연 추론해 낼 수 있는가?

리광저우 교수는 이번에도 인내심을 가지고 미소를 지으며 끝까지 내 말을 경청했다. 내 말이 끝나자 리광저우 교수는 역시 미소 띤 얼굴로 답했다. "학생, 이제야 학생의 '고고인류학 개론' 성적이 왜 그토록 이상했는지 알 것 같군. 미안하네. 나는 학생의 전과를 허락할 수 없네. 방금 학생이 말한 내용 때문이 아니야. 학생이 오기 전에 이미 학과 회의에서 이 일로 의견을 나누었네. 어떤 교수가 내게 '고고인류학 개론' 수업에서 62점을 맞은 학생의 전과를 승낙할 수는 없다고 일깨워 주더군."

나는 반발하며 이렇게 말하려 했다. "그건 지난 학기입니다. 다음 학기에는 반 전체에서 가장 좋은 성적을 거둘 수 있습니다!" 하지만 입이 떨어지지 않았다. 리광저우 교수는 다음 말을 덧붙였다. "하지만 나는 개인적으로 학생이 우리 과에 자주 와서 수업을 들어 보기를 권하네. 특히 고고학 관련 수업을. 학생은 고고학에 편견을 갖고 있어!"

30년 후 이 일을 떠올리니, 그 당시 나 자신의 무지함에 참을 수 없는 부끄러움을 느껴 얼굴이 달아오를 지경이다. 나는 고고학을 이해하지도 못했고, 중국 고고학의 놀라운 성취에 대해서도 어두웠다. 중국 고고학에서 최고 수준의 성취를 대표하는 리지李濟 선생에 대해서도 몰랐고, 리광저우 교수가 리지 선생의 아들이라는 사실도 전혀 몰랐던 것이다!

그럼에도 리광저우 교수는 나를 버릇없다 여기지 않고 그 뒤로 몇 년간 내게 친절하게 대해 주었다. 그는 내가 고고학을 배우고 과거의 무지와 황당무계한 태도를 고쳐 나갈 수 있는 기회를 제공해 주었다.

사상적 소용돌이의 중심에서

나는 전과에 실패해 역사학과에 남게 되었지만 인류학에 대한 탐구열은 변함없었다. 리광저우 교수와의 관계 때문이기도 했지만, 고고학에 대한 진전된 인식 때문이기도 했다.

그 무렵 타이완 지식계에는 일련의 분위기가 형성되고 있었다. 사회학과 사회학 지식 이론을 탐구하는 '베버열', 사회를 분석함에 있어 금기를 건드리고 거기에 도전하는 '네오마르크스주의열', '신좌파열' 등이 그것이었다.

네오마르크스주의, 신좌파란 1950년대 이후 서구에서 출현한 사상운동이다. 1953년 스탈린 사망 후 소련 공산당 총서기직을 이어받은 흐루쇼프는 스탈린에 대해 혹독한 비판을 가했다. 그 과정에서 스탈린의 각종 공포정치 수단이 낱낱이 공개되었고, 그 사실이 서방에도 알려졌다. 이는 서구 좌파 진영에 투하된 거대한 폭탄이 되어, 그들이 믿고 의지했던 소련 공산당의 혁명 신화를 철저하게 무너뜨렸다. 많은 좌파 지식인이 더 이상 소련의 교리를 맹목적으로 답습하고 소련식 공산혁명을 희구할 수 없음을 인정했다. 그들은 다른 각도에서 자신들의 자본주의사회를 반성해야만 했다. 이러한 생각을 바탕으로 지식인들은 다른 가치의 노선을 구축하기 시작했고, 스스로를 신좌파라 칭하며 소련 공산주의 조직이나 교조주의적인 '구좌파'와 구분했다. 또한 그들이 발전시킨 자본주의사회에 대한 비판적 사고와 이론을 네오마르크스주의라 불렀다.

네오마르크스주의의 전통은 무척 웅대하며 넓은 영역을 포괄했다. 여러 학문 분야에 속하고 다양한 관점을 지닌 당시의 타이완 지식 청년들이 그 전통에 참여했다. 네오마르크스주의는 이론적으로 심오하고 현실에 극단적으로 첨예한 분석과 비판을 가했는데, 이는 그 당시 타이완 지식계의 요구와도 맞아떨어졌다. 강렬한 지적 자존감과 허영심을 지닌 청년들은 한편으로 좀처럼 이해하기 어려운 이론에 매료되었고, 다른 한편으로 계엄 상황에서 오는 두려움으로 인해 사회 문제에 직접 참여하거나 개입하지 못했다. 물론 마르크스주의나 좌파 자체에 녹아 있는 불온한 색채 때문에 관련 서적을 읽는 행위 자체도 위험했지만, 그러한 불온성은 청년들에게 특별한 자극을 선사하기도 했다.

그 시기 '네오마르크스주의열'은 나의 독서에 커다란 영향을 미쳤다. 젊은 시절 애독하던 시와 소설을 내려놓게 했을 뿐만 아니라 역사학과에서 반드시 읽어야 하는 고문서와 역사서마저 내려놓게 했다. 나는 대부분의 독서 시간을 네오마르크스주의를 탐구하는 데 바쳤다. 또한 비교적 오랜 시간 프랑스와 독일의 사상과 철학과 어울렸다.

프랑스 구조주의와 독일 프랑크푸르트학파는 그 당시 내게 중요한 인상을 남겼고, 그 후로도 나의 독서 레이더 범위에 남아 지속적으로 나의 호기심을 일깨우며 세계에 대한 이해를 증진시켜 주었다.

역사학 전공에서 받은 훈련으로 나는 서로 다른 사상을 이해하기 위해 근원으로 거슬러 올라가 그것을 비교 대조했고, 특정한 사상을 시간상 전후 맥락에 배치해 탐구했다. 이런 과정에서 레비스트로스가 점차 소용돌이의 중심으로서 특수한 위상을 차지하기 시작했다. 구조주의는 그로부터 형성되었고, 프랑스 좌파 사상의 전환 역시 기본적으로 사르트르에서 레비스트로스로 향하는 길을 걸었다. 심지어 독일 프랑크푸르트학파의 이론 또한 상당 부분 레비스트로스가 수립한 '구조'와 대결을 벌이는 데 힘을 쏟았다.

일찌감치 레비스트로스를 접함으로써, 나는 운 좋게 소

용돌이의 중심에서 얽히고설킨 주위의 변화를 성찰할 수 있
는 시각을 갖게 되었다. 또한 소용돌이 주위의 맹렬한 물거
품을 냉정하게 정리함으로써 소용돌이 중심의 심연을 꿰뚫
고 첩첩이 쌓인 언어와 관념의 안개 속을 통과해 레비스트로
스만의 독특한 '구조적 사유'로 다가갈 수 있었다.

단순함으로 복잡함을 다스리다

2013년에 나는 청핀誠品 강좌의 '현대고전 정독' 과정에
1년간 '프랑스 집중 코스'를 개설했다. 이 코스에서 나는 6권
의 고전을 다루었는데, 이를 순서대로 열거하면 보들레르의
『악의 꽃』, 플로베르의 『보바리 부인』, 카뮈의 『이방인』, 사
르트르의 『존재와 무』, 레비스트로스의 『슬픈 열대』, 데리다
의 『글쓰기와 차이』였다.

기획 단계에서 나는 이러한 텍스트 선정이 매우 위험하
다는 점을 깨달았다. 앞의 세 권은 문학작품으로 일반 독자
가 비교적 쉽게 읽을 수 있고 또 유명한 텍스트였다. 다음 세
권은 철학사상서로 무게감이 있을 뿐만 아니라 낯선 술어가
많고 논리 또한 복잡해 일반인이 한가할 때 꺼내 읽을 만한

텍스트가 아니었다.

그러나 예기치 못한 일이 벌어졌다. 3기 과정에서 레비스트로스와 데리다를 다룬 강좌에 대한 학생들의 반응이 가장 뜨거웠던 것이다. 과정이 개시되기 2주 전, 청핀 신이점信義店 시청각실 199개 좌석의 예약이 모두 마감되었다. 그토록 많은 사람이 그처럼 난해한 사상을 이해하고자 하는 열정을 보여 준 사실에 나는 과거 청핀 강좌에서 느껴 본 적 없는 압박감을 느꼈다.

가벼움과 오락만 추구하는 사회 분위기에 역행해 많은 이들이 구조주의, 포스트구조주의 등 깊은 사상의 바다에 들어가 보고자 한다는 사실이 나를 무척 고무시켰다. 나는 열 차례의 강의를 통해 그들이 위대한 정신의 빛나는 지적 창조물을 감상하고, 그것이 생각보다 어렵지 않다는 사실을 이해하도록 혼신의 힘을 다했다.

아마도 그와 같은 특별한 압박감 때문에 나는 강의 내용을 정할 때 최대한 조심스럽게 몇 개의 중요한 주제를 선택하고, 그 주제를 중심으로 반복해 설명을 했다. 또 텍스트 원문을 최대한 많이 인용해 글에 담긴 의미를 직접 해석했다. 나는 외연을 넓히고 주제를 확장시키는 내용을 대폭 줄였고,

평소보다 더 인내심을 갖고 여러 번 동일한 논점으로 돌아와 설명을 되풀이했다.

그와 같은 스타일은 레비스트로스와 그의 책 『슬픈 열대』를 해설한 이 작은 책에서도 이어진다. 약간 덧붙이자면, 청핀 강좌의 수업 내용을 정리해 책을 집필할 때 뜻밖에도 레비스트로스를 다룬 1강 전체 녹음과 2강의 앞부분 절반 가량의 녹음이 사라졌음을 발견했다. 따로 보관해 둔 녹음도, 나중에 필기한 내용도 없었다. 그나마 다행인 것은 청핀 강좌에서의 강의 전에 웨이청衛城 출판사의 요청으로 두 차례 청핀서점 타이완대점과 타이베이 국제도서전에서 패트릭 윌컨이 쓴 레비스트로스의 학술 전기 『레비스트로스: 실험실의 시인』에 대해 강의한 적이 있다는 점이었다. 여기서 나는 레비스트로스를 비롯하여 미국 유학 시절 내가 인류학을 배웠던 데이비드 메이버리루이스 교수에 관해 이야기했다. 이 두 차례의 강연 내용 덕분에 이 책이 지나치게 빈약해지지 않을 수 있었다.

'세계는 조그만 바람개비와 같다'라는 (타이완 원서의) 제목은 『슬픈 열대』 16장에서 빌려 온 것이다. 그것은 매우 정교하고 흥미로운 비유로, 레비스트로스의 시야에서 볼 때

화려하지만 동시에 근본적인 구조의 한계를 지닌 인류 문명을 가리키는 말이다. 보다 구체적인 설명은 이 책의 7장을 참고하기 바란다.

(1)

하버드에서 레비스트로스를 만나다

시, 구조, 보편적 진리

먼저 10년 전에 쓴 글의 일부를 옮겨 적어 보려 한다.

그날 토론한 내용은 레비스트로스의 구조인류학과 '야생적 사고'의 모델에 관한 것이었다. 깊은 가을로 접어든 11월임에도 이상하게 무더운 날씨 탓에 우리는 히터가 웅웅대는 교실을 뒤로하고 박물관 입구의 계단 위에 흩어져 앉았다. 주위 풍경은 익숙하면서도 낯설었다. 건물은 햇살 아래에서 시간의 흐름과 서로 대치하는 모양새를 드러내고 있었고, 누런 나뭇잎은 대부분 떨어져 풀이 듬성듬성 난 대지를 뒤덮고 있었다. 하지만 소매를 걷어붙이고 느린 걸음으로 오가는 사람들의 모습을 보자니 마치 프로야구 시즌이 끝나기 전인 것처럼 느껴졌다.

마침내 누군가가 시와 관련된 문제를 제기했다. 시는 무엇인가?

그러나 우리는 인류학 수업 중이었고, 토론 대상은 레비스트로스였다.

그런데 레비스트로스가 인류학자라면, 어째서 그의 학술 전기를 집필한 세 작가 — 리치,* 파스,** 시모니스*** — 가 모두 그의 작품이 지닌 미학적 가치와 시적 특징을 강조한 것일까? 거기에는 분명 이유가 있을 것이다. 우리는 이 작가들이 인류학에 문외한이라 말할 수 없다. 에드먼드 리치는 일생을 영국의 기능주의학파에서 활동했고, 수차례 파란을 일으킨 바 있다. 또한 우리는 이 작가들이 시를 이해하지 못한다고 말할 수도 없다. 옥타비오 파스는 1990년 노벨문학상 수상자가 아니던가! 우리는 묻지 않을 수 없다. 시란 도대체 무엇인가? 어째서 레비스트로스의 작품이 시

---

* 에드먼드 로널드 리치(Edmund Ronald Leach, 1910~1989). 영국의 사회인류학자.

** 옥타비오 파스(Octavio Paz, 1914~1998). 멕시코의 시인·작가·비평가.

*** 이반 시모니스(Yvan Simonis). 인류학자·정신분석학자. 현재 캐나다 퀘벡의 연구 기관 GIFRIC에서 학생들을 가르치고 있다.

적 특징을 지닌다고 말하는 것인가?

왜냐하면 그의 문장이 아름답기 때문이다.

『슬픈 열대』에서 레비스트로스가 석양의 변화에 대해 묘사한 부분을 기억하는가? 배를 타고 여행하던 중 그는 석양이야말로 가장 고귀한 향연이라 말했다. 황혼의 색깔은 날마다 다르고 변화무쌍하다. 매번 석양을 대할 때마다 그의 마음은 문학을 몹시도 갈구했다. 그는 문자로 어떻게 자연의 무궁무진한 형태를 좇아 그것을 묘사할 수 있을지 생각했다. 그리고 마침내 석양을 찬미하는 긴 미문美文을 써냈다. 그의 논리는 근본적으로 과학적이지 않으며, 최소한 우리가 일반적으로 받아들일 수 있는 이성의 노선을 따르지도 않는다. 그는 자신의 방법을 사용해 혼란스러운 현상 속에서 소위 '구조'라 불리는 모델을 추출해 냈다. 그런데 우리는 어떻게 그의 모델이 옳음을 증명해 낼 수 있을까? 그의 이론적 가정은 너무도 주관적이어서 시인이나 문학가에 더욱 가깝다고 할 수 있다. 자연과 인문적 대상에 대한 그의 특별하고 정교한 관찰과 묘사를 사람들은 그저 감상할 수 있을 뿐 따지거나 캐물을 수는 없을 것이다.

보다 기본적이고 중요한 점은 그가 작품 속에서 우리의 일상적 인식과는 다른 세계 질서를 수립했다는 점이다. 그는 거듭 강조한다. 그가 추구하는 것은 문화의 저변에 깔린 문법적 구조라고. 이런 점에서 그는 언어학자처럼 보인다. 우리는 "사랑은 가장 고상한 형태의 비극"이라는 문장과 "원자는 가장 기본적인 물질 구성 요소"라는 문장이 서로 완전히 다른 범주에 속하는 문장이라는 점을 안다. 그러나 언어학자는 문법구조상의 유사성과 어음語音이 파생한 의미 등에서 두 문장 사이에 '구조적' 관계를 수립할 수 있다. 마찬가지로 우리가 보기에 비교가 불가능한 문화적 행위, 예를 들어 미국인의 추수감사절 만찬과 이누이트족의 무염無鹽 조리법 같은 행위가 레비스트로스의 관점에서는 구조와 문화적 문법에 있어서 유사성을 지닐 수 있다.

시의 본질은 본래 오배치, 왜곡, 재구성을 통해 안정적이고 자연스럽게 여겨지던 감관과 언어 세계에 혼란을 일으켜 새로운 의미를 창출하는 것이다. 그렇지 않은가? 새로운 범주를 자극하고 발굴하는 데 있어 레비스트로스와 워즈워스는 다르지 않다.

그러나 시인의 시는 유일한 것이다. 반면 레비스트로스는 그의 인류학 작품이 보편적 진리에 관한 발견이라고 선언한 바 있다.

물론 한 편 한 편의 시는 유일하다. 그러나 시인도 모두 그

들의 시에 초월적 진리, 서로 다른 형식의 진리, 시의 진리
가 녹아 있다고 여기지 않을까?

마술사의 주문

여기서 소개할 글은 산문집 『미로의 시』에서 가져온 것
으로, 제목은 「또 다른 진리의 탐구」다. 먼저 이 글에 관해
약간의 해설과 보충 설명이 필요할 것 같다.

이 글은 어느 수업에서 실제 일어났던 일을 기록한 것이
다. 하버드대학에서 공부할 때, 나는 메이버리루이스* 교수
의 '사회인류학' 수업을 수강한 바 있다. 내가 여기서 소개할
대목은 메이버리루이스 교수가 개설한 대학원의 토론 수업
에서 진행된 레비스트로스와 시에 관한 토론 내용이다.

메이버리루이스 교수는 인류학자로 주로 브라질에서 현
지 조사를 진행했고, '이원二元 사회구조' 연구에서 뛰어난
학술 성과를 거두었다. 이러한 이력은 그와 레비스트로스 사
이에 밀접한 관계를 형성했다. 레비스트로스 인류학의 연원
은 레비스트로스가 브라질의 상파울루대학에서 학생들을 가
르칠 때 진행한 인디언 부락에 대한 조사로 거슬러 올라갈
수 있다. 또한 '이원 사회'의 개념 역시 레비스트로스가 일찍

---

* 데이비드 메이버리루이스(David Maybury-Lewis, 1929~
2007). 인류학자. 파키스탄에서 태어났고, 미국 하버드대학에서
40년간 학생들을 가르쳤다.

이 '친속 관계'에 대한 연구에서 제기한 것이었다.

윌컨*이 쓴 레비스트로스에 관한 학술 전기**에는 메이버리루이스와 레비스트로스의 은원恩怨 관계가 기록되어 있다.

레비스트로스는 신화적 요소를 원자, 분자, 수정체, 만화경 속의 유리 파편에 비유했다. 하지만 사실상 그의 방법은 직관, 천부적 자질, 예술적 연상 능력, 심지어 운에 의존하는 것이었다. 이러한 예술적 방법은 매우 자유분방해 보이지만, 많은 전문 인류학자(특히 영미 인류학자)는 고개를 절레절레 저었다.

『신화학』 2권이 출판된 후, 어떤 이들은 인내심을 잃고 말았다. 영국의 인류학자이자 당시 하버드대학 교수였던 메이버리루이스는 특별히 『신화학』의 연구 강령에 비판을 제기할 자격이 있는 사람이었다. 왜냐하면 그는 1950년대에 샤반테족Xavante과 그 근방에 사는 셰렌테족Sherente을 연구한 바 있었기 때문이다. 메이버리루이스는 구조주의Structuralism***에 호감을 느끼긴 했지만, 1960년에 쓴 「이원 조

---

* 패트릭 윌컨(Patrick Wilcken). 인류학자. 오랫동안 국제사면위원회의 브라질 연구원을 역임했다.

** 『레비스트로스: 실험실의 시인』(Claude Lévi-Strauss: The Poet in the Laboratory, 2010)으로, 타이완본 제목은 『李維史陀: 實驗室里的詩人』이다.

*** 일반적으로 소쉬르의 구조언어학에서 비롯되었다고 여겨진다.

직은 존재하는가?」Do Dual Organisation Exists?라는 글에서는 민족지 자료와 이론의 두 측면에서 레비스트로스의 관점을 비판했다. 이에 레비스트로스도 상당히 거센 어조의 긴 글로 그에게 반격을 가했다. 메이버리루이스는 레비스트로스가 해석한 수많은 대립항이 지나친 견강부회라고 여겼고, 근거로 활용될 만한 민족지적 증거가 별로 없다고 생각했다. 내가 볼 때, 레비스트로스가 자나 깨나 생각했던 것은 자기주장에 대한 합리화였지 그가 언급한 원주민의 신앙에 대한 충실한 해석이 아니었다. 그 밖에 메이버리루이스는 레비스트로스가 화려한 문체에 의존해서만 일련의 모순, 가설, 황당무계 사이를 오갈 수 있었다고 지적하면서, 그러한 문체를 "마술사가 관중의 마음을 분산하기 위해 읊조리는 주문"이라 평했다.

메이버리루이스는 일찍이 브라질에서 현지 조사에 종사했기 때문에 레비스트로스가 인용한 민족지 자료에 정면으로 도전할 수 있는 밑천을 지니고 있었다. 특히 총 4권으로 구성된 『신화학』 중 1권과 2권의 논증에 등장하는 한 가지 문제가 대단히 중요했다. 브라질 중부의 신화에 등장하는 재규어(이 동물은 통상 불의 보관자로 여겨졌기 때문에 음식 조리 전통의 기원에서 핵심적인 역할을 담당했다)는 어떤 인간 여성을 아내로 두었다. 레비스트로스는 카야포족 Kayapo의 신화로부터 재규어의 그러한 특징을 취한 후, 그것을 인근의 수많은 신화에 적용할 수 있다고 생각했다. 그러나 메이버리루이스는 아피나예족Apinaye이나 셰렌테족, 샤반테족의 보고자들이 모두 그와 같은 관련성을 강하게 부정했고, 재규어의 짝 또한 실제로 재규어에 불과함을 지적했다고 말한다.

내가 하버드대학에서 공부하던 1980년대 중반, 메이버리루이스 교수는 종종 학생들을 데리고 브라질 중부 지역으로 돌아가 현지 조사를 하곤 했다. 대학원생들 사이에서 그에 관한 흥미로운 이야기들이 떠돌았다. 한번은 브라질로 출발하기 전 그가 학생들에게 밥을 산 적이 있었다. 그는 느닷없이 요한복음에 나오는 '베드로가 주님을 세 번 부인하다'라는 이야기를 꺼냈다. 그러고는 예수가 베드로에게 한 "닭이 세 번 울기 전에 그대는 나를 세 번 부인할 것이다"라는 예언을 흉내 내어 학생들에게 말했다. "밀림에 도착한 후 첫한 달간 자네들 중 삼분지 일이 나를 배반할 것이네. 내가 무엇을 시키든 자네들은 말을 듣지 않을 거야." 이 예언을 들은 모두는 깜짝 놀랐다. 영문을 몰라 질문하는 학생들에게 그는 아무런 해명도 내놓지 않았다. 브라질에 도착해서 밀림에 들어가자 메이버리루이스 교수의 예언은 정말로 실현되었다. 삼분지 일의 학생이 물과 땅에 적응하지 못해 쓰러졌고, 일주일까지는 아니더라도 적어도 사흘은 침대에 드러누워 어떤 일도 할 수 없었다.

레비스트로스에 대한 보다 진전된 독해와 이해는 이와 같은 한 인류학자의 강의를 통해 이루어졌던 것이다.

진정한 자유 토론

메이버리루이스 교수는 친절하고 열정적인 스승이었다. 대학원 입학 첫해에 나는 그의 토론 수업을 신청했고, 이어서 그의 다른 수업도 들었다. 비록 당시 나의 영어 실력은 뛰어난 편이 아니었지만, 메이버리루이스 교수의 수업은 긴장감과 스트레스를 빠르게 잊게 해 주었다. 수업 시작 후 10분 만에 나는 자유분방한 태도로 주제와 전혀 상관없는 문제를 제기했다. "혹시 숀 코너리를 닮았다는 말을 들어 보신 적 없나요?" 교수는 즉시 대답했다. "젊었을 때는 없지만, 머리가 빠진 뒤부터는 자주 듣는다네."

한 학기 동안 메이버리루이스 교수의 '사회인류학' 수업에서는 주로 레비스트로스와 구조주의에 관해 논했다. 메이버리루이스 교수의 연구실은 대다수 인류학과 교수의 연구실과 마찬가지로(장광즈張光直 교수를 포함해서) 피바디 고고민족학 박물관 안에 있었다. 수업은 월요일 오후 2시에 시작했다. 낡은 계단을 올라 그의 연구실로 들어가면 거의 예외 없이 메이버리루이스 교수가 얼굴 절반은 우리 쪽을 향하고 나머지 절반은 창밖을 향한 채 의자에 앉아 있었다. 수업이 시작되면 그는 두 개의 문제를 차례로 제기한 후, 날씨가 좋으면 갑자기 몸을 일으켜 우리에게 묻곤 했다. "밖으로 나갈까?" 그러면 우리는 줄줄이 낡은 계단을 내려가 육중한 현관문을 열고 나가 박물관 밖 큰 나무 몇 그루가 서 있는 잔디밭에 자리를 잡았다.

야외 수업과 실내 수업 사이에는 큰 차이가 있었다. 야외 수업은 마치는 시간이 정해져 있지 않았던 것이다. 연구실을 떠난다는 것은 수업의 시작종과 마침종의 통제 범위로부터 벗어남을 의미했다. 이미 수업 공간에서 벗어난 우리는 다른 학생들이 수업을 마치고 나와 잔디밭에서 햇볕을 쬔다 하더라도 잔디밭을 떠날 수 없었다. 그렇잖으면 잔디밭을 떠나 다시 어두컴컴한 실내로 들어가란 말인가?

수업 시간인지 수업 외 시간인지 애매한 분위기는 우리

의 토론 방향과 토론 방식에도 영향을 주었다. 교수는 연구실에서보다 훨씬 적은 문제를 제기했고, 그의 역할도 보다 가벼웠다. 하나의 문제가 제기되면, 통상 수십 분 동안 끊임없이 의견이 오갔다. 한 사람이 말을 마치기도 전에 다른 사람이 기회를 빼앗아 자기 견해를 밝히기도 했다. 메이버리루이스 교수는 미소를 지으며 학생들의 주장을 경청했고, 때로는 아예 풀밭에 누워 눈을 감은 채 정신을 가다듬기도 했다. 간혹 우리가 격렬한 토론에 몰두해 있다가 정신을 차려 보면, 교수는 어느샌가 홀연히 몸을 일으켜 자리를 떠난 뒤였다. 교수가 자리에 없으니, 토론 수업을 끝마칠 사람은 더더욱 없는 셈이었다.

날이 어둑어둑해지면 일이 있는 사람부터 하나둘씩 자리를 떴다. 남은 두세 사람은 카페나 기숙사로 자리를 옮겨 계속 토론을 이어갔다. 그 얼마나 두고두고 기억에 남을 지적 탐구의 풍경이었던가!

쓰레기, 황금으로 변하다

레비스트로스에 관한 메이버리루이스 교수의 첫 수업에서는 세 권의 참고 도서를 살펴보았다. 리치의 『레비스트로스』, 파스의 『클로드 레비스트로스: 하나의 서설』, 시모니스의 『클로드 레비스트로스 또는 "근친상간에의 열정"』이 그것이었다.

수업이 시작되자 메이버리루이스 교수는 문제 하나를 던졌다. 레비스트로스와 '시' 사이에는 어떤 관계가 있나? 왜 레비스트로스와 관련된, 배경도 다르고 출발점도 다른 세 권의 책이 약속이나 한 듯 모두 '시'를 언급하는가?

메이버리루이스 교수가 살아 있다면 여전히 그런 방식으로 레비스트로스에 대해 강의할 것이다. 그리고 그는 이 도서 리스트에 한 권을 더 추가해야 할 것이다. 윌컨이 쓴 전기 『레비스트로스: 실험실의 시인』을.

메이버리루이스 교수는 그것이 대학원생들이 가장 좋아하는 문제임을 이해하고 있었다. 왜냐하면 그런 문제는 정해진 답이 없고 참고할 만한 논문이나 전문 서적도 없어 모두 저마다의 지혜와 의견을 마음껏 펼쳐 보일 수 있기 때문이었다. 학생들은 그러한 주제를 빌려 자신의 박학과 총명을 뽐낼 수 있었다.

그날 오후부터 저녁까지, 내 기억 속에서 가장 떠들썩하고 훌륭했던 토론 수업이 이루어졌다. 앞에서 인용한 내용은 그날 수업의 극히 일부에 지나지 않는다. 그것은 진정 흥미롭고 깊은 영감을 불러일으키는 문제였다. 지금까지도 잊을 수 없는 많은 의견이 그 자리에서 제기되었다.

어떤 의견은 시와 레비스트로스의 관계에서 시와 인류학의 관계로 거슬러 올라갔다 다시 인류학 탐구의 근본 문제로 나아갔다.

인류학이란 무엇인가? 인류학은 어째서 'anthropology'라 불리는가? 'anthrop-'가 우선 가리키는 것은 '인류'이고, '-ology'가 가리키는 것은 '학과' 혹은 '학문'이다. 분명 'anthropology'란 '인류를 연구하는 학문'이다. 하지만 '인류를 연구하는 학문'이란 무엇인가? 생리학, 심리학, 사회학 내지는 철학, 역사, 문학도 모두 인간을 연구 대상으로 삼는 학문이 아닌가? 이러한 학문도 인류학에 포함시켜야 하지 않는가? 어째서 이러한 학문 분과 밖에 '인류를 연구하는 학문'이 독립적으로 존재해야 하는가?

'인류학'이 '인류학'이어야 하는 까닭을 해명하려면 인류학이 공통으로 지니는 신념이 무엇인지를 살펴야 한다. 인류학과 인간을 다루는 다른 학문 분과 사이의 가장 큰 차이는 인류학이 '인류의 집합적 현상'을 연구 대상으로 삼는다는 점, 즉 개별 인간, 개별 인간의 경험, 개별 인간의 창조물을 연구 대상으로 여기지 않는다는 점에 있다. 인간들 사이의 수많은 개별적 차이를 제거하고 그것을 초월하여 인간의 인간됨, 인류의 인류됨의 원리를 탐구하는 것이 바로 인류학이다.

　서양에서 인류학은 본래 철학의 한 분과로서 독립된 학문이 아니었다. 그러나 십자군의 동정東征에서 대항해 시대에 이르기까지 서양의 근대사상은 끊임없이 시간과 공간에 있어 '인간'의 범위를 확대해 왔다. 공간적으로 보자면, 유럽인은 유럽 이외 지역에도 인간이 존재하며, 그 수가 유럽인을 초월한다는 점을 인식했다. 시간적으로 보자면, 고대 그리스 이전에도 인간이 존재했으며, 그 수가 한둘이 아니고 그 기간도 100~200년에 그치지 않음을 알게 되었다.

　확장된 인류의 범위는 인류학 연구에서 새로운 문제를 촉발했다. 본래의 철학적 방법은 지나치게 서양인의 사고와 자각에 의존했고, 그리스 로마에서 기독교 전통 안에 존재하지 않았던 '새로이 발견된' 인간은 철학의 대상에 포함시키기 어려웠다. 그리하여 본디 전칭全稱의 특징을 지닌 인류학 개념은 점차 전통 철학의 탐구 영역 밖에 있던 '인간 현상'을 탐구하는 것으로 전환되었고, 새로이 개척된 인간의 영역이 서양인의 관심과 해석의 대상이 되기 시작했다.

　1952년 레비스트로스는 뉴욕에서 웨너그렌 재단이 주최

한 회의에 참석했다. 이 회의에서 그는 반농담 삼아 인류학은 그간 남은 밥과 반찬으로 연명해 왔고, 여타 학문 분과에서 내다 버린 폐품을 가져다 쓸 뿐이었다고 주장한다. 그에 따르면 중세 시기에는 온갖 비유럽적인 것을 인류학(철학적 의미하에서의 인류학)으로 끌어들였고, 나중에 고전 연구가 발전함에 따라 주류 학자들이 인도와 중국의 사상을 그들의 연구 대상으로 삼으면서 인류학에는 아프리카, 대양주, 남아메리카만 남게 되었다. 오늘날에 이르러 전업 인류학자는 더더욱 변방으로 내몰리고 있다. 그들은 단지 학술적 쓰레기통에 남은 것으로 연명할 뿐이다.

회의에 참석했던 다른 인류학자들은 그의 주장에 항의했다. 레비스트로스는 동요 없이 그의 결론을 천천히 말했다. "하지만 역설적이게도 이러한 '넝마주이'는 마침내 황금을 주웠다. 오늘날 인류학은 진리의 경계에 이르렀다!"

인류학의 운명을 크게 뒤바꾼 것은 무엇일까? '넝마주이'가 황금을 줍다니? 그간 사람들에게 가치 있게 여겨졌던 주류 학문은 진지하게 연구를 수행해 오긴 했지만, 보다 보편적이고 '중요한 진리'로 향하는 길을 가로막았다. 역사, 문학, 철학을 비롯해 생리학, 심리학 등은 모두 특정한 문명에 의존해서만 비로소 그 가치의 광채를 발산할 수 있었다. 그

러나 바로 그러한 이유로 배후의 특정 문명을 끌어들이는 그
러한 학문은 개별 문명을 초월하는 '인류'를 똑바로 보지 못
했던 것이다.

인류학의 대전환

안락의자에서 벗어나

문명 바깥에는 '야만'이 존재한다. 주류 분과 학문은 각기 여러 인종과 문명을 연구 대상으로 삼았고, 인류학의 연구 대상으로 '야만'과 '야만인'만을 남겨 두었다. 역사, 문학, 철학, 심리학, 사회학은 모두 인간을 연구하는 학문이지만, 그러한 분과 학문의 기준에서 야만인은 '인간'에 포함되지 않으며 인간 연구의 범위에도 속하지 않았다.

그런 점에서 인류학은 특별하다. 야만인은 물론 인간이다. 야만인을 인간 연구에 포함할 때라야 비로소 우리는 '인간됨'의 최대공약수를 발견할 수 있으며, 제대로 인간을 정의할 수 있다. 야만인을 배제한다면, 우리가 설명하고 이해할 수 있는 최대 범위란 단지 '문명인'에 불과하게 된다. 심지어 그 문명인이란 특정한 몇 개의 문명에 속하는 인간으로, 진정한 인류와는 논리적 정의에서도 차이가 난다.

문명인의 특징은 인간, 인류의 특징과는 다르다. 인류학이 야만인을 기록과 연구의 대상으로 삼는 것은 문명인의 특징을 밝히기 위해서가 아니라 야만인의 특징을 밝히기 위해서다. 인류학에 보다 큰 의도가 있어서가 아니다. 여타 분과 학문이 소홀하게 여기거나 배제한 것, 능력이 없어 할 수 없었던 것을 수습해 야만인에 대한 인식과 이해를 더할 때 비로소 인류학의 입장을 명확히 하고 '인간이란 무엇인가'라는 물음에 보다 온전한 답을 종합해 내놓을 수 있기 때문이다.

이는 황금이 폐품 속에 있음을 의미하지는 않는다. 단지 다른 이들이 거들떠보지 않는 쓰레기통 속의 물건이라도 우리가 그것을 진지하게 들여다본다면, 어떤 물건도 쉬이 누락하지 않을 수 있으며 진정한 전칭적 인식에 도달할 수 있음을 뜻할 뿐이다. '황금' 또는 인류학이 밤낮없이 추구하는 '성배'란 다름 아닌 인간에 대한 '전칭적' 인식을 말한다.

이것이 인류학이 일찍이 지녔던 위대한 꿈이자 원대한

기획이었다. 그리고 레비스트로스가 계승한 근본 신념이기도 했다. 그러나 그가 1934년 프랑스 마르세유에서 브라질의 산투스에 이르는 인류학을 향한 여정에 몸을 실었던 그 무렵, 인류학 내부에서는 복잡하고 묘한 변화가 일어나고 있었다.

그 시절에 인류학자들이 가장 관심을 두고 격렬하게 토론했던 화제는 "어떻게 야만인을 정확하게 기록하고 이해할 것인가"였다. 19세기에서 20세기에 이르는 대전환기에 전통적인 '안락의자의 인류학자'armchair anthropologists에 대한 불만이 점차 거세졌다. 어떤 '안락의자의 인류학자'는 평생토록 자기 집의 편안한 일상에서 벗어나지 않았고, 수렵, 향긋한 술과 음식, 식사 후의 궐련 그리고 마을 연회에서의 사교 등을 포기하려 들지 않았다. 그들은 어떤 야만인도 직접 관찰하지 않았으며 오로지 선교사나 선원, 모험가, 박물학자 등이 제공하는 기록물에 의존해 서재의 안락의자에 앉아 야만인에 대한 각종 귀납적 결론을 도출했다.

이런 방식으로 산출한 귀납적 결론을 믿을 수 있을까? 만약 인류학이 진정 '인간됨'에 관한 총체적인 답안을 발견하려 한다면, 그런 안락의자에 앉은 귀족들의 연구 방법은 어린애 장난에 지나지 않는 것이 아닐까? 어떻게 인류학이 보다 가치 있고 신뢰할 만한 지식의 기초 위에 서도록 할 수 있을까?

우연하게도 말리노프스키*가 일련의 혁명적 방법론을 제기했다. 그는 남태평양의 트로브리안드군도에서 진행한 장기간의 조사에 기초해 훌륭하고 효과적인 인류학 모델을 구축했다.

말리노프스키 이후 '안락의자의 인류학자'는 인류학에서 편안하게 머물 만한 공간을 가질 수 없게 되었다. '참여식 관찰'participant observation은 인류학자가 반드시 수행해야 할 훈련이자 경험이 되었다. 또한 참여식 관찰을 통해 작성한 민족지는 이전에 선교사, 선원, 모험가, 박물학자의 기록이나 저작 등을 대체해 인류학의 기초 자료가 되었다.

말리노프스키 혁명

말리노프스키는 폴란드에서 태어났고, 후에 런던 정치경제대학에서 수학하며 원시 부락의 교역 행위 모델을 연구했다. 1914년 그가 뉴기니에서 조사 활동을 진행하던 중 제1차세계대전이 발발했고, 유럽은 곧장 독일, 오스트리아·헝가리제국과 프랑스, 러시아, 영국 등 양대 진영의 전쟁터가

---

* 브로니슬로 말리노프스키(Bronisław Malinowski, 1884~ 1942). 폴란드 변방 출신의 인류학자.

되었다. 영국의 참전은 본디 유럽 각국 사이의 충돌이었던 전쟁을 '세계대전'으로 비화했다. 영국이 소유했던 해외 식민지는 이론상 모두 전장이 된 것이다.

말리노프스키는 오스트리아·헝가리제국의 시민이었다. 하루아침에 그는 영국의 적이 되었고, 동시에 뉴기니를 관할하는 오스트레일리아의 적이 되고 말았다. 그는 영국으로 돌아갈 수도, 오스트레일리아에 남을 수도 없었다. 영국과 오스트레일리아 정부는 적국의 시민인 그가 폴란드로 돌아가는 데 협조하지 않았다.** 오스트레일리아 정부가 베풀 수 있는 최대한의 배려는 전쟁이 끝날 때까지 남태평양의 작은 섬에 남아 계속 연구를 진행할 수 있도록 그에게 경비를 제공하는 것이었다. 말리노프스키는 트로브리안드군도를 잠시 동안의 거처로 삼기로 결정했지만, 일단 1년여 시간을 머물러야 했다. 그는 어디로도 갈 수 없었고, 어디로도 가지 않았다. 트로브리안드군도의 원주민 사회에 대한 장기간 관찰을 통해 그는 양적 변화를 질적 변화로 승화했고, '참여식 관찰'이라는 새로운 방법을 발전시켰다.

말리노프스키는 다음과 같이 주장했다. 하나의 문화를 이해하려면 반드시 "그 지역 사람들의 관점, 그들과 그들의

** 말리노프스키가 태어난 크라쿠프는 본래 폴란드 영토에 속했고 현재도 그러지하지만, 제1차세계대전 당시에는 오스트리아·헝가리제국에 점령된 상태였다. 크라쿠프 근교에는 제2차세계대전 당시 독일 나치에 의해 수많은 유태인이 학살당한 아우슈비츠 수용소가 자리하고 있다. (옮긴이)

생활 사이의 관계를 파악하고 그들이 세계를 보는 방식을 확실하게 이해해야 한다". 인류학자는 과거의 관찰 태도에 머물러서는 안 되며, '관찰자'이면서 동시에 '참여자'여야 한다. 관찰자는 현지인의 생활을 외부자의 관점으로 바라보므로 객관적 혹은 주관적 편견을 갖게 된다. 반면 참여자는 참여 학습과 현지인의 생활관에 대한 깊은 이해를 통해 그들의 삶을 그들의 입장에서 인식할 수 있다.

말리노프스키는 트로브리안드군도에 대한 정밀 조사 이후 독특한 해석을 제시해 인류학계를 깜짝 놀라게 했다. 1920년대 인류학의 지적 토대는 전면적으로 빠르게 바뀌고 있었다. '안락의자의 인류학자'가 자격을 잃고 도태되어 현지 조사가 인류학자의 필수 경험이 된 것 외에도, 인류학자는 자신이 조사하려는 지역에 충분히 긴 시간 동안 머물며 통역을 통한 간접 교류를 넘어 직접 현지 생활에 참여할 능력을 갖추어야 했다. 이를 통해서만 "현지인의 관점, 그들과 그들의 삶 사이의 관계를 파악하고 그들이 세계를 보는 방식을 이해할 수 있다". 참여식 관찰 방법을 사용하려면 '그들'과 '우리' 사이를, 또는 '그들의 주관'과 '과학적 객관' 사이를 넘나들며 상호 대화의 민족지를 써내야 한다. 그런 다음에야 그는 인류학에 입문할 자격을 얻어 인류학자로 인정받을 수 있게 된다.

자격을 얻은 인류학자는 늘 두 가지 초점을 가진 안경으로 세상을 본다. 인류학자의 말을 빌리면, 그들은 에믹emic과 에틱etic이라는 서로 다른 초점거리를 동시에 지녀야 한다. 이 두 개념은 그리스어를 어원으로 하는데, 각각 '내재'와 '외재' 또는 '집단 내부'와 '집단 외부'라는 의미다. 나아가 그것은 '특수성'과 '보편성' 간의 차이로 이야기될 수도 있다.

에믹과 에틱의 대비는 언어학에서 파생되었다. 언어학은 음성학phonetic과 음운론phonemic으로 구분된다. 음성학은 객관적이고 실제적인 어음語音을 기록하여 분석한다. 하지만 서로 다른 언어계통에서 어떤 어음이 서로 구별되는 의미를 지니는가라는 문제는 객관적이지도, 일치성을 띠지도 않는다. 어떤 언어계통에서는 차이를 지니고 말뜻語義에 영향을 끼칠 수 있는 어음이 다른 언어계통에서는 어떠한 차이도 갖지 않을 수 있다. 특정 언어계통 내에서 어음의 구분이 의미를 지니는가를 판별하는 기준이 바로 음운론이다.

간단하고도 익숙한 예를 하나 들어 보자. 타이완에서 통용되는 '궈위'国语와 중국에서 사용되는 '푸퉁화'普通话* 사이에는 몇 가지 뚜렷한 차이가 존재한다. 타이완의 궈위는 갈

---

* 궈위와 푸퉁화는 각각 타이완과 중국의 표준어다. (옮긴이)

수록 'en'과 'eng'*의 구분이 불분명해지고 있으며, 권설음과 비非권설음 사이의 구분도 사라지고 있다. 이로 인해 타이완에서는 '이렇게'라는 의미를 나타내기 위해 어떤 이들은 'Zeyang'仄樣으로, 어떤 이들은 'Zheyang'這樣으로, 심지어 어떤 이들은 'Jiang'醬으로 발음한다. 객관적인 음성에 있어 이 세 가지는 상이하다. 그러나 귀위의 언어계통에서 세 어음은 동일한 음운적 가치를 지니며 한 덩어리의 음운 단위를 점한다.

동일한 세 개의 어음을 중국의 푸퉁화 계통으로 옮겨 보면 음운상의 의미에 구별이 나타난다. 객관적으로 동일한 음성적 현상이 서로 다른 언어계통에 속한 사람들에게는 상이한 음운적 가치로 나타나게 되는 것이다.

인류학자는 단지 외재적 에틱 현상만을 기록해서는 안된다. 해당 사회문화의 그물망 속으로 들어가 그러한 현상이 현지인에게 어떤 에믹상의 의미를 지니는지 밝혀야 한다. 현지에 체류하는 시간이나 현지인과 섞이는 정도가 충분치 못하면, 해당 사회문화에 깊이 진입하지 못하고 에믹의 초점거리를 확보할 수 없다.

＊ 원문은 타이완식 주음부호인 'ㄣ'과 'ㄥ'로 표기되어 있지만, 대륙식 중국어 병음에 익숙한 한국 독자들을 고려해 병음식 표기로 수정했다. (옮긴이)

이중적 초점거리

말리노프스키는 쿨라kula라 불리는 트로브리안드군도 원주민의 독특한 교역과 증물贈物 행위에 관해 기록했다. 그들은 매년 엄청난 역량을 소모하며, 심지어 생명의 위험을 무릅쓰며 한 척의 납작한 배를 몰고 멀리 떨어진 주변의 작은 섬으로 가서 쿨라를 수행한다. 그들은 쿨라를 통해 조개껍데기로 만든 목걸이, 팔찌, 팔 장식품 등을 주고받는다.

외부적이고 객관적인 차원에서 보면, 그와 같은 교환 물품은 특별한 가치를 지니지 않는 것처럼 여겨진다. 트로브리안드군도에서 목걸이, 팔찌, 팔 장식품은 단지 다른 목걸이, 팔찌, 팔 장식품과 교환하는 데만 사용된다. 각 섬의 주민은 스스로 그와 같은 물건을 만들 수 있을 터인데, 어째서 다른 이들과 그것을 교환하는 것일까? 더군다나 멀리 떨어진 섬으로의 모험마저 감내하면서 말이다.

더 이해하기 어려운 것은 이러한 물건이 끊임없이 군도의 주민 사이에서 증여되고 교환된다는 점이다. 어떤 사람이 당신에게 물건을 주면, 당신은 상대방의 호의에 대한 감사나 우정을 기념하는 뜻으로 그 물건을 소유해서는 안 된다. 다음 여정에서 당신은 그 물건을 다른 사람에게 증여해야 한다. 이렇듯 트로브리안드군도의 18개 부락은 고정된 '증여의 권역'을 형성하면서 물건을 A에서 B로, 다시 B에서 C로 옮기고 종국에는 재차 A로 되돌려 놓는다. 모든 사람이 모험을 감수하면서 부산하게 여정에 오르지만, 어느 누구도 수중에 많은 물건을 지니지 않으며 다만 끊임없는 교환 활동을 영위할 따름이다.

달리 말하자면, 에틱의 각도에서 우리는 그것을 무의미한 행위로 기록할 것이다. 우리의 이성에 호소함으로써 억지로 '습관'이라는 해석을 가하여, 야만인이 비록 실질적인 기능이 없음에도 비이성적으로 전통의 영향을 받아 습관의 통제에 따르는 별 의미 없는 행위를 지속한다고 여길 것이다.

그러나 만약 우리가 말리노프스키처럼 참여식 관찰 태도를 활용한다면, 에믹의 측면에서 트로브리안드군도 사람들이 쿨라 행위에 대단히 중요한 의미를 부여하고 있음을 알게 될 것이다. 그들의 가치관에서 쿨라는 어떤 유용한 것보다도 진귀하고 절대 변해서는 안 될 교역 방식이다. 만약 어떤 섬이나 부락 사람이 고정된 방식에 따르지 않고 한 물건은 시계 방향으로, 다른 물건은 반시계 방향으로 보낸다면, 그것은 크나큰 사건이 될 것이다.

즉 쿨라를 수행하는 일에 어떤 가치가 있다기보다는,

쿨라를 수행하지 않는 일이 큰 손해를 입는 일이라고 할 수 있다.

인류학자의 이중 초점 안경을 쓰고 동시에 에틱과 에믹의 시야를 갖춤으로써 말리노프스키는 그만의 해석법에 도달한다. 즉 쿨라는 트로브리안드군도 18개 부락을 하나로 연결해 주는 중요한 제도라는 것이다. 먼 거리의 항해를 감행하여 반드시 보내야 할 곳에 물품을 보냄으로써 섬의 주민은 이 연맹에 자신의 충성심을 표하고 여타 부락과의 관계를 더욱 강화한다. 쿨라 물품은 실제 생활에 별 소용이 없고 누구에게든 물질적으로나 일상적으로 별 필요성이 없기 때문에, 도리어 그 조직의 순수한 단결 의식을 표현하는 데 매우 적합하다. 달리 말하면, 표면상 경제적 교역 행위로 보였던 것이 본질적으로는 정치적 행위였던 셈이다. 그들이 교환한 것은 물질 자체가 아니었다. 물질의 교환이라는 행위는 권력의 배분을 나타냈던 것이다.

에틱의 관점에서만 보거나 에믹적인 설명을 받아 베끼기만 했다면 이러한 통찰력 있는 결론을 도출할 수 없었을 터다. 에틱과 에믹의 이중적 초점거리가 교차되고 결합됨으로써 비로소 그러한 결론에 도달할 수 있었다.

사실 이중적 초점거리는 야만인 문화를 들여다보는 데

에만 필요한 것이 아니다. 그것은 우리 자신의 문화를 바라보는 데에도 사용될 수 있다. 예컨대 웨이야尾牙는 어떤 의식인가? 타이완에서는 매월 1일과 15일에 야지牙祭라는 행사를 여는데, 웨이야는 1년 중 가장 마지막에 거행되는 의식을 말한다. 이 웨이야 의식은 특별히 성대하게 치러진다. 본래 야지 의식을 위해 준비하던 음식을 웨이야 때는 모든 사람이 즐길 수 있도록 보다 풍성하게 차린다.

이러한 전통적 설명은 에틱에 치우친 관점에 불과하다. 웨이야 의식에 대한 에믹의 방식에 입각한 내재적 해석은 그와 다를 것이다. 어째서 매월 야지 의식을 두 차례 거행하는지, 또는 웨이야와 매월 1일과 15일에 거행되는 여타 의식 사이의 관계는 무엇인지 하는 문제에 의문을 품는 사람이 과연 있을까? 웨이야는 거기에 참여하는 사람들의 입장에서 보면 회사나 업무 조직에 속하는 특별한 활동으로, 매년 한 번 열리는 단합대회라 할 수 있다.

한발 더 나아가 에틱과 에믹의 의미를 결합해서 보면, 우리는 웨이야에 관한 보다 정확한 견해를 가질 수 있을 것이다. 현재 웨이야의 진정한 기능은 업무 조직상의 각종 상하 예속 관계를 확인하는 것이다. 의식 중에, 그 가운데서도 특히 수상자를 추첨하는 활동 중에 누가 상사이고 누가 부하인가가 명확히 드러난다. 누가 누구를 조롱할 수 있는지, 그리고 수상자를 추첨할 때 어떤 이들이 "기부해, 기부해!"라고 외칠 수 있으며 어떤 이들이 "값을 올려, 값을 올려!"라고 외칠 수 있는지가 그러한 활동에서 명확히 구분되는 것이다.

그 밖에도 웨이야에서는 어떤 이가 다른 이에게 상을 수여함으로써 상업적 교역 관계를 확인한다. 평소 상업적 교역에서 돈이 특정 방향으로 흐른다면, 웨이야 의식에서 상은 그와 반대 방향으로 주어진다. 평소 서점에서 번 돈의 일부가 출판사로 흘러가고, 출판사가 번 돈의 일부가 다시 인쇄공장으로 가며, 인쇄공장에서 번 돈의 일부가 종이공장으로 간다면, 웨이야에서는 종이공장이 인쇄공장 직원에게, 인쇄공장이 출판사 사원에게, 출판사가 서점 점원에게 상을 수여하는 것이다.

웨이야는 단지 한바탕의 카니발에 불과한 것이 아니다. 그것은 특수한 기능을 지니는 사회적 의식이다. 에틱과 에믹의 관점을 결합함으로써 우리는 그러한 사회적 의식을 정확하게 판단하고 이해할 수 있다.

보편에서 특수로

말리노프스키 이전에 '안락의자의 인류학자'는 습관적으로 자신의 문화적 관점으로 야만인의 행위를 바라보고 평가했다. 그들은 야만인의 에믹적 의의를 이해하려 들지 않았고, 이해할 수도 없었다. 그런 까닭에 그들의 눈에 비친 모든 '야만 문화'는 광대한 '인류 문화' 모델에 속한 하나의 예에 불과했다. 그와 같은 야만 문화는 독립적 가치를 지니지 못하고 단지 보편적이고 방대한 인류 문화를 예시하고 검증하는 부속품에 머물러야 했다.

따라서 과거의 인류학자는 갖가지 문화적 틀을 구축하는 데 힘을 쏟았다. 마치 옷걸이처럼 서로 다른 문화를 종류별로 나누어 걸어 둘 수 있는 틀을 말이다. 그들은 '문화'를 연구했지만 그 어떤 '개별 문화'도 연구하지 않았다. 그들은 인류학자라기보다는 나비 표본 수집가에 더 가까웠다. 그들은 나비 한 마리 한 마리에 흥미나 관심을 갖지 않는다. 일단 새로운 나비를 발견하면 그것이 다른 나비와 어떻게 유사하고 다른지를 살펴보고 날개의 크기, 형태, 무늬를 분석한 후 이미 존재하는 표본 분류 체계에 집어넣을 뿐이다.

말리노프스키는 이러한 표본 분류식 연구 방법을 뒤집

었다. 참여식 관찰은 인류학자가 문화에 내재한 의미 안으로 들어가 그 문화권의 사람들처럼 생활하고 사고하도록 한다. 물론 인류학자는 진정 그가 조사하는 마을의 주민처럼 될 수는 없다. 그러나 에믹의 관점에서 그들을 탐구할 때 그는 자신이 본래 지녔던 이성적이고 객관적인 사고방식, 현대 서구의 가치관 등을 최대한 배제하기 위해 애쓰고, 그가 조사하는 마을 주민의 생각을 이해하기 위해 노력하게 된다.

이런 방식으로 각각의 부락과 각 문화의 특수성은 인류학자의 마음에 비할 수 없는 깊은 인상을 아로새긴다. 과거 인류학자가 모든 문화를 하나의 거대한 체계 속에 포섭하여 그것들 사이의 공통성을 찾으려고 안간힘을 썼다면, 새로운 문화인류학은 문화에 대한 보편적 해석을 완전히 포기하지 않으면서도 각 문화 내부의 서로 다른 에믹의 의미를 중시하고 강조함으로써 문화의 공통성보다는 특수성을 더욱 드러내고자 한다.

놀랍게도 불과 수십 년 사이에 인류학은 인류 집단의 공통점에 가장 주목했던 학문 분과에서 정반대로 인류 문화의 다양성과 특수성에 가장 주목하며 서로 다른 문화의 독특성을 강조하는 학문 분과로 전환되었다.

인류학의 명칭은 변하지 않았다. 인류 경험에 대한 총체적 정리를 추구한다는 인류학의 사명도, 비주류 문명의 사람과 문화를 연구 대상으로 삼는다는 점도 변하지 않았다. 하지만 인류학의 근본적인 정신은 180도 바뀌어 기존 인류학과 대척점에 서게 되었다.

말리노프스키는 1942년에 세상을 떠났다. 그로부터 20여 년이 지난 1967년, 그의 부인이 그가 쓴 일기에 대한 판권을 소유해 『엄격한 의미에서의 일기』A Diary in the Strict Sense of the Word라는 책을 출판했다. 왜 책의 제목을 그렇게 지었을까? 그의 부인과 출판사는 책의 내용이 논쟁을 불러일으키리라 예견했던 것이다. 이 일기는 말리노프스키가 트로브리안드군도에서 조사 연구를 진행할 때 쓴 것이었다. 그는 결코 이 일기를 다른 사람에게 보여 주고자 혹은 발표하고자 쓰지 않았다. 어떻게 그가 그 일기를 '결코' 발표할 생각이 없었다고 말할 수 있을까? 그가 사망한 지 사반세기가, 그리고 쓰인 지 반세기가 흐른 후 그 일기가 출판되었는데 말이다.

그 이유는 간단하다. 일기의 내용을 보면 알 수 있는데, 일기에는 민족지나 인류학 저작과 극명하게 다른 태도가 드러나 있다. 그는 일기에서 트로브리안드군도 주민에 대한 염오, 원망, 심지어 깊은 멸시의 감정을 드러냈다. 저자의 이름을 지운다면, 그 책은 말리노프스키와는 아무런 상관이 없는 어느 편집증적 백인 우월주의자의 글로 여겨질 것이다.

따라서 그 책은 『엄격한 의미에서의 일기』인 것이다. 그의 일기는 오로지 자기만을 독자로 상정했다. 그것은 그가 다른 사람에게 보이기 위해 쓴 것과는 판연히 다른 성격의 문헌이었다.

이 일을 어떻게 이해해야 할까? 『엄격한 의미에서의 일기』는 과연 출판되어야 했을까? 아니면 그것을 영원히 감추고 순수한 인류학자로서 말리노프스키의 이미지를 지켜야 했을까? 일기를 출판하고 읽는 것 그리고 말리노프스키의 '이중적 면모'를 이해하는 것, 이런 것이 과연 의미가 있을까?

내 생각은 이렇다. 그것은 당연히 의미가 있다. 『엄격한 의미에서의 일기』를 통해 우리는 말리노프스키가 수립한 방법론이 얼마나 중요한지 알 수 있다. 물론 한 인간으로서 말리노프스키는 그와 같은 '토인'土人 틈바구니에서 살고 싶어 하지 않았다. 그는 그들의 생활을 아주 저급하고 추악하다고 생각했다. 하지만 새로운 인류학적 방법론에 대한 그의 믿음과 의지가 개인적 감정을 억눌렀다. 그는 구체적인 삶의 역경 속에서도 이렇게 주장했다. 바람직한 인류학자는 자기 위에 새겨진 기존 사회와 문화의 관념을 버리고 그러한 관념의 훼방을 배제해, 자신이 분석하는 문화의 독특성을 귀중히 여겨 충분히 드러내야 한다. 그래야만 그의 '참여'가 진정한 것이 되고, 그의 참여식 관찰도 성과를 얻는다.

이처럼 말리노프스키는 자신이 분석할 부락의 내재적 가치와는 배치되는 이전 방식의 판단을 일기에 적음으로써, 트로브리안드군도의 문화에 진입하여 그것의 독특성을 향유할 자격을 구비할 수 있었다.

이러한 태도는 과거 '안락의자의 인류학자'와 얼마나 다른가! '안락의자의 인류학자'는 손에 쥔 야만인과 야만 문화에 관한 기록을 자의적으로 평가하고 분류했으며, 그러한 기록이 사실인지를 확인하려 들지도 않았다. 그들은 어떠한 개별자로서의 야만인 혹은 야만 문화에도 관심을 기울이지 않았다. 그들의 성취는 보편적인 거대 이론, 거대 결론에 있었다. 만일 어떤 기록이 지나치게 특수해 그의 보편 이론에 맞지 않으면, 그는 어떤 의심도 없이 그러한 기록을 한구석에 방치해 버렸다.

말리노프스키의 『엄격한 의미에서의 일기』는 그에 대한 우리의 경의를 훼손하기는커녕 그가 자신의 방법론을 수호하고 각 문화의 독특성을 이해하기 위해 얼마나 관심을 기울였는지 알 수 있게 해 준다.

내가 누구인지를 잊다

말리노프스키는 인류학 조사의 작성 방식을 전환시켰다. 말리노프스키 이전에 현지 조사를 진행했던 인류학자들은 자신을 조사 대상인 환경 밖에 있는 객관적인 존재라고 여겼다. 그들은 현지로 갈 때도 객관적이고 냉정한 백인 인류학자였고, 현지를 떠날 때도 여전히 객관적이고 냉정한 백인 인류학자였다. 철두철미하게 자신의 주관을 배제하여 눈앞의 낯선 문화를 관찰하고 기록하려 했으며, 동시에 그 낯선 문화가 자신에게 어떤 영향을 미치거나 변화를 가하지 못하도록 거리를 유지했다. 기록자와 피기록자 사이에는 어떠한 상호 관계도 없었다.

말리노프스키 이후, 다시는 이러한 방식으로 민족지를 기술할 수 없게 되었다. 왜 현지 조사에 그리 많은 시간을 들일까? 장기간의 현지 조사를 통해 인류학자는 현지 환경에 어울리지 않는 외부인 신분을 서서히 벗고, 현지 사회와 주민 생활과의 관계를 통해 참여의 가능성을 엷으로써 에믹의 관점을 획득할 수 있기 때문이다.

막 조사 환경으로 들어온 조사자는 몸에 맞지 않는 물과 토양으로 며칠의 적응기를 거치게 된다. 그 후 며칠간 그는 신변에서 일어나는 모든 일을 때로는 호기심을 가지고, 때로는 공포감을 가지고 대하기 시작한다. 하지만 조사자의 발길이 닿는 모든 곳에서 조사자의 존재는 즉각 현지인의 생활에 영향을 미치기 때문에, 조사자는 실제적이고 정상적인 현지인의 생활을 관찰하거나 경험할 수 없다. 충분한 시간이 지나 조사자가 그곳 생활에 차츰 익숙해지고, 이전의 놀라움이나 낯선 감정이 무뎌져야만 비로소 그 사회와 좀 더 정상적인 관계를 수립하고 올바로 문화 현상을 관찰할 수 있게 된다.

외부에서 온 연구자는 시간이 지남에 따라 얼떨떨하고 모호한 새 신분을 얻는다. 그는 부락 안의 일원이 된 것처럼 보인다. '─처럼'이라는 표현을 사용한 것은 그가 영원히 부락의 진정한 일원이 될 수 없기 때문이지만, 부락 사람들은 결국 그의 존재에 익숙해지고 그를 거의 신경 쓰지 않게 됨으로써 자신들의 본래 생활에 변화를 주지 않게 된다. 심지어 어떤 때는 그가 외부인이라는 사실 자체를 망각해 일반 부락 사람을 대하듯 그를 대하기도 한다. 이런 조건이 갖추어져야만 그는 비로소 참여의 상태에 진입하여 참여식 관찰의 요구에 부합하는 인류학자로 간주될 수 있다.

이러한 변화는 단편적으로 부락 사람들이 그를 어떻게

보는가에만 달려 있지는 않다. 정반대 측면에서 보자면, 인류학자 역시 그러한 낯선 환경에 적응하고, 이따금씩 자신이 원래 있던 곳과는 큰 차이가 있는 낯선 환경에 놓여 있음을 망각해야 한다. 어떤 때는 자신을 이 사회의 일부로 착각할 수 있어야만 에믹의 의미를 획득할 능력을 지녔다고 여겨질 수 있다.

새로운 세대는 민족지에 낯선 문화에 관해 기술하는 동시에 현지를 조사하고 민족지를 작성하는 인류학자의 변화에 관해서도 기술했다. 말리노프스키 이후 민족지의 지위는 대단히 상승했고, 민족지의 성격 또한 철저히 변화했다. 그리고 새로이 등장한 대부분 인류학자는 훌륭한 민족지 한 권을 써내야만 비로소 인류학이라는 학문에 들어선 것으로 인정받고 사람들의 주목을 받았다.

훌륭한 민족지를 작성하려면 몇 가지 조건이 필요했다. 그가 조사하려는 부락에 특수성이 있어야 하고, 그의 참여 과정과 경험에도 특색이 있어야 했다. 또한 그 과정과 경험을 독특한 방식으로 묘사하고 논의할 수 있어야 했다.

특수에서 구조로의 전환

말리노프스키는 20세기 영미 사회인류학의 전통을 수립했다. 20세기는 서구 대학이 빠른 속도로 확장한 시대였다. 특히 사회과학의 성장은 놀라울 정도였다. 그로 인해 1920년대 이후 다수의 영미 대학은 인류학과와 인류학 연구소를 개설했고, 여러 세대에 걸쳐 점차 많은 수의 인류학 연구생을 배출했다. 이들은 말리노프스키가 수립한 규범에 따라 자신에게 익숙한 도시 문명을 떠나 낙후하고 야만적인 지역의 원시 부락에 가서 일정한 시간을 보냈다. 그들은 참여와 관찰에 힘을 쏟았고, 참여식 관찰을 통해 얻은 바를 가지고 돌아와 한 편의 민족지를 작성했다.

서로 다른 문화의 민족지 기록이 빠르게 쌓여 갔다. 각각의 민족지 저자는 자기가 조사한 부락의 문화적 독특성을 조심스럽게 다루었고, 결코 영미 사회, 도시 문명, 서구의 인간관계, 현대 생활의 편리성 따위를 기준으로 삼아 그것을 평가하지 않았다. 또한 모종의 보편적 가치를 가지고 경솔하게 그것을 저울질하지도 않았다. 이와 같은 절제와 조심성이 없으면, 그는 인류학자의 길에 들어서는 테스트를 순조롭게 통과할 수 없었다.

민족지는 갈수록 축적되었고, 인류 문화의 특수하고 독립적인 표본 또한 갈수록 풍부해졌다. 그러나 이러한 축적은 이런 물음을 야기했다. "이다음은? 이렇게 계속 쌓아 두는 것은 무슨 이유에서인가? 지금까지 쌓아 둔 이 표본들을 가지고 도대체 무엇을 하려는가?"

어떤 강력한 힘이 지속적으로 더 많은 표본을 가져오도록 인류학자들을 부추겼다. 현대 문명, 공업화, 도시화는 전통적인 약세 문화를 지속적으로 파괴했고, 도처에서 옛 부락이 사라져 갔다. 이러한 상황은 인류학자에게 참여식 관찰을 통해 그와 같은 문화적 자료를 구출하고 지킬 것을 수시로 요구해 왔다. 그러나 결국 레비스트로스처럼 '보편적 인류 지식'이라는 과거의 몽상을 견지한 사람들이 등장했다. 그들은 시선을 돌려 다음과 같이 묻는다. "이렇게 쌓아 둔 표본을 가지고 우리는 무엇을 하려는가? 이런 표본을 정리해 인류에 관한 보편적 인식을 끄집어낼 수 없다면, 그토록 힘을 들여 그것을 수집하고 기록할 필요가 있는가?"

레비스트로스는 한 가지 방식을 찾아냈다. 이 방식으로 인류학자들은 다시금 인류의 공통성을 직시하게 되었다. 그는 물론 '안락의자의 인류학자'는 아니었다. 그가 주장한 '인류의 공통성' 또한 인류학자에게 익숙했던 서구식 관념이나 가치관을 야만인에게 뒤집어씌우는 것과는 거리가 멀었다. 중요한 것은 레비스트로스가 인류의 공통성을 탐구하는 데 주저가 없었다는 점이다. 당시 인류학자들은 문화적 특수성을 지나치게 강조했고, 모든 보편성의 주장에 의심을 품었다. 하지만 레비스트로스는 용감하고 영리하게 '구조'라는 새로운 관념을 제시해 보편성에 대한 인류학자의 관심을 확장시켰다.

이렇게 우리는 레비스트로스와 시 혹은 시학 사이의 첫 번째 연결고리를 찾아냈다. 시학에는 항상 신비하면서도 동시에 확고한 주장이 포함되었다. 우리는 시가 시인의 독특한 개성을 분출한 것이라 여기지만, 시에서 인류가 공유하는 심층적 경험과 만나기도 한다. 시인은 다른 사람이 한번도 사용한 적 없는 어구로 모든 사람의 마음에 울림을 주는 방법을 찾아낸다. 그렇다면 시는 어떻게 개별적인 것과 공통적인 것을 결합할 수 있을까? 언어 내부는 거의 무한정한 탄성彈性으로 가득 차 있지만, 늘 고정된 구조의 규칙에서 벗어날 수는 없기 때문일 것이다!

서구 시학의 원류라 할 수 있는 아리스토텔레스를 떠올려 보자. 그는 우리에게 한 가지 오랜 비교를 상기시킨다. 바로 시와 역사 사이의 비교다. 아리스토텔레스의 철학에서 시의 지위는 역사보다 높다. 역사는 현실에서 발생한 일을 기록한다. 그것은 복잡한 실제 현상으로 이루어진다. 그러나 시는 그것을 소화하고 정리한 후, 그 위에 '진실'을 창조해 낸다. 시는 역사보다 '진실'하다. 왜냐하면 시는 추출과 제련의 과정을 거치기 때문이다. 시는 모호하고 서로 관계없는 이야기나 사건을 배제하고, 가장 순수한 경험과 감정 그리고 고대 그리스인에게 가장 중요했던 '운명'만을 남겨 둔다.

시가 기록하고 표현하는 것은 현실이 아니다. 하지만 시는 현실을 보여 주는 역사보다 더 진실하다. 그리고 이 진실은 보편적 경험, 이치, 규칙을 대단히 뚜렷하게 지시해 준다. 시인은 첩첩이 쌓인 먼지와 안개를 뚫고, 마치 불구덩이 속에서 숯을 취하듯 진실을 끄집어내 사람들의 찬사를 얻는다. 이것이야말로 레비스트로스가 방대한 민족지 자료를 분석하여 '구조'를 수립하려고 실행했던 바가 아니겠는가?

슬픈 열대로 들어가다

지질학, 프로이트, 마르크스

레비스트로스와 시의 두 번째 연관성은 그가 언어와 언어학과 맺고 있는 관계에서 찾을 수 있다.

레비스트로스를 인류학자로 성장케 한 경험은 다른 사람들과 매우 달랐다. 말리노프스키 이래로 일찍이 영미 인류학자들이 받아들인 '통과의례'rite of passage*는 원시 부락에서의 참여식 관찰이었다. 이는 인류학자가 되기 위한 일종의 학술적 성인식이었다.

하지만 레비스트로스는 달랐다. 『슬픈 열대』 6장인 「나

---

* '통과의례' 혹은 '통과의식'으로 번역할 수 있다. 이는 문화인류학의 상징학파가 내세우는 핵심 주장이다. 이 학파는 인류의 모든 의식을 분리, 취합, 통과라는 세 가지 성질로 나눌 수 있다고 보았다.

는 어떻게 하여 민족학자가 되었는가」에서 우리는 그의 지적 탐구의 배경에 관한 설명을 읽을 수 있다. 그의 성장에 영향을 준 첫 번째 요소는 철학에 대한 환멸과 혐오였다.

(철학의) 체계는 무엇이 진리이고 무엇이 거짓인지를 밝히려 하지 않는다. 오히려 인류가 어떻게 서서히 여러 모순을 극복하려 했는지를 이해하려 할 뿐이다. 철학은 과학 연구의 시녀나 조수가 아니다. 철학은 단지 의식이 의식 자신에 대해 행하는 미학적 숙고일 따름이다.

또 한 가지 중요한 요소는 프로이트 이론과 '지질학'의 괴상한 결합에 의해 이루어졌다.

프로이트의 이론에 익숙해지자, 나는 자연스럽게 그의 이론을 '응용지질학의 방법으로 개인을 분석한' 것으로 여기게 되었다. 지질학이든 심리분석(정신분석)이든, 처음에 연구자는 전혀 이해할 수 없는 현상이 자기 앞에 놓여 있음을 발견하게 된다. 대단히 복잡한 현상의 원인을 파악하고 규명하기 위해 연구자는 아주 세심한 성격을 지녀야 한다. 즉 그는 예민하고 직관적이어야 하며 감별력을 갖추어야 한다. 한편, 이해할 수 없을 것처럼 보이는 일련의 현상에서 찾아낸 질서는 일시적이지도 우연적이지도 않다.

아울러 여기에 마르크스를 추가해야 한다.

마르크스는 사회과학이 각종 사건에 기초하고 있지 않음을 증명했다. 이는 물리학의 기초가 감관이 지각할 수 있는 대상 위에 수립된 것이 아닌 것과 마찬가지다. 연구의 목적은 하나의 모델을 만드는 것이다. 즉 대상의 성질과 그것이 실험실에서의 실험에 어떤 상이한 반응을 보이는지 연구한 이후에 관찰을 통해 얻을 수 있는 결과로 경험 세계에서 실제 발생하는 일을 해석하는 것이다.

(……) 마르크스주의의 방법과 지질학 및 심리분석(정신분석)의 방법은 동일하다. (……) 이 세 학문 영역은 '이해'라는 것이 어떤 '사실'을 다른 어떤 '사실'로 변화시키는 것임을, '진실한 사실'이 가장 알아보기 쉬운 것은 아닐 수 있음을, 그리고 진리의 본질은 이미 그것이 신중하게 유지해 온 추측 불가능성에 있음을 밝혀냈다.

여기서 분명한 것은 레비스트로스의 지적 배경이 그가

인류학을 '실증적 지식'으로 여길 수 없게 만들었다는 점이다. 그가 말하는 '진정한 지식', '진실한 사실', '진리' 등은 '표면적 현상'을 정리함으로써 얻어지는 것이 아니다. 우리는 지표의 식물로 지질 성분을 알아낼 수 없고, 한 사람의 일상적 반응으로 그의 심리를 알아낼 수 없으며, 뉴스나 제도 등으로 한 사회의 기본 성격을 판단할 수 없다. 레비스트로스에게 있어 은폐되고 헤아릴 수 없는 지식은 지질학, 프로이트 정신분석학, 마르크스주의의 교집합을 형성했다. 그는 자신을 이 교집합에 포함시켰다. 또한 인류학을 이 교집합에서 수행하려 했다.

그러므로 우리 역시 여행, 탐험, 현지 조사를 대하는 그의 시각을 기이하게 여길 필요가 없다. 또 어째서 그가 동시대 혹은 후대 인류학자들과 그토록 다른지를 이상하게 생각할 필요도 없다. 『슬픈 열대』의 첫 문장은 "나는 여행을 혐오한다. 그리고 탐험가 또한 싫어한다"이다.

그는 분명 현지 조사를 좋아하지 않았다. 레비스트로스의 현지 조사 기록을 꼼꼼히 읽은 월컨은 『레비스트로스: 실험실의 시인』에서 직접 이렇게 전한다.

그가 15년 후 『슬픈 열대』에서 생동감 있게 기술한 내용과 비교하면, 그의 현지 조사 기록은 마치 금전출납부 같다. 예를 들어 남비콰라족Nambikwara*을 처음 접한 후, 그는 자신의 노트에 마치 결과보고서를 작성하듯 다음과 같이 기록했다. "원주민을 만나 작은 선물을 나누어 주었다. 저녁을 먹었다. 저녁 전 이 원주민을 방문했다. 노래를 부르고 춤을 췄다." 이토록 간단하고 연관성 없는 기록 사이사이에, 레비스트로스는 이따금 현지 조사의 고충에 대한 한탄을 채워 넣었다. (⋯⋯) 그도 그곳에서 목도한 풍경을 조국의 경치와 제멋대로 비교하는 것을 좋아했다. (⋯⋯) 훗날 그는 이렇게 인정했다. "나의 기록은 매우 조잡했다. 난잡하게 한데 모아 놓은 그 기록을 보자니 너무도 부끄러울 따름이다."

레비스트로스는 원주민에 대한 참여식 관찰 방식의 현지 조사를 통해서만 인류학자로 변모한 것이 아니었다. 오히려 한 언어학자를 알게 되고, 다른 언어학자의 저작을 꼼꼼히 읽으면서 현지 조사 경험의 대응 방법을 발견했다고 말하는 게 정확할 것이다. 이를 통해 그는 우리가 알고 있는 인류학자로 성장할 수 있었다.

---

* 브라질 아마존 유역에서 생활하는 인디언 부족. 현재 1,200명 정도가 남아 있다.

언어학에서 가르침을 얻다

레비스트로스가 알게 된 언어학자는 다름 아닌 야콥슨*이다. 제2차세계대전 당시 그들 중 한 사람은 프랑스를 떠나 유랑했고, 다른 한 사람은 러시아에서 추방당했다. 그들은 때마침 미국 뉴욕에서 만났다. 야콥슨은 불어를 포함해 10여 개 언어에 정통했기 때문에 능숙한 불어로 강의를 할 수 있었다(물론 유창한 불어로 레비스트로스와 교류할 수도 있었다). 게다가 야콥슨은 시인이기도 했다.

야콥슨은 위대한 언어학자인 소쉬르**의 구조주의 언어학으로 레비스트로스를 이끌었다. 레비스트로스는 인터뷰에서 말했다. "야콥슨이 심혈을 기울인 연구 분야는 마치 추리소설처럼 나를 깊이 매료시켰다. 나는 위대한 정신 탐험에 참여하는 듯한 느낌이었다."

'참여', '탐험' 등은 인류학자의 키워드다. 레비스트로스는 뜻밖에도 그런 단어로 그와 구조주의 언어학의 만남을 묘사했던 것이다.

소쉬르는 언어를 랑그와 파롤***로 나누었다. 이중 후

---

* 로만 야콥슨(Roman Jakobson, 1896~1982). 20세기의 중요한 언어학자이자 구조주의 언어학파의 선구자였다.
** 페르디낭 드 소쉬르(Ferdinand de Saussure, 1857~1913). 스위스의 언어학자로 '현대 언어학의 아버지'로 일컬어진다.
*** 'la langue'와 'la parole'은 모두 불어다. 이는 영어의 'the language'와 'the speaking'에 해당한다.

자는 우리가 실제로 사용하는 언어로, 각종 단어와 의미가 포함되며 매우 변화무쌍하다. 전자는 언어의 추상적인 체계로, 언어와 의미 사이의 관계를 관제하는 기본 규칙이다. 그것은 상대적으로 고정되어 있으며 유한하다. 후자는 언어의 현상이고, 전자는 언어의 구조다. 양자는 서로 크게 다르다.

랑그와 파롤의 차이는 어린아이가 모국어를 배우는 것과 성인이 외국어를 배우는 것의 비교를 통해 가장 잘 설명할 수 있다. 아이들은 모국어를 성인보다 빠르고 효율적으로 학습한다. 왜냐하면 랑그, 즉 하나하나의 문법 모형을 직관적으로 흡수하기 때문이다. 그리고 나서 아이들은 다양한 어휘를 그 모형 안에 집어넣고, 이렇게 생성된 문장이 의미를 지니는지 시험한다. 아이들은 한 문장 한 문장씩 배우지 않는다. 먼저 한 문장을 구성하는 기본 구조를 터득한 후 서로 다른 단어의 구조적 위치와 기능을 학습하며, 이후 자유로운 결합 실험에서 점차 풍부한 표현 능력을 갖게 된다. 반면 성인은 랑그를 학습하는 본능을 상실했으므로 파롤에 기대어 외국어를 배워야 한다. 즉 '이 문장은 어떻게 말하지?', '저 문장의 뜻은 뭐지?' 이런 식의 고통스러운 축적 과정이 요구된다. 당연히 학습 속도도 느리고 기존에 배운 문장을 잊어버리기도 한다.

아이들은 단어와 단어 사이의 구조적 관계를 재빨리 습득한다. 구체적인 단어 없이도 직접 구조를 체득하는 것이다. 만약 어떤 아이가 "아버지가 손으로 숟가락을 들고 국을 마신다"라는 문장을 들었다고 하자. 아이는 '아버지', '숟가락', '손', '마시다', '국' 등 단어 하나하나의 뜻을 이해할 필요 없이, 한편으로는 이 문장이 묘사하는 동작(파롤에 해당하는 부분)을 문장과 대응시키고 다른 한편으로는 이 문장에서 단어들을 배제한 후에도 엄연히 존재하는 추상적인 구조 관계를 터득한다. 몇 분 후, 아이가 다시 "국가는 전쟁으로 인민을 위협하여 복종하게 한다"라는 문장을 들었다고 하자. 아이는 이 문장을 전혀 이해하지 못한다. 하지만 이 문장이 아이의 언어 학습에 아무런 역할도 하지 않는 것은 아니다. 아이는 성인이 말하는 방식, 어조 등을 통해 이 문장과 앞 문장 사이의 구조적 유사성을 식별해 낸다. 구조주의 언어학이 주장하는 이러한 '천부적 능력'을 후에 레비스트로스는 '야생적 사고'를 설명하는 데 활용한다. 즉 야만인과 문명인 사이에는 그러한 측면에서 커다란 간극이 존재한다는 것이다.

소쉬르의 구조주의 언어학의 출현은 19세기에 갈수록 쇠퇴하던 언어학 연구를 해방시켰다. 레비스트로스는 소쉬르 이전 언어학이 처했던 곤경이 당시 그가 느끼던 인류학의 상황과 매우 유사하다는 점을 발견했다. 그 시절 언어학자들은 세계의 수많은 언어를 조사하고 연구하면서 풍부한 자료를 집적했다. 그러나 물밀 듯 밀어닥친 언어 자료는 점차 언어학자들을 질식하게 만들기 시작했다. 그들은 언어 자료를 어떻게 정리하고 연구를 진척시켜야 할지 갈피를 잡지 못했다. 그런 그들에게 소쉬르는 명확한 방향을 제시했다. 그는 현상인 파롤 안에서 헤매지 말 것을 주장했으며, 현상이 제아무리 많더라도 그것이 우리를 언어학의 핵심으로 이끌 수 없음을 강조했다. 서로 다른 언어의 구조를 정리하고 채택해 초언어적 거대 구조를 탐구하는 것, 즉 대문자적이고 궁극적인 랑그를 파악하는 것이 바로 그가 제시하는 바였다.

우리는 지구상의 2천 가지 언어를 수집하고 이해할 필요가 없다. 수많은 언어를 랑그의 상이한 구조가 파생시킨 사례로 볼 필요가 있다. 즉 수많은 언어의 복잡한 현상을 랑그로 환원하려는 고민을 수행해야 한다. 단어나 문장을 볼 것이 아니라 단어와 단어 사이, 문장과 문장 사이의 관계를 봐야 한다. 언어의 문법을 볼 것이 아니라 상이한 언어 문법 사이의 관계를 봐야 한다. 관계가 사물을 대체하는 것이 관건이다. 달리 말하자면, 사물에서 벗어나 사물과 사물의 관계에 초점을 둬야 한다. 이로써 우리는 구조를 발견할 수 있고,

진정으로 언어를 이해할 수 있다.

기본 구조의 탐색

구조주의나 구조주의 인류학은 레비스트로스가 발명한 것이 아니다. 그의 '구조' 관념은 야콥슨이 소쉬르로부터 가져온 것이다. 레비스트로스의 창조성은 구조주의 언어학을 인류학에 적용해 인류학적 물음과 인류학자가 그 물음에 답하는 방식을 바꾼 데 있다.

언어학적 깨달음을 얻고 나서 레비스트로스가 작성한 첫 번째 논문은 「언어학과 인류학의 구조 분석」L'analyse Structurale en Linguistique et en Anthropologie이었다. 이 짧은 글에서 레비스트로스는 친족 연구 영역에서 언어학의 구조주의적 방법론을 인류학에 적용한 첫 걸음을 내딛었다. 이어서 그는 자신의 박사 논문인 『친족의 기본 구조』Les structures Élémentaires de la parenté를 쓰기 위한 항해를 개시했다.

레비스트로스가 박사 논문을 쓰면서 인용한 문장과 저작의 수는 자그마치 7천여 개나 되었다. 정말 놀랄 만한 수치다! 이는 레비스트로스가 인류학 문헌 독해에 쏟은 엄청난 노력을 보여 주는 동시에, 당시 인류학이 처한 '풍요 속 빈곤'

이라는 상황을 역설적으로 드러낸다. 그토록 방대한 기록과 논문은 무얼 위한 것이었을까? 어느 누가 이렇게 많은 문헌을 읽어 낼 수 있으며, 그것을 읽었다 한들 무얼 할 수 있겠는가? 그리고 그러한 문헌 속의 정보와 의미를 결합하고 파악하는 방법을 어떻게 마련할 수 있겠는가?

레비스트로스는 새로운 '구조주의 분석'의 위력을 자신만만하게 선보였다. 오스트레일리아의 아넘랜드*에서 인도의 아삼**에 이르기까지, 그리고 피지에서 페루에 이르기까지 친족 관계에 관한 수많은 자료가 레비스트로스의 손을 거쳐 한결 단순명료한 모형에 근거해 재구성되었고, 이 모형을 중심으로 모여들었다. 아마 다른 이의 손을 거쳤다면 도서관의 도서 목록으로 만들어지는 데 그쳤을 것이다.

'친족 관계의 구조' 모형은 몇 개의 규칙으로 이루어져 있다.

제1조: 모든 문화는 하나의 체계를 지닌다. 그것은 크게 '가능한 배우자'와 '금지된 배우자'를 나눈다. 여기서 핵심은 '근친상간의 금기'로, 이 금기에 따라 친족 분류 원칙이 생겨난다.

제2조: 모든 문화에는 자기 집단의 여자를 보낸 곳에서 배

우자가 될 여자를 데려와야 한다는 원칙이 있다. 여기에는 '기브 앤드 테이크'give and take라는 고정된 방향성이 존재하기 때문에 아무렇게나 행동할 수 없다. (……) 결국 친족 관계는 두 남성과 두 여성으로 구성될 따름이다. 그중 한 남성은 채권자이고 한 남성은 채무자다. 그리고 한 여성을 주고 다른 한 여성을 받는다.

여기서 친족 관계와 언어는 서로 유사하다. 혼인의 '교환'은 언어의 '소통'과 같다. 소통에 사용되는 '단어'가 친족 관계에서 교환되는 '여성'에 대응한다. 언어와 마찬가지로 친족 관계는 일종의 집단 무의식의 규범으로서 인류 정신의 내부 운동 방식에 반영되어 있다. 여성 교환으로 형성되는 친족 관계를 통해 인류는 복잡한 권리 의무 관계를 수립했고, 상호 간의 협력을 강제해 왔다. 설령 당신이 '자신의 의사'를 말로 표현하고 있다고 여기더라도, 당신은 언어의 숨겨진 구조로부터 결코 벗어날 수 없다. 마찬가지로 당신이 자유롭게 혼인 대상을 결정할 수 있다 여기더라도, 밑바탕에 깔린 친족 구조의 논리가 당신이 알아채지 못하는, 심지어 알아채기 원치 않는 방식으로 당신의 선택을 결정한다.

레비스트로스는 다음과 같이 말한다.

오늘날까지도 인류는 금세 사라져 버릴 순간을 붙잡을 수 있으리라 착각한다. 그리고 (친족) 교환의 법칙을 회피할 수 있으리라 믿고 싶어한다. 그러나 취하기만 하고 증여하지 않거나, 홀로 향유하기만 하고 다른 이들과 나누지 않는 것은 (……) 영원히 실현될 수 없는 몽상에 불과하다. 꿈속 세계에서만 당신은 타인으로부터 벗어날 수 있다.

『친족의 기본 구조』에서 인용한 문화적 기록의 범위는 아시아, 시베리아, 대양주 등을 모두 포함할 정도로 광대하다. 레비스트로스는 이 지역들을 조사 범위로 삼은 까닭이 이 지역 부족의 친족 관계가 '기본 구조'의 경향을 띠기 때문이라고 말한다. 말하자면 여타 지역의 친족 구조는 비교적 복잡하고 문명화되어 있으며 겉치레가 심하다. 그러나 그것들은 단지 기본 구조 위에 우리를 현혹시키기 쉬운 장식을 얹어 놓은 것에 불과하다.

기본 구조는 보편적이고 공통적이다. 과거 수백 년간 인류학자들이 힘겹게 쌓아 놓은 민족지 기록도 친족과 관련된 요소로 꿰어 낼 수 있다. 언어학에서 빌려 온 구조적 안목을 이해한다면, 우리는 수많은 인류학 문헌을 일관되게 해석할 수 있는 방법을 가질 수 있다!

따라서 레비스트로스와 시 사이에는 또 다른 관계가 성립될 수 있는데, 그것은 언어를 통해, 언어에 대한 그의 예민한 감각을 통해 이루어졌다. 다른 학자와 달리 그는 언어나 문자를 현상을 묘사하고 논의를 전달하는 데에만 활용하지 않았다. 그에게 언어와 문자는 현상을 해석하고 논의를 구성하는 근거이기도 했다.

시처럼 모호한

오로지 시로만 묘사할 수 있는

레비스트로스와 시 사이에는 세 층위의 관계가 있다. 이중 가장 표면적이고 관찰하기 쉬운 것은 그의 문장에 농후한 '시의'詩意가 깃들어 있다는 점일 터다. 심지어 어떤 단락은 시와 진배없을 정도다. 그의 문장은 전혀 건조하지 않다. 그의 글이 지닌 특색은 학문 영역을 막론하고 어느 학자와도 다르다.

그러나 이런 시의는 『슬픈 열대』에 이르러서야 비로소 만개했다. 『친족의 기본 구조』에서는 그러한 시의를 찾아볼 수 없다. 이것이 레비스트로스의 모든 작품 중에서도 『슬픈 열대』가 가장 널리 알려지고 가장 많은 독자를 끌어들이고 가장 큰 영향력을 행사했던 이유다.

『슬픈 열대』 7장인 「일몰」은 인류학과 아무런 관계도 없다. 이 장은 레비스트로스가 배를 타고 처음으로 대서양을 건너던 도중 일몰의 변화무쌍한 광경을 목도하고 느낀 바를 써 내려간 것이다. 여기서는 긴 전문을 소개할 수 없기에, 패트릭 윌컨의 압축적인 설명으로 이를 대신하려 한다.

그가 한번은 바닷물 너머로 붉은 노을빛이 섞여 드는 광경을 보고 서정적인 글 한 편을 썼다. 이 글은 후에 『슬픈 열대』에 실렸다. 단호하고 창조적인 청년 시절의 모든 글이 그러하듯 여기에는 풍부한 문학적 기교가 녹아 있었고, 이미지와 비유, 관념으로 가득했다. 그는 7페이지에 걸쳐 구름을 피라미드, 청석판靑石板, 고인돌, 공중의 암초, 수증기로 가득 찬 동굴, 심지어 문어에도 비유했다. 또 하늘을 눈에 보이지 않는 수정의 층, 모호하고 흐릿한 성벽으로 묘사했다. 그는 하늘이 몽롱한 푸른빛, "새우와 연어의 붉은빛과 아마와 풀의 누런빛"을 띠고 있다고 말하기도 한다. 그는 심지어 오페라에서 따온 비유를 들기도 한다. 투광기,

무대 장치, 마지막에 연출되는 '서곡'(예전 오페라는 분명 이러한 연출 기법을 사용했다) 등이 그것이다. 이는 지나치게 힘을 들인 문학적 실험이었지만, 그중 어떤 스타일은 이후 레비스트로스의 여타 저작에서 재차 나타난다. 가장 난해한 학술적 글에서도 레비스트로스는 여전히 우아한 세부 묘사와 비유를 사용했고, 자연의 형식과 변화 과정에도 큰 흥미를 느꼈다.

레비스트로스는 일찍부터 이처럼 문학적 실험에 심혈을 기울였다. 그는 인류학자뿐만 아니라 여느 문학가보다도 문장을 중요시했다. 그는 학술 저작을 쓰면서도 자기만의 스타일을 결코 포기하지 않았다. 또한 글의 명료성을 위해 상상력으로 가득한 비유를 기피하지도 않았다.

그는 『슬픈 열대』에서 하나의 스타일을 창조해 냈다. 그것은 윌컨이 말한 '단호하고 창조적인 청년 시절의 글'과 '힘찬 문학적 실험'을 인류학과 현지 조사에 연결시킨 것이다.

레비스트로스는 배 위에서의 생활을 이렇게 회상한다.

천진한 풋내기였던 나는 매일 텅 빈 갑판에 서서 한번도 본 적 없는 광활한 지평선을 흥분 어린 마음으로 바라보았다.

그곳에서 나는 한참 동안 사방을 둘러보았고, 해가 뜨고 지는 과정 전체를 지켜보았다. 마치 대자연의 시작과 발전 그리고 그 끝을 보는 것 같았다. 만일 내가 말로는 설명하기 어려운 그토록 변화무쌍한 현상을 재현해 낼 언어를 발견할 수 있다면, 그리고 영원히 같은 방식으로는 출현하지 않을 어떤 현상의 단계와 순서를 다른 이에게 설명할 능력이 있다면, 나는 — 당시 나는 이렇게 생각했다 — 이 여행의 가장 깊은 비밀을 단숨에 발견할 수 있으리라. 내가 인류학 연구에 종사하면서 얼마나 특이한 경험을 하든지 간에 모든 사람에게 그 현상의 의미와 중요성을 명백하게 설명할 수 있으리라.

말하자면 그는 그와 같은 문학적 실험을 통해 궁극적으로 무소불위의 문장을 획득하고자 했던 것이다. 그것으로 그는 글로 기록하기 어려운 특이한 현상, 글로 표현할 수 없는 정서와 이치 등을 분명하게 설명하고자 했다. 언어와 문장에 대한 깊은 신뢰, 묘사할 수 없는 것을 묘사하기 위한 천착, 표현할 수 없다고 여겨지는 것을 표현하고자 하는 의지, 이것은 본래 시인의 태도이자 시적 추구의 태도다.

언어와 문장에 대한 이러한 자신감 때문에, 시인은 필연적으로 보통 사람보다 노련하고 과감하게 현상에 접촉해 묘사할 수 없는 현상과 표현할 수 없는 경험을 발견해 낸다. 그리고 그들은 평범하고 손쉬운 묘사와 표현을 견디지 못한다. 레비스트로스도 그와 같았다. 그는 활자라는 시인의 무기와 시인의 자신감을 지니고 있었다. 때문에 그가 보고자 하는 것, 경험하고자 하는 것 그리고 경험과 모험으로부터 가져와 사람들에게 생생하게 들려주고자 하는 것은 다른 인류학자의 그것과 크게 다를 수밖에 없었다.

시학적 성취

앞에서 언급했듯, 말리노프스키의 참여식 관찰은 새로운 민족지 쓰기의 분위기를 몰고 왔다. 그것은 과거 '무아'無我의 객관적 태도와는 달랐다. 새로운 민족지에 인류학자의 주관적 경험이 개입함으로써 일종의 '유아'有我적 글쓰기가 이루어졌다.

레비스트로스는 이러한 글쓰기 전통에 서 있었다. 그러나 『슬픈 열대』는 '유아'적 특징을 극단까지 밀어붙였다. '나'我를 시종 관철할 뿐만 아니라 분명하게 드러내 자신이 기록하려는 대상에 덮어씌웠다.

레비스트로스는 '문장가'였다. 특히 『슬픈 열대』에서 그는 전에 없던 독특한 문체를 창조해 냈다. 그러한 문체는 전에도 없었지만, 『슬픈 열대』가 세계적인 스테디셀러가 된 지 반세기가 지난 오늘날에도 찾아볼 수 없다. 그것은 어느 누구도 뒤쫓거나 모방할 수 없는 문체다. 『슬픈 열대』는 시이며, 시학적인 성취다. 이 작품은 시와 시학의 각도에서 읽어야지, 서술이나 논리의 각도에서 읽어서는 안 된다.

『슬픈 열대』에는 수많은 학술적 토론이 담겨 있으며, 이는 레비스트로스의 깊은 인류학적 사고를 드러낸다. 하지만 이 책은 일반적 의미에서의 '학술서'가 아니다. 이 책은 일반적인 학술서처럼 건조하거나 무료하지 않다. 또한 『슬픈 열대』는 일반적인 의미에서의 산문도 아니다. 레비스트로스는 비록 문장의 아름다움을 고려하고 다수의 실험적 문구를 썼지만, 이 책이 보여 주는 지적인 폭과 깊이는 보통의 산문 작가가 절대 도달할 수 없고 일반 산문 독자도 소화해 낼 수 없는 수준이다.

『슬픈 열대』는 여행기의 요소가 농후하다. 레비스트로스가 쥔 펜은 그의 기억을 좇아 브라질에서의 일들을 기록한다. 그러나 레비스트로스는 책머리에서 먼 곳에서의 경험을 애써 기록하는 글쓰기를 비웃으며, 자신과 '여행 작가'를 명확히 구별한다. 더구나 『슬픈 열대』는 일반적인 여행기와는 형식이 완전히 다르다. 1장의 제목이 비록 '출발'이긴 하지만 그 안의 내용에는 '출발'이 없다. 1934년 마르세유에서 산투스항까지 이어진 여정의 출발은 7장에서야 등장한다. 7장 이전까지 레비스트로스가 우리에게 전하는 것은 여러 시간이 복잡하게 뒤섞인, 각기 다른 여정에 대한 기억의 단편을 오가며 서술하거나 논평한 불명료한 글들이다.

우리는 『슬픈 열대』를 특정 장르로 규정할 수 없다. 더욱 특이한 것은 레비스트로스 자신도 『슬픈 열대』의 문장이나 문체를 다시 구현해 낼 수 없었다는 점이다.

아울러 이 책에는 일반 여행기에서는 볼 수 없는 풍부한 학술적 내용이 담겨 있다. 심지어 그 내용은 인류학적 지식이나 논점에만 한정되지 않는다. 굵직굵직한 학술적 내용은 여행기식 서술에 대한 독자의 기대를 훌쩍 뛰어넘으며, 그들이 마음속으로 가정했던 여행기의 구조와 순서까지도 뒤섞어 버린다.

또 우리는 이 책의 글을 단순한 산문이나 수필로 간주하기도 어렵다. 왜냐하면 글의 행간을 메우고 있는 것은 감성이 아니라 통찰이기 때문이다. 레비스트로스는 단지 감관이나 느낌만을 동원하지 않는다. 그보다는 사고력을 동원한다.

그의 글은 부단한 축적과 기록에 기반한 분석, 추론, 통찰, 단언으로 이루어져 있다.

영국의 문학 전통에서 우스개로 '애솔 리플렉션'asshole reflections이라 부르는 글이 있다. 이는 항상 자신의 생각이나 관점을 드러내길 좋아하는 바보가 쓴 '반영적' 문장으로, 자기 생각이 다른 사람과 얼마나 다른지를 억지로 부각시킨다. 『슬픈 열대』는 여러 면에서 그런 '애솔 리플렉션'을 연상시키지만, 그것과 비교할 때 레비스트로스의 '리플렉션'(반영)은 대단히 무게감이 있다. 그것은 영악한 손재주와는 다르다. 그의 글은 독자가 내용을 자세히 이해하고 충분히 소화하기 위해 부득이 읽기를 잠시 중단하게 만들 만큼 많은 지식을 포함한다.

그러한 무게감은 레비스트로스의 독창성에서 기인한다. 책의 곳곳에서 독자는 의아를 경험한다. 레비스트로스의 생각, 연상, 분석, 추론, 예지나 독단에 의해 내려지는 결론 등에서 독자는 일종의 불가사의함을 느낀다.

『슬픈 열대』를 좋아하거나 숙독한 독자에게는 쉽게 공허감이 엄습해 오기도 한다. 당신이 큰 흥미를 안고 기대에 부풀어 『야생의 사고』나 4권으로 된 『신화학』(『친족의 기본 구조』는 제목이 너무 딱딱해 고려 대상에서 제외했을지 모르겠다) 등 레비스트로스의 다른 저작을 읽어 내려간다면, 『슬픈 열대』와는 다른 그 책들의 특징에 실망을 느낄 수밖에 없을 것이다.

하지만 우리는 '정상적'인 학술 문헌에 어울리지 않는 정신과 유달리 활달하고 거리낌 없는 스타일이 레비스트로스의 모든 저작을 관통하고 있음을 부정할 수 없다. 다만 그것이 『슬픈 열대』에서 가장 두드러지고 자유로운 방식으로 우리를 엄습하고 정복할 뿐이다.

모호함과 다의성의 힘

『슬픈 열대』 6장 말미에서 레비스트로스는 영향력 있는 미국 인류학자 세 사람을 언급한다. 로베르트 로위, 앨프리드 루이스 크로버, 프랜츠 보애스가 그들이다. 그는 이렇게 말한다.

(⋯⋯) 그들은 지식 차원에서의 '종합'을 나타낸다. 4세기 이전 콜럼버스가 아메리카 대륙에 도달한 이후에야 출현할 수 있었던 여러 가지 종합을 반영한다. 그것은 신뢰할 만한 과학적 방법과 신대륙이 제공하는 독특한 실험 영역을 결합

한 종합이었다.

여기서 내가 칭송하는 대상은 어떤 지적 전통이 아니라 하나의 역사적 전통이다. 아직 진지하게 연구된 적이 없는 사회, 상당히 잘 보존되어 있으며 전방위적 파괴가 시작된 지 얼마 안 된 사회를 실제로 찾아가 연구할 수 있다는 것은 편리하고 유리한 일이다.

이 대목은 미국의 인류학 발전 과정에 대한 분석으로, 일반적인 서술로 이루어져 있다. 그러나 바로 뒤이어 레비스트로스는 말한다. "작은 일화를 덧붙여 나의 의견을 표명하려 한다." 다음이 그가 말한 일화다.

캘리포니아의 한 부락에 살던 야만족 전체가 몰살당했다. 한 인디언만이 거기서 기적적으로 목숨을 건졌다. 그는 여러 해 동안 대도시 근처에서 어느 누구의 관심도 끌지 않고 여전히 돌로 만든 화살촉으로 수렵을 하며 살았다. 그러나 동물도 점차 사라져 갔다. 어느 날 그 인디언은 도시 근교에서 벌거벗은 채로 발견되었다. 그는 아사 직전이었다. 이후에 그는 캘리포니아대학의 잡역부로 남은 생을 조용히 보냈다.

이 일화를 끝으로 이 장의 글은 갑자기 뚝 끊긴다. 이는 앞선 일반적이고 평범한 서술과는 사뭇 다르다. 이제 앞서 서술한 "아직 진지하게 연구된 적이 없는 사회, 상당히 잘 보존되어 있으며 전방위적 파괴가 시작된 지 얼마 안 된 사회를 실제로 찾아가 연구할 수 있다는 것은 편리하고 유리한 일이다"라는 문장은 더 이상 일반적이고 평범한 방식으로 이해될 수 없다. 레비스트로스는 진정 그 연구를 "편리하고 유리하다"고 여겼을까? 아니면 풍자적 뉘앙스를 띤 말일까? 그것은 어째서 "편리하고 유리"한가? 차라리 몰살당한 부족에서 살아남은 한 인디언을 인류학자 자신이 근무하는 대학에서 우연히 발견할 수 있다는 의미에서의 '편리와 유리'라고 해야 하는 것은 아닐까?

레비스트로스는 도대체 무슨 의견을 표명하려 한 것일까? "작은 일화를 덧붙여 나의 의견을 표명하려 한다"는 문장이 나오기 전까지 우리는 그가 말하려는 바를 충분히 이해할 수 있다고 여겼다. 그런데 이 일화를 읽은 후 오히려 그가 표명하려는 것이 무엇인지 알 수 없게 되었다! 이것은 일반적인 '표명'도 아니고, 학술적인 의미에서의 '표명'은 더더욱 아니다. 오히려 그것은 모호하고 혼란스럽다. 혹은 모호함과 혼란스러움을 통해 본디 단방향적이고 일차원적인 글을 입체적이고 다양하게 변화시켰다고 할 수 있다. 이는 분명 문학적인 수법이지, 과학적인 수법이라 볼 수 없다.

윌리엄 엠프슨이라는 이름을 들어 본 적 있는가? 그는 항전기抗戰期 중국의 서남연합대학에서 교편을 잡았던 명교수다. 아마 그는 서남연합대학의 모든 교수 가운데 학자로서 국제적인 지위가 가장 높은 사람이었을 것이다. 그는 중국인이 아니었다. 그는 동양에 큰 호기심과 호감을 지닌 영국인이었다. 본디 그는 베이징대학의 초빙으로 중국에 온 것이었다. 그러나 중국에 도착한 후 베이징이 더 이상 중국인의 베이징이 아니라 일본인의 수중에 떨어진 베이징이라는 사실을 알았다. 그리하여 그는 타자기와 작은 가방 하나를 들고 윈난성雲南省 쿤밍昆明으로 옮겨 가는 베이징대학의 행렬을 따랐다.

중국에 오기 전 엠프슨은 1930년에 중요한 책 한 권을 출판했다. 『모호성의 일곱 가지 형태』Seven Types of Ambiguities라는 책이었다. 이 책은 영국 낭만주의 시인에 관한 연구를 통해 시인이 사용하는 '모호성'의 일곱 가지 기법을 정리한 것으로, 나중에 영미 문학계의 신비평 사조에 중요한 토대가 되었다.

여기서 엠프슨이 언급한 일곱 가지 유형과 기법을 열거할 필요는 없을 것이다. 그러나『슬픈 열대』를 읽으면서 그의 개념들을 머릿속에 떠올려 보는 것도 나쁘지는 않을 것이다. 모호성은 문학작품, 그중에서도 특히 시에서 중요한 자산이자 감동을 자아내는 핵심 역량의 원천이다. 레비스트로스는 명확하고 고정된 의미의 표현을 기피했고, 자신의 글에서 여러 방식으로 모호성을 표현하고자 했다. 이러한 특징은 그의 문체에서 빼놓을 수 없는 중요한 요소다.

혐오에서 시작하다

『슬픈 열대』는 1955년에 출판된 후 지난 60년 동안 문체에 있어서 그 독보성을 지켜 왔다.『슬픈 열대』의 문체를 모방하려는 시도가 그간 없었던 것은 물론 아니다. 이 책은 빠르게 세계적인 스테디셀러의 반열에 올랐고 많은 추종자를 낳았다. 그러나 그토록 많은 이들의 모방에도 불구하고,『슬픈 열대』와 동등한 지위에 오르거나 그것과 동류의 작품이라고 인정받은 저작은 거의 없었다.

60년이 지난 지금도 사람들은 여전히 숭배와 의혹의 감정으로『슬픈 열대』를 접하거나 읽는다. 의혹은 어떤 기대를 가지고 이 책을 읽어야 할지, 또는 과거 자신이 읽은 책 중 어느 것으로부터 이 책의 성격을 규정하는 데 도움을 받을 수 있을지 하는 혼란에서 비롯된다. 이런 문체나 글의 유형은 정해진 명칭이 없다. 줄곧 유일무이한 책이었기에 분류도, 명명도 불가능했던 것이다. 심지어 그의 다른 저작들도 『야생의 사고』만이 『슬픈 열대』와 다소 유사할 뿐 명확한 차이를 보인다.

마르케스의 『백년의 고독』은 독자에게 깊은 감동을 불러일으키지만, 우리는 '마술적 리얼리즘'이라는 용어로 본래 낯설었던 감정을 소화하고 해석할 수 있다. 조이스의 『율리시스』는 독자를 곤혹감에 빠뜨려 책장을 넘기기 어렵게 만들지만, '모더니즘'이나 '의식의 흐름'이라는 개념으로 그 곤혹감을 해결하고 책을 계속 읽을 방법을 발견할 수 있다.

『슬픈 열대』는 시작부터 독특하고 모호한 다의성을 드러낸다. 작가는 이 책이 브라질에서 이루어진 현지 조사 과정을 적은 여행기라는 사실을 독자에게 알려 준다. 그러나 동시에 여행기에 대한 염증과 환멸 섞인 태도를 나타내기도 한다. 책의 첫 문장은 "나는 여행을 혐오한다. 그리고 탐험가 또한 싫어한다"이며, 두 번째 단락의 마지막 부분에서도 그는 이렇게 말한다.

우리는 6개월의 시간을 여행, 고통, 견디기 어려운 고독 따위로 허비해야 했을 때도 있었다. 그러나 다시금 펜을 들어 불필요한 기억과 언급할 가치도 없는 그런 지난 일을 기록하는 것이 (……) 과연 가치 있는 일일까?

나는 그런 서술이 오히려 사람들의 환영을 받고 잘 팔린다는 사실을 정말이지 납득하기 어렵다.

그렇다, 우리는 이제 막 책의 두 번째 페이지를 펼쳤다. 레비스트로스는 이미 여행과 모험을 부정했고, 여행과 모험에 대한 기록도 부정했다.

다른 이들이 쓴 여행기였다면 필시 흥분 어린 감정과 만족스러운 뉘앙스로 서술되었을 것이다. 보라! 나는 교토나 파리의 일상에선 볼 수도, 경험할 수도 없는 것을 보고 겪었다! 그 기억을 잊지 않도록 서둘러 기록해서 그곳에 가 본 적 없는 이들과 공유하자!

이러한 여행기는 심정과 내용이 일치한다. 그러나 『슬픈 열대』는 다르다. 처음부터 이 책은 특이하고 모호한 입장을 내세운다. 이것은 내가 하려 했던 일이 아니야. 그리고 그런 일을 기록하는 것에 흥미를 느끼지 않지만 그럼에도 기록하게 됐어. 즉 마지못한 여행, 마지못한 기록이었던 셈이다.

다른 여행기는 분명 여정에 오르는 대목부터 시작할 것이다. 그러나 마지못한 여행가, 마지못한 여행기의 작가는 여정의 출발을 기록하기 전에 많은 페이지를 할애해 여행, 모험, 여행기의 신화를 해체한다. "당신이 일반적인 여행기에서 본 여행이나 모험 따위는 진실한 여행이나 모험이 아니다. 당신 — 여행기를 즐겨 읽는 독자 — 이 알고 있는 여행과 모험은 내가 진정으로 체험한 것과 같지 않다." 레비스트로스는 냉정하게 이러한 입장을 밝힌다.

이와 같은 입장을 통해 레비스트로스는 우선 인류학적 모험이 담긴 여행기에 대해 인류학식 조사를 진행했다고 할 수 있다. 어수선하게 흩어져 있던 이문화異文化에 대한 과거의 기록은 사람들에게 그럴듯하지만 사실과는 다른 인상만을 남겼고, 사람들의 마음에 낭만적이거나 무시무시한 혹은 경멸스러운 인상을 심어 줄 뿐이었다. 마찬가지로 그간의 모험 여행기도 독자의 심중에 사실과는 거리가 있는 이러한 인상을 남길 따름이었다. 사실과의 편차나 오류에 기초한 인상을 배제한 엄격하고 빈틈없는 인류학적 조사가 이루어지기 위해서는 사실과 신화의 상세한 구분이 필요하다. 레비스트로스는 이러한 방법으로 우선 모험 여행기에 대한 비판적 분석과 판별을 진행했던 것이다.

　이처럼 『슬픈 열대』에는 일찍이 제기된 바 있는 '메타' 개념의 의미가 처음부터 깔려 있었다. 이 책은 여행기에 대한 성찰을 담은 여행기인 것이다. 다른 각도에서 보자면 이 책은 모험 여행기를 조사 대상으로 삼은 일종의 민족지적 글쓰기로, 서술 과정에서 그러한 현상의 에믹과 에틱의 이중적 초점거리를 드러냈다고도 볼 수 있다. 이 책에는 외부자의 시선으로 본 여행기의 의미 그리고 여행 경험자이자 여행기 서술자로서 저자 자신의 내재적 의미가 동시에 녹아 있는 것이다.

　에믹의 입장에서 보면, 먼 곳으로의 모험은 인류학 지식을 구축하기 위해 부득이 지불해야 할 대가에 불과하다. 그렇게 먼 곳까지 가지 않는다면, 그토록 낯선 환경에 들어가 보지 않는다면 그는 이문화를 접할 방법도, 이문화를 이해하고 기록할 자격을 얻을 수도 없다. 그러나 에틱의 입장에서 레비스트로스는 인류학자의 모험 여행을 일종의 '성년식'에 비유한다.

　4장에서 그는 이렇게 말한다.

　많은 북아메리카 부락에서 청년들이 어떻게 성년식이라는

관문을 통과하는지가 그들이 장차 부락에서 접하게 될 사회적 지위에 영향을 준다. 어떤 젊은이는 아무런 음식도 없이 홀로 뗏목을 타고 표류한다. 어떤 이는 홀로 산으로 올라가 혹한과 폭우, 야수와 맞닥뜨린다. 간혹 그들은 며칠, 몇 주, 심지어 몇 달 동안 거의 아무것도 먹지 않거나 극히 적은 음식만 먹는다. 그들은 장기간 금식하기도 하고, 구토제를 복용해 자신의 몸을 극도로 허약하게 만들기도 한다. 이 모든 행위는 다른 세계와 소통하기 위한 방편으로 간주된다. (……) 그들은 이러한 믿음을 갖고 있다. 어떤 신비한 동물은 그들의 강렬한 고통과 기도문에 감동을 받아 할 수 없이 그들 앞에 나타난다고. 그들 눈앞에 나타난 기적은 앞으로 그들을 지켜 줄 보호신이 누구인지 알도록 해 준다. 그들은 그 보호신의 이름을 따서 자신의 이름을 지을 수 있고 이로써 특수한 능력(권력)을 얻게 되는데, 이것이 그들이 누릴 수 있는 권리와 소속된 집단에서의 지위를 결정해 준다.

레비스트로스는 다시 논의의 초점을 자신의 사회로 돌린다.

오늘날 프랑스 사회에서 대중과 그들의 '탐험가' 사이에는

'권력 추구' 현상이 성행하고 있다. (……) 앞서 언급한 북아메리카 원주민처럼 젊은이들은 자기가 속한 집단에서 몇 주 혹은 몇 달 동안 떠나 스스로를 모종의 극단적인 환경에 빠뜨리곤 한다. (……) 그들은 어떤 힘을 가지고 돌아온다. 그리고 그러한 힘은 신문에 게재한 몇 편의 글이나 베스트셀러, 또는 청중이 가득 찬 강당에서의 강연으로 표현된다.

인류학자와 그들의 조사 대상인 부락 구성원 사이에는 표면적으로는 문명인과 야만인이라는 구분이, 신분상으로는 조사자와 조사 대상이라는 주객관적 차이가 존재하는 듯하다. 그러나 근본적으로 그들은 유사한 행위 양상을 따른다. 즉 집단을 벗어나 고난을 겪음으로써, 자신이 살던 곳에 돌아와 신비한 힘을 획득하고 지위를 높이며 권력을 증대하고자 하는 것이다.

영원한 때늦음

여행기에 대한 부정 이후 그는 이제 현지 조사에 대한 부정을 시도한다.

인류학자가 되어 여정을 출발하려 할 때부터 그는 이미

자신이 늦었다는 사실을 인식했다. 그가 볼 수 있는 것은 이미 파괴되어 버린 문화였고, 그가 갈 수 있는 곳은 이미 순수함을 잃어버린 이문화적 환경이었다. 사실상 파괴와 오염이 진행되었기 때문에 그제야 이문화를 조사하고 보존하려는 충동이 생겨난 것이었다. 그가 여정에 나선 이유는 그곳에 가는 것이 이미 때늦은 일이기 때문이기도 했다. 양자는 둘이면서 하나이고, 하나이면서 둘이다.

레비스트로스는 이렇게 말했다.

(……) 내가 하는 일은 고고학자가 특정 지역에서 수행하는 일과 같다. 즉 남겨진 유물 조각에서 이미 사라져 버린 그 지역의 특징을 끈기 있게 되살려 내는 일 말이다. 하지만 이는 헛수고일 따름이다.

일단 이런 생각이 들자, 환상이 걸음걸음마다 함정을 놓기 시작했다. 나는 '진정한 여행'이 가능한 시대, 즉 아직 파괴되거나 오염되거나 어지럽혀지지 않은 기이한 경관과 원시적 현상을 볼 수 있는 시대에 살았더라면 싶어졌다. (……) 이 때문에 어떤 영역으로 빠져들어 헤어날 수 없게 되면서, (……) 나는 두 가지 선택지만을 갖게 되었다. 하나는 고대 여행자처럼 여러 기이한 현상을 직접 목도하지만, 그런 현상의 의미를 알지도 못하고 심지어 그것에 깊은 혐오감을 느끼게 되는 것이다. 나머지 하나는 현대 여행자가 되어 이 젠 존재하지 않는 진실의 여러 흔적을 찾아 헤매는 것이다. 둘 중 어떤 것을 선택하든 나는 실패자가 되고 말 것이다.

만약 좀 더 일찍 태어나, 콜럼버스가 아메리카 대륙을 발견한 16세기에 브라질 원주민의 생활과 문화를 직접 볼 수 있었다면 얼마나 좋았을까! 이는 비단 레비스트로스만의 생각이라고는 할 수 없는 당연한 생각이다. 하지만 레비스트로스는 이러한 생각이 싹트고 있던 때에 관점을 바꿔 이렇게 생각했다. '아니, 16세기에 남아메리카에 갔다면 우리는 그곳 원주민의 생활과 문화를 들여다볼 준비가 되어 있지 않았을 것이다. 우리는 충분한 지식과 의식을 지니지 못한 채 호기심과 애정보다는 낯섦과 혐오로 거기서 보고 경험하게 될 것을 대했을 것이다.'

수백 년간 이루어진 이문화와의 접촉, 특히 수백 년간 이문화에 자행한 무자비한 파괴의 경험이 비로소 사람들의 기존 태도를 개선시켰다. 이제 사람들은 이문화를 보고 이해하며 보존하고자 한다. 이처럼 '개선'과 '파괴'는 보조를 같이하며 동시에 발전한다.

여정이 시작되기도 전에 레비스트로스는 완고하면서도 원망스러운 어조로 여행의 성공 가능성을 부정했다. 그의 여정은 너무 때늦은 것이었다. 설사 시간을 되돌려 이문화가 파괴되고 오염되기 전으로 갈 수 있다 하더라도, 그의 여정은 이문화를 보존하고 기록하려는 목적을 달성할 수 없을 것이다. 그때 우리는 이문화의 가치를 이해할 만한 안목이 없었으며, 이문화의 의미를 파악할 능력은 더더욱 없었기 때문이다.

그러나 이러한 원망과 부정 속에서 레비스트로스는 문화, 문화 교류, 문화 이해에 관한 강력한 견해를 제기해 우리에게 이문화를 인식하고 기록하는 길을 제시하는 반면교사가 되었다. 그것은 우리가 본래 상상했던 것보다 훨씬 어려운 길이었다. 16세기 스페인 사람들은 브라질 인디언 문화의 가치를 보지 못하고 경솔하게 그것을 훼손해 오늘날 우리를 안타깝게 했다. 그렇다면 오늘날 우리는 어떤가? 우리와 다른 생활이나 문화의 가치를 제대로 보지 못하고 자기만 옳다는 식으로 그것을 경솔히 파괴해 후대인의 안타까움을 초래하지는 않을까? 300년 후의 사람들도 한탄과 비난의 어조로 우리를 평가하지는 않을까? "그들은 어째서 그 시대에 그토록 중요했던 의미를 보지 못하고 무지하게 그것을 파괴하고 훼손했나? 왜 그토록 아름다운 것들을 그들의 수중에서 잃어버리고 말았을까?"

시는 증명할 필요가 없다

레비스트로스와 시 사이에 존재하는 네 번째 관계는 그의 인류학 연구 방법이 엄격하고 고정된 과학적 논리에 기초하지 않는다는 점에 있다. 윌컨은 『레비스트로스: 실험실의 시인』에서 나의 스승인 메이버리루이스의 말을 인용한다. "『아메리칸 엔트로폴로지스트』American Anthropologist 지와의 대담에서 메이버리루이스는 『꿀에서 재까지』Du Miel aux Cendres*를 읽는 일이 '내가 기억하는 일 중 가장 큰 분노를 자아낸 고된 일'이었다고 말한 바 있다."

나아가 그는 이렇게 술회한다.

『꿀에서 재까지』는 정말이지 무척 난해한 작품이었다. 왜냐하면 책 속의 논증들이 갈수록 상식으로부터 멀어졌기 때문이다. 익힌 음식의 기원을 탐구한 『날것과 익힌 것』Le Cru et le Cuit**에 이어, 레비스트로스는 그 책에서 두 가지 대칭되는 요소를 논한다. 그것은 바로 꿀과 담배였다. 그는 이

---

* 『신화학』 2권을 가리킨다.
** 『신화학』 1권을 가리킨다.

렇게 말한다. 꿀은 자연 그대로의 먹을거리이므로 '거의 조리되지 않은 것'less than cooked이었고, 원주민은 이것을 '조리에 가까운 쪽'the near-side of cooking에 위치시켰다. 반면 담배는 '대부분의 경우 가열되는 것'(이는 담배가 타들어 가면서 연기나 재를 발생시킨다는 점을 통해 알 수 있다)이었기 때문에 '조리에서 먼 쪽'the far-side of cooking에 위치시켰다. 양자는 감각적 차원에서도 대립한다. 꿀은 습하고 끈적끈적하지만 담배는 건조하고 부스러지기 쉽다. 이러한 구별은 '비/가뭄', '폭음과 폭식/절식' 등 여타 이원 대립적 요소를 파생시킨다. 그 밖에도 레비스트로스는 꿀이 대자연이 배태한 매력적 대상이므로 대지를 향한 하강을 상징하는 반면, 담배는 끊임없이 연기를 발산하므로 하늘로의 상승을 상징한다고 본다. 바꿔 말하면, 꿀과 담배의 대립은 '높음/낮음', '하늘/땅', '속세/천국' 등의 대립으로 이어질 수 있다는 것이다. 이후 레비스트로스의 분석 대상은 『날것과 익힌 것』에서 중요하게 다룬 아메리카의 신화를 떠나, 소위 '형태의 논리'logic of forms로 나아간다. 여기서는 열림/닫힘, 가득 참/텅 빔, 안/밖 등 보다 근본적인 대립항을 다룬다. 이와 같은 대비는 속을 파낸 조롱박과 빈 속을 채운 조롱박, 또는 껍질을 벗긴 나뭇가지와 대나무 등으로 표현된다. 하나는 속이 채워져 있고 다른 하나는 비어 있다. 그리고 하나는 외부를, 다른 하나는 내부를 결핍시킨다.

이어서 윌컨은 흥미로운 결론을 내린다. "『꿀에서 재까지』는 『날것과 익힌 것』보다 더 많은 수학 공식과 자유분방한 논리에 기반하지만, 종종 시적인 성격도 보여 준다. 예컨대 그가 '개구리'와 '꿀벌'의 관계를 '습함'과 '건조함'의 관계와 유사하게 본 경우가 그러하다."

여기서 '시적인 성격'이라는 표현은 '논리'와 대조를 이뤄 사용되었다. 그는 온갖 사물에서 우선 꿀과 담배를 고른 후, 임의로 두 사물에서 다수의 대립물을 이끌어 내 인류 문화의 이원성을 증명한다. 그런데 이러한 논의 과정은 관찰, 귀납, 추론, 실험보다는 매우 개인적이고 주관적인 직관에 의존한다. "레비스트로스는 비록 여러 차례에 걸쳐 구조주의를 과학과 비교하곤 했지만, 그의 주장은 개인적 색채가 농후하고 기본적으로 증명될 수 없는 내용이었다." 증명할 수 없고 복제할 수 없으며 개인의 주관적 직관에만 존재하는 것이라면, 당연히 과학보다 시에 가깝다고 해야 할 것이다.

개별 현상과 기본 구조 사이를 오가다

'실존주의' 열풍에 도전하다

전후 프랑스 사조의 변화는 유럽 전체 사조의 변화와 연관되어 있으며, 그 동력은 실존주의, 구조주의, 포스트구조주의 등이었다. 레비스트로스는 그와 같은 프랑스 사조의 향연에서 중심적 지위를 점했다.

실존주의는 이전 철학이 지녔던 해석 경향에 반대했다. 이전 철학은 정의定義를 통해 생명이란 무엇인가, 삶이란 무엇인가 등을 규명하고자 했다. 그러한 해석 작업이 얻을 수 있는 답안은 추상적일 수밖에 없었고, 개인의 경험과 개체의 차이는 배제되었다. 실존주의는 이러한 해석에 반대했다. 왜냐하면 이러한 해석은 인간이 구체적 실존을 통해 마주치는 문제를 처리할 수도, 해결할 수도 없기 때문이었다.

실존주의는 existence(실존)라는 개념으로 being(존재)이라는 개념을 대체하려 했다. being이란 추상적인 것이다. 그것은 구체적 개인, 구체적 생활, 구체적 감각 경험을 배제하고, 모든 인간과 사물을 종합적으로 파악하며, 집단적 존재 원칙을 관철한다. 반면 existence는 구체적 개인이 구체적 삶에서 획득하는 구체적 감각 경험을 지향한다. 보다 중요한 것은 그것이 인간 삶의 가장 구체적인 다종다양한 선택을 지향한다는 점이다. 철학이 해석하는 being은, 그것이 아무리 논리정연할지라도 일상의 구체적 상황과 조건에서 맞닥뜨리는 인간관계, 도덕, 삶과 죽음 등과 관련한 중대한 결정을 도와줄 수 없다.

실존주의는 구체적인 존재와 용감하고 결연하게 대면하려 한다. 실존주의는 기존 철학적 문제의 경중과 완급을 뒤바꿔 개인, 개별성, 현재, 변화하는 현상 등을 인간의 본질, 전체성, 영원, 불변의 원리 따위보다 중요하게 여기고 더욱 사고할 가치가 있는 것으로 본다.

우리는 '인간이란 무엇인가', '인간은 특정 환경에서 무엇을 느끼고 어떻게 반응하는가' 하는 물음에 대해 추상적 원리에서 비롯한 본질적 규정을 갖고 있다. 카뮈의『이방인』은 추상적 본질적 규정에 의존하지 않은 채 느끼고 반응하는 인간을 묘사한다. 그것은 그만의 '실존'일 뿐이지만, 사람들은 그의 실존을 직시하려 하지 않고 홀대한다. 그들은 추상적 본질에 따라 그를 바라보고 통제하며, 자신의 실존을 포기하고 추상적 본질을 흉내 낼 것을 그에게 강요한다.

카뮈가 볼 때 이는 부조리하다. '개성'은 응당 '공통성'보다 중요하다. 공통성을 버리고 그것에 반항하며 개성을 발산하라는 실존주의의 호소는 빠르게 유럽, 미국, 아시아 청년들의 공감과 지지를 얻어 커다란 조류를 형성했다.

'개성의 횃불'이 가장 크게 타오르던 시기에 레비스트로스는 프랑스 사상계에 나타나 냉정하게 실존주의의 열기를 잠재웠다. 레비스트로스는 재차 공통성을 내세웠고, 구조 개념을 통해 인간의 시선을 개인과 구체적 '실존'에서 공통적이고 체계적인 원리로 이끌었다.

『친족의 기본 구조』가 출판된 후 얼마 지나지 않아 시몬드 보부아르는 사르트르가 창간한 월간지『현대』에 게재한 장문의 서평에서 "사회 총체의 수수께끼와 인류 자신의 수수께끼"를 건드렸다는 말로 이 책을 칭송했다. 그 후『현대』는 레비스트로스의 다음 문구를 소개하기도 했다.

> 특정 사회의 다양한 풍습을 한데 놓고 본다면, 그것들은 하나의 특수한 스타일을 드러내고 일련의 체계로 전환될 수 있을 것이다. 내가 보기에 이러한 체계의 수는 무한하지 않다. 왜냐하면 인류 사회의 유희, 몽상과 망상은 개인의 그것과 마찬가지로 무에서 생겨난 것이 아니라 어떤 관념의 저장소에서 선택된 몇 가지 조합물이기 때문이다. 인류가 기록으로 남긴 모든 풍습을 검토해 본다면, 우리는 '원소주기율표'와 유사한 도표를 얻을 수 있을 것이다.

이런 견해는 현대 프랑스 사상에서 전환점이 되었다. 실존주의의 핵심 진지인 『현대』에 개인의 자유를 확장하기보다 인류 경험의 가능성을 한계 짓는 주장이 당당하게 모습을 드러낸 것이다. 구조주의의 약진은 실존주의가 일으킨 개인주의와 다원주의의 광풍을 수습했고, 사람들에게 "인류 사회의 유희, 몽상과 망상은 개인의 그것과 마찬가지로 무에서 생겨난 것이 아니라 어떤 관념의 저장소에서 선택된 몇 가지 조합물"임을 일깨웠다.

레비스트로스의 매력은 시대의 조류를 막아섰을 뿐 아

니라 본래 그 조류를 이끌었던 이들마저도 그의 주장을 소홀히 여길 수 없게 만들었다. 명칭만 놓고 봐도 알 수 있듯, 구조주의로 인해 후에 포스트구조주의가 생겨날 수 있었다. 실존주의는 현상을 중시하며 현상에 머물렀던 데 반해, 구조주의는 현상으로부터 구조를 탐구했다. 복잡다단한 현상 속에서 일정 수의 결합 모델을 찾아내려 했던 것이다. 그렇다면 포스트구조주의는 무엇인가? 포스트구조주의는 구조주의의 절차를 뒤집어, 현상에서 구조로 나아가는 것이 아니라 구조 속에서만 현상을 볼 수 있음을 강조했다. 인간은 현상의 진면모에 가닿거나 그것을 이해할 수 없다. 인간은 구조의 개입으로부터 벗어날 수 없으며, 구조의 주관적이고 임의적인 왜곡 속에서 살아가야 할 숙명을 영원히 짊어져야 한다.

구조주의 언어학은 언어 내부의 구조를 발굴했지만, 포스트구조주의는 언어 속의 모든 단어와 의미 사이의 관계 — 보다 폭넓게 말하면 기표signifier와 기의signified 사이의 관계 — 를 분석해 그것이 모두 언어의 구조에 의해 규제되고 결정된다는 점을 밝혔다. 우리는 구조가 발견한 보편적이고 객관적인 진리로부터 벗어날 수 없다. 진리란 특정한 구조 속의 의미가 우리에게 나타난 것일 뿐이다. 특정한 구조의 견제를 받지 않는 진리란 존재하지 않는다.

포스트구조주의를 이해하려면 구조주의를 먼저 알아야 한다. 라캉, 롤랑 바르트, 데리다, 리오타르 등 시대적으로 우리와 가까운 사상계의 별들은 사유 형성 과정에서 레비스트로스의 영향을 받았다. 또 그들 이론의 핵심 부분은 레비스트로스 또는 그의 구조주의와의 대화를 통해 만들어졌다. 따라서 레비스트로스를 모르고서는 포스트구조주의의 영역으로 진입할 수 없다.

실존에서 구조로, 다시 포스트구조로 이어지는 사상적 여정에서 프랑스 지성계는 떠들썩하게 전진하거나 방향을 바꾸었고, 유럽 내지 전 세계 지성계 또한 그들을 따라 전진하거나 방향을 전환했다. 이 같은 사조들은 20세기 후반에 절대적으로 거대한 흡인력을 지녔던(가장 강력한 설득력을 지녔다고 말하기는 어렵겠지만) '주의'主義였다.

두 가지 구조주의

구조주의에 관해 말하자면, 먼저 혼동하기 쉬운 서로 다른 두 가지 구조주의에 대해 설명하지 않을 수 없다. 그 두 가지 모두 사회에 대한 분석에서 유래하며, 인류학과 밀접한 관계가 있다. 다만 영미의 구조기능주의Structural functionalism*와 프랑스의 구조주의 사이에는 근원적인 차이가 있다.

　　이 두 '주의' 혹은 '학파'의 지적 출발점은 일치한다. 둘 다 이문화 — 우리 자신에게 익숙한 습관이나 공간과는 명확히 구분되는 문화 — 에 대한 관찰과 기록이 인류 사회의 보편적 작동 기제를 발견하고 정리하는 데 도움을 준다고 믿는다. 우리는 일상생활 가운데서 객관적으로 우리 사회의 전모를 관찰하기 어려우며, 특히 사회를 제어하는 작동 원리를 이해할 수 없다.

　　우리는 어째서 여행을 하는가? 여행은 우리에게 무엇을 가져다주는가? 나는 어릴 때 쯔민子敏의 『작은 태양』을 읽은 적이 있다. 이 책에는 여행의 즐거움과 효용을 명료하게 서술한 대목이 나온다. 쯔민은 가난한 시절에 회사나 학교에서 진행하는 당일 여행으로 신식 공장을 견학한 일을 적고 있다. 공장 측에서는 안내와 해설을 담당하는 직원을 파견해 공장의 기계가 얼마나 복잡한지, 그 기능이 얼마나 놀라운지 등을 설명하게 했다. 모든 설명이 놀라움을 자아냈다. 견학자들은 하나같이 "야, 정말 대단하다"라며 찬탄을 금치 못했다. 견학 과정에서 본 많은 사물이 자연스럽게 이런 대화를 끌어냈다. "저건 뭐지?" "뭐?" "벽에 걸린 저것." "저……저건 빗자루잖아." "특별히 주문 제작한 건가?" "음…… 아

---

* '구조기능학파'라 불리기도 한다.　　　　　　　　　119

닐 거야, 그냥 길거리에서 파는 것 같은데?" "와, 정말 대단하다!"

빗자루가 대단할 게 뭐가 있겠는가? 여기까지 읽고 나서 나는 웃음을 터뜨렸다. 하지만 그 웃음은 공감 어린 웃음이었다. 왜냐하면 누구나 일상에서 벗어나 낯선 환경에 처하면 모든 사물이 특별하고 신기하게 보이기 때문이다.

이는 마르셀 뒤샹이 소변기를 미술관에 옮겨 전시함으로써 관객에게 전달하려 했던 현대적 메시지이기도 하다. 중요한 것은 그것이 무엇인가가 아니라, 그것이 어떤 환경과 맥락에 존재하며 우리가 어떤 시야와 관점으로 그것을 보고 느끼게 하는가다.

여행은 우리를 낯설고 익숙지 않은 환경에 밀어 넣는다. 그로 인해 우리는 무척 민감해지고, 낯설고 새로운 것을 볼 수 있기를 기대하며, 본디 익숙하기 그지없는 빗자루, 소변기 등에도 낯선 매력을 부여한다. 우리는 마치 이전에는 그러한 방식으로 빗자루나 소변기를 주의 깊게 본 적이 없는 것처럼, 왜 빗자루나 소변기가 그런 모양인지를 비로소 느끼고 사고하게 된다.

이문화 역시 그러한 '낯설게 하기'를 통해 우리의 관찰력과 분석력을 향상시킨다. 경우에 따라서는 이문화가 주는 깨달음이나 그것과의 비교를 통해 우리 자신의 문화를 더 분명하고 의미심장하게 인식할 수 있게 된다.

영미 사회인류학은 이문화 연구를 통해 사회조직의 작동 원리에 대한 통찰을 얻었다. 우리는 사회의 다양한 현상을 상호 관련된 체계로 이해해야 한다. 현상은 개별적이거나 독자적인 것이 아니다. 그것은 다른 현상들과 실타래처럼 얽혀 있다. 사회 시스템 또는 사회구조의 수수께끼를 풀기 위한 중요한 실마리는 바로 '기능'이다. 각각의 의식儀式, 관계, 관습, 행위, 대응 등은 그 사회의 정상성과 균형을 유지하는 기능이 있다. 그 기능을 발견한다면 우리는 사회구조의 유지에 필수인 요소를 아울러 발견할 수 있다. 기능을 결여하거나 잃어버린 현상은 특정 사회에서 오래 머무를 수 없다. 그것은 사회구조로부터 이탈해 점차 소멸할 것이다.

이것이 구조기능주의의 핵심 사상이다. 그들은 사회가 어떻게 기능을 중심으로 조직되는가를 통해 모든 사회적 보편성을 탐구한다. 가장 원시적인 부락에서 가장 복잡한 국제도시에 이르기까지, 모든 사회는 기능을 가진 다수의 사회제도에 의해 조직된다. 구조는 간단하든 복잡하든 모두 정상적이고 안정적인 사회가 필요로 하는 기능에 의거해 결속되는 것이다.

그러나 레비스트로스에 의해 프랑스에서 성립된 구조주의 학파는 이와 다르다. 프랑스의 구조주의 학파는 구조주의 언어학을 이어받아 주장한다. 변화무쌍한 언어 배후에 모든 언어를 관통하는 몇 가지 기본 구조가 존재하듯, 변화무쌍한 인류 사회와 문화 현상은 사실상 몇 가지 기본 구조의 파생과 변화의 결과물일 뿐이라고. 사회문화 연구자는 표면상 복잡해 보이는 현상을 관통하여, 마치 불구덩이 속에서 숯을 취하듯 빛과 열의 근원 — 즉 언제 어디서든 통용될 수 있는 소수의 보편적 구조 — 을 밝힐 방법을 고안해야 한다.

포틀래치의 기능과 의의

북아메리카 인디언 부족 문화에는 '포틀래치'potlatch라 불리는 특이한 습속이 있다. 간단히 말하면, 포틀래치란 중요한 행사에서 마을의 권세가가 대범하게 자신이 모은 재산을 일가친척에게 증여하고, 그중 특별히 진귀한 모포나 놋그릇을 불에 던져 태워 버리는 행위를 의미한다. 또 초대받은 손님의 지위가 주인과 엇비슷할 경우, 친척에게 그랬던 것처럼 큰 선물을 손님에게 증여하고 귀한 모포나 놋그릇을 불에 태운다. 이때 손님이 가져온 물건이 주인이 준비한 것에 크게 미치지 못하면 손님의 체면이 깎이게 되고, 그 반대의 경우에는 주인의 면이 서지 않게 된다.

포틀래치는 미국과 캐나다에서 한때 엄격히 금지되었다. 어리석고 야만적인 행위로 간주되었기 때문이다. 애써 제작한 공예품을 무절제하게 부수는 행위는 근면하고 절제의 미덕을 숭앙하는 북아메리카 청교도의 눈에 커다란 도전으로 비쳤다. 바꿔 말하면, 그들에게 포틀래치는 아무런 의미도 없는 행위였던 것이다.

구조기능학파의 공헌은 그런 청교도 중심적 가치관을 포기하고 '구조-기능'의 각도에서 포틀래치를 바라본 데 있었다. 청교도는 자신의 교의와 신앙으로 인디언 사회의 습속을 판단했다. 자신들의 신앙에 부합하지 않는 습속은 의미가 없다고 여긴 것이다. 하지만 구조기능학파 인류학자들은 그들과는 완전히 다른 태도와 전제하에서 인디언의 이문화를 검토했다. 그들은 인디언 사회에서 그러한 습속이 아무런 기능도 없다는 점이 확실히 증명되지 않는 한 반드시 어떤 의미가 있을 것이라고 생각했다. 이처럼 이문화에서 낯선 사회현상을 발견하면, 일단 그것이 기능상 존재 이유가 있을 것이라 가정하고 그 기능이 무엇인지 진지하게 고찰했던 것이다.

포틀래치는 아무런 의미가 없을까? 포틀래치는 중국어로 '콰푸옌'誇富宴이라고 번역하는데, 여기에는 이미 포틀래치에 대한 인류학자의 해석이 녹아 있다. 포틀래치의 가장 분명한 기능은 바로 '부를 과장하는'誇富 데 있기 때문이다. 그들은 모포나 놋그릇을 훼손함으로써 자신이 어마어마한 재산을 가지고 있음을, 그리고 상대방이 감당할 수 없을 정도의 손실을 감당해 낼 수 있음을 표현한다. '재산의 훼손'이 가져다주는 전시효과는 다른 어떤 방법보다도 뚜렷하다.

인디언 습속의 그러한 기능을 염두에 둔다면, 우리 사회에서도 그와 유사한 '부의 과장' 행위를 발견할 수 있을 것이다. 호화롭고 성대한 만찬에 어째서 일등급 캐비아나 100그램에 수십만 원이나 하는 고급 식재료가 사용되는가? 이유는 간단하다. 그 정도의 지출을 주인이 감당할 수 있음을 보여 주기 위해서다. 그렇다면 보다 호화로운 만찬에서는 왜 샥스핀이나 전복, 캐비아 같은 식재료보다 포도주를 더 강조할까? 샥스핀, 전복, 캐비아 같은 음식은 아무리 많이 먹는다 하더라도 배가 불러 수십만 원어치 이상을 먹을 수 없지만, 특별한 해에 특별한 장소에서 제조한 포도주는 밤새 수십만 달러어치를 마셔 버릴 수 있기 때문이다. 따라서 이 만찬의 진정한 목적은 특별하고 맛 좋은 술을 음미하는 데 있지 않다. 만찬은 화끈하고 호기롭게 엄청난 돈을 소비하는 여러 방편 중 하나일 뿐이다.

인디언 부족의 포틀래치에는 또 다른 사회적 기능이 숨어 있다. 바로 권세가가 재물을 훼손하는 방식으로 재물과 지위를 교환케 하고, 재물의 축적을 제한함으로써 부락 내의 빈부 격차를 줄이는 기능이다. 어떤 이의 재물이 일정 수준 이상으로 축적되면, 그에 위협을 느낀 보다 부유한 사람이 그를 포틀래치에 초청한다. 그러면 그는 재물의 상당 부분을 가지고 포틀래치에 참석하지 않을 수 없다. 어떤 이는 자신의 재물을 다른 사람에게 보내기도 하고, 어떤 이는 불태우기도 하는데, 이러한 포틀래치 이후 주인과 손님은 전보다 궁핍해지고, 그들보다 훨씬 궁핍했던 이들은 상대적으로 그들보다 부유해진다. 그러한 행위는 빈부 격차가 해당 사회에 야기할 긴장과 적대를 완화한다.

이러한 사례를 통해 우리는 재차 우리 사회의 빈부 문제와 빈부 완화 기제를 되돌아보고 그에 대한 새로운 인식과 이해를 갖게 된다.

이것이 구조기능학파 또는 구조기능주의가 사회 연구와 분석에 미친 커다란 공로다.

시인가, 과학인가?

영미 구조기능학파의 전통에서 레비스트로스의 구조주의를 보면, 서로 일치하지 않는 점들을 발견하게 된다.

우선 레비스트로스의 현지 조사와 실증 자료 수집, 참여식 관찰의 기준 사이에는 일정한 거리가 존재한다. 레비스트로스의 이론은 그의 실증적 현지 조사 경험에서 직접 유래했다고 볼 수 없다. 야콥슨이 없었다면, 레비스트로스가 브라질에서 조사하고 수집한 자료는 그를 인류학자로 만들어 주지 못했을 것이다. 바꿔 말하면, 그의 인류학 연구는 비록 영미 인류학자들처럼 현지 조사와 자료 수집에서 시작되었지만, 그가 얻은 연구 결과는 현지 경험과 수집된 자료에서 나온 것이 아니었다. 구조주의 언어학에서 얻은 이론적 틀이 있었기에 선행 이론을 통해 어지럽게 흩어진 민족지 내용을 정리하고 해석할 수 있었던 것이다.

선행 이론, 선행 이념이 존재했기 때문에, 적어도 레비스트로스에게 있어 그가 얻은 자료나 다른 이들의 보고서에서 얻은 자료에는 중대하고 결정적인 차이점이 없었다. 그가 찾아 헤맨 것은 구조주의 이론에 부합하는 기록이었다. 그는 그것을 통해 인류 사회에 보편적이고 선험적인 구조가 존재하는지 증명하고자 했다.

이외에도, 레비스트로스가 말하는 보편적 사회구조나 문법이 프로이트 이론의 무의식처럼 행위자가 깨닫지 못할 만큼 근본적이고 핵심적이었다는 사실이 영미 구조기능학파를 불안케 했다. 사람들은 딸을 시집보내고 며느리를 맞이한다고만 생각한다. 또 자신이 일정한 기준에 따라 사위나 며느리 또는 사돈댁을 선택한다고만 여긴다. 그러나 그들은 자신이 근본적인 사회 교역 구조에 따라 그러한 일을 행한다는 사실을 인식하지 못한다.

말하자면 레비스트로스의 구조는 순수하게 에틱(외재)적 해석으로, 에믹(내재)적 관점이나 증거를 필요로 하지 않고 그것의 지지를 받을 필요도 없다. 그런 까닭에 사회문화 안에 존재하는 주관적 해석과 신념으로는 레비스트로스가 인정하는 구조에 대항할 수도, 그것을 뒤집을 수도 없다.

프로이트에 의하면, 어떤 사람이 꿈에서 본 거대한 기둥은 현실 속 남근의 대체물이다. 그러나 꿈을 꾼 사람은 꿈과 성性 사이의 관계를 부인하면서 프로이트의 말에는 아랑곳하지 않는다. 왜냐하면 그의 이론은 본래 성이 사람들이 인식하지 못하는 무의식 속에 잠재해 있다고 말하기 때문이다. 그러니 그의 주장을 부인하는 것이 무슨 쓸모가 있겠는가?

레비스트로스의 구조 이론도 과연 그와 같을까? 즉 각 사회가 자신들의 습속이나 생활을 어떤 식으로 설명하든, 순수하게 에틱의 각도에서 그 사회의 구조를 풀어 낸 그의 해석을 뒤흔들 수 없는 것일까?

그렇다면 레비스트로스의 이론은 검증이 가능할까? 검증이 불가능한 이론도 정당한 과학적 연구 성과라 할 수 있을까? 레비스트로스의 이론은 진정 훌륭하고 매력적이며, 때때로 화려하기도 해서 사람들은 쉽게 무시하거나 부정해 버리지 못한다. 그러나 동시에 그의 이론은 실증적 연구 논리로부터 벗어나 있어, 마찬가지로 사회 조사 분석에 종사하는 전문가들을 곤혹스럽게 만든다.

이러한 문제는 줄곧 레비스트로스와 그의 학술적 성취를 둘러싸고 불거져 왔다. 어쩌면 레비스트로스가 수행한 것은 애초부터 과학이라기보다는 그것과 다른 성질의 것일지도 모른다. 이를테면 시 말이다.

대가의 풍모

나의 스승인 메이버리루이스는 영미 구조기능학파의 엄격한 훈련을 거친 사람으로, 일찍이 구조기능학파의 실증적 입장에 서 있었다. 그는 레비스트로스의 저작을 진지하게 검토한 논문을 쓴 적도 있었다. 내가 똑똑히 기억하기로, 메이버리루이스 교수의 수업을 수강한 4년 동안 그는 매 학기 수업마다 레비스트로스의 저작을 열거하며 그것을 읽고 토론하고 그것에 대해 글을 쓰도록 했다.

더욱이 그는 한번도 레비스트로스의 논문을 읽고 비판하라고 말한 적이 없다. 대학원생 세미나에서든 내가 수강한 토론 수업에서든, 그는 늘 레비스트로스의 변호인을 자처하며 레비스트로스를 대신해 우리의 질문에 응대했고, 우리 젊은 학생들의 패기 넘치는 공격에 대항했다.

진정 '대학자'의 풍모가 아닐 수 없었다! 일생 중 가장 거대한 학문적 적수를 대하면서도, 메이버리루이스는 객관적으로 그의 지적 성취가 지닌 중요성을 인정했던 것이다. 그는 자신이 완전히 동의하지는 못하는 풍요로운 정원으로 우리를 인도했다. 아울러 그는 흔쾌히 그리고 전혀 과장되지 않게 레비스트로스에 대한 그의 비평이 투철한 연구에서 비롯되었음을 보여 주었다. 그는 레비스트로스 이론의 논리적 과정과 구체적 내용을 전적으로 이해하고 있었기에 우리 앞에서 레비스트로스를 변호할 수 있었고, 동시에 그토록 견실하고 공평하게 그를 반박하는 논문을 쓸 수 있었던 것이다.

메이버리루이스는 학생들이 레비스트로스를 충분히 이해할 수 있도록 하는 일이 그 자신이 어떻게 레비스트로스를 비평하는지 알게 하는 것보다 중요하다고 믿었다. 또 학생들이 자신의 영향을 받아 레비스트로스에 대해 지적 의문이나 적의를 먼저 갖는 것보다, 레비스트로스 이론의 전체를 이해한 후 그에 대한 반대 의견을 헤아리고 평가하는 것이 낫다고 생각했다.

대학자의 '대'★는 그의 도량뿐만 아니라 안목과 품위를 표현하기도 한다. 그는 무엇이 핵심이고 중요한 학술적 도전인지 알았고, 또 무엇이 학생들이 우회하거나 도망칠 수 없는 문제인지, 보고도 못 본 체해서는 안 되는 문제인지 이해했다. 사회형태를 연구하고 문화의 작용을 이해하기 위해서는, 유감스럽게도 좋든 싫든 레비스트로스라는 거대한 산을 땀을 뻘뻘 흘리며 고생스레 기어올라야 한다. 그래야만 그와 같은 높이에서 그가 당신에게 보여 주고자 하는 것을 볼 수 있다.

레비스트로스에게는 많은 추종자와 숭배자가 있었다. 그들은 큰 소리로 레비스트로스의 저작과 사상, 이론이 얼마나 대단하고 중요한지 설파했다. 그러나 더없이 총명한 두뇌의 소유자였고, 심지어 어떤 면에서는 레비스트로스보다 명석했던 메이버리루이스는 자신의 입장과 관점이 레비스트로스와 얼마나 다른지를 잘 알았다. 그는 레비스트로스에 대한 자신의 이견을 깔끔하게 정리해 후에 '이원적 모델'에 관해 전문적으로 논의한 『대립면의 흡인력: 이원적 모델의 사고와 사회』The Attraction of Opposites: Thought and Society in the Dualistic Mode를 편찬했다. 그를 통해 우리는 레비스트로스를 진지하게 보는 법을 배웠지만, 그 의미는 추종자나 숭배자와는 매우 달랐다.

『슬픈 열대』와 『야생의 사고』가 잇달아 출판된 후 약 30여 년 동안 레비스트로스는 서구 학술계에서 절정의 위상을 점했다. 인류학과 사회학은 말할 것도 없고, 여러 다양한 인문학 연구도 일정한 단계를 넘어서면 곧 레비스트로스와 그가 발전시킨 구조주의 이론에 직면했다. 그들은 레비스트로스를 우회하거나 그로부터 벗어날 수 없었다. 그의 이론은 쉽사리 이해되거나 운용될 수 없었던 것 이상으로 부정되거나 전복되기 어려웠다.

적어도 30년 동안 메이버리루이스와 같은 성실한 대학자들이 레비스트로스의 방대한 지적 그림자 아래에서 부단히 그와 뒤섞여 투쟁을 벌였고, 그 결과 멋지고 화려한 풍경이 연출되었다. 여기에는 철학뿐 아니라 문학, 역사학, 문화

연구, 젠더 연구도 포함되었다. 또 라캉 같은 창의적인 정신
분석 이론도.

（6）

인류학자는 창조자다

'총체적 의미'를 찾아

레비스트로스는 인류학으로부터 역사의 거대한 모순을 발견해 냈다. 이문화가 이 세계에 풍부하게 존재하던 때에 인류는 자기가 속한 특정 문화의 관점에서 벗어나 이문화를 이해할 준비가 되어 있지 않았다. 많은 시간을 보낸 후에야 인류는 충분히 열린 시야를 갖게 되었다. 하지만 인류에게 그러한 준비가 갖추어졌을 때, 풍부했던 이문화는 이미 철저히 파괴된 후였다.

오늘날 우리는 300년 전 아메리카 대륙에 도착했던 스페인 사람들을 안타까워하거나 심지어 조소하기도 한다. 어쩌면 그렇게 거칠고 무식하게 잉카문명과 아즈텍문명, 그 밖에 그들이 이해하지 못한 수많은 인디언 부락의 문화를 파괴할 수 있었단 말인가. 그로부터 300년이 지난 후 인류학자들은 다급히 아마존의 밀림에 들어가 남겨진 인디언 유적 발굴을 시도했다. 그러나 좀 더 넓은 시야에서 보면, 우리 또한 주변의 독특한 생활양식이나 문화의 가치를 깨닫지 못한 채 파괴하고 있음을 알 수 있다. 어쩌면 300년 후의 사람들도 우리의 이러한 무지를 안타깝게 여기거나 비웃게 되지 않을까?

그렇다면 어떻게 해야 할까? 레비스트로스는 슬픔과 탄식, 회고와 환상 속에 머물러 있지만은 않았다. 그는 언뜻 출구가 없어 보이는 그러한 숙명을 향해 자신의 주장을 펼쳤다.

그의 주장은 인류학적 본질이 아니라, 젊은 시절 그를 매혹했던 지질학에서 비롯된 것이었다. 『슬픈 열대』 6장에서 그는 이렇게 적고 있다.

내게 가장 소중한 기억은 브라질 중부에 위치한 미지의 지역을 탐험한 일이 아니라 랑그도크*의 석회암 고원지대를 여행한 일이다. 그곳을 여행한 목적은 서로 다른 두 지층의

---

* 프랑스 남부에 있는 지방의 옛 이름. 언어, 문화, 풍습에 독자적인 전통이 있다.

접촉선을 찾기 위해서였다. 그 경험은 제멋대로 산책하거나 어떤 주어진 장소를 탐험하는 것과는 매우 달랐다. 그것은 실정에 어두운 방관자에게는 아무런 의미가 없는 탐사였지만, 나는 그것이 지식 자체라고 생각했다. 그 지식 안에는 탐사 과정에서 직면하는 온갖 어려움과 즐거움이 포함되어 있었다.

어떤 즐거움일까? 바로 탐구의 곤란에 포함된 즐거움이었다.

어떤 곳이든 처음 보면 혼잡하고 무질서해 보인다. 모든 사람은 그것에 자신이 원하는 의미를 자유롭게 부여할 수 있다. 그러나 농경의 영향, 지리적 불규칙성, 선사시대부터 오늘날까지 변화를 거듭한 지표면의 높낮이와 기복에는 상술한 각종 현상에 앞선, 그러한 현상을 지배하고 해석할 수 있는 '가장 거대한 의미'the most majestic meaning of all가 존재한다.

현실에서 우리가 목도하는 것은 복잡한 현상들이다. 이것은 오랜 시간의 더께로부터 만들어진다. 땅에는 갖가지 식물과 농작물, 수백 년 또는 수천 년 된 도로나 가옥의 흔적 등이 있다. 심지어 좀 더 거슬러 올라가면, 수만 년 전 하천이 절단해 놓은 절벽, 산사태의 흔적, 서로 다른 토양이 있다. 그러나 이 모든 것의 밑바탕에는 보다 이른 지질학적 증거가 존재한다. 서로 다른 두 지층이 맞닿아 있다는 점은 오늘날 우리가 목도하는 복잡한 표층적 현상을 보다 근본적인 층위에서 해명해 준다. 바꿔 말하면, 혼란은 진정한 무질서가 아니다. 그것은 앞선 원초적 질서나 의미로부터 발전해 나온 것이다. 따라서 그는 이어서 말한다.

나는 모든 장애 — 가파른 절벽, 산사태 지역, 관목숲, 경작지 등 — 를 무시한다. 또 도로나 울타리 따위도 신경 쓰지 않는다. 나의 신경은 오로지 오랜 세월이 응결해 놓은 흔적을 쫓는다. 나의 행위는 아무런 의미도 없는 것처럼 보일 수 있다. 그러나 이런 고집과 견해가 추구하는 유일한 목적은 '총체적 의미'master-meaning를 재발견하는 데 있다. 총체적 의미는 비록 모호하고 난해하지만, 그에 비하면 다른 의미들은 국지적이거나 왜곡되어 있을 뿐이다.

핵심은 우리말로 적확하게 옮기기 어려운 'mastermeaning'이라는 단어에 있다. 그것은 다른 현상들이 나타내는 의미를 통합하고 관할하는 심층의 '총체적 의미'로, 모든 계획의 실행과 과정을 통합하고 관할하는 '총체적 계획'master-plan과 비슷하다.

중요한 것은 레비스트로스가 복잡다단한 역사 현상 밑바닥에 master-meaning이 있다고 믿었다는 점이다. 그리고 그는 젊은 시절 자신이 그러한 지질학적 master-meaning을 발견했다고 기억한다. 그는 시적 언어로 이렇게 회고한다.

때때로 기적은 분명 일어날 수 있다. 예를 들어 당신이 감추어진 하나의 틈새를 발견했다고 해 보자. 그 틈새 양쪽에는 가장 적합한 토양을 선택한 서로 다른 두 종의 식물이 가깝게 붙어 자라고 있다. 또는 당신이 어떤 암석에서 두 개의 암모나이트 화석을 발견했고, 거기서 미묘하게 비대칭을 이루는 무늬를 보았다고 해 보자. 이 무늬는 두 화석 사이에 길게는 몇만 년의 시간 격차가 존재함을 자체의 방식으로 증명한다. 이 경우 시간과 공간은 하나가 된다. 즉 여전히 존재하는 다양성과 서로 다른 시대가 겹쳐지고 지속되는 것이다. 사고와 감수성이 모종의 새로운 수준에 진입하게 되면, 모든 땀방울, 각 근육의 움직임, 모든 호흡이 지난 역사의 상징이 된다. 나의 정신이 이러한 의미를 발견했을 때, 역사의 발전 과정이 나의 신체에서 재현된다. 나는 스스로 보다 농밀한 지식으로 빠져들어 마침내 서로 다른 시대, 서로 멀리 떨어진 지역이 동일한 목소리로 호응하고 대화할 수 있음을 깨달았다.

제아무리 노력한다 해도, 300년 후의 사람들에게 조소 당하지 않을 수 있겠는가? 만약 우리가 '보다 농밀한 지식'에 감싸여 표면상의 혼란과 무지를 걷어내고 '서로 다른 시대, 서로 멀리 떨어진 지역과 호응하는' 총체적 의미를 발견해 낼 수 있다면, 우리는 이미 파괴되고 오염된 이문화적 요소를 보존하는 것에 만족하고 말지는 않을 것이다. 우리는 남아 있는 현상을 재료로 삼아 그 원류를 탐험하고 현상 저변의 구조를 장악할 수 있어야 한다.

경계를 넘어서는 기본 양식

지질학적 경험을 통해 총체적 의미를 드러낸 6장의 일부분을 살펴본 우리는 이제 『슬픈 열대』 2장으로 되돌아갈 것이다.

이 장은 본래 레비스트로스가 1935년 브라질로 향하는 여정의 시작을 묘사하는 내용이어야 했다. 하지만 그는 순서를 뒤바꿔 그 뒤에 있었던 다른 여정들을 먼저 설명했다. 그는 1941년의 여정을 언급한다. 그때는 제2차세계대전이 발발해 프랑스가 독일에 순식간에 점령당한 시기였다. 그 여정에서 레비스트로스는 두 사람의 역사적 인물과 만난다. 한 사람은 프랑스 초현실주의에서 가장 중요한 인물이었던 브르통*이고, 다른 한 사람은 세르주**다. 레비스트로스는 우리가 익히 알고 있는 브르통에 관해서는 몇 마디 언급하는 데 그치지만, 세르주에 관해서는 상당히 자세하게 서술한다.

세르주에 관해 말하자면, 그는 이전에 레닌 곁에 있었던 사람이다. 이런 그의 특별한 지위는 내가 그와 쉬이 친숙해질 수 없게 했다. 그러나 그의 외모는 신중한 노처녀처럼 보였다. 나는 아무래도 상상 속 레닌의 동지 세르주와 눈앞의 그 사람을 연결하기 어려웠다. 그의 얼굴 윤곽은 매우 가늘었고, 수염은 말끔하게 면도했으며, 목소리는 맑고 행동은 느릿했다. 전체적으로 그는 마치 성별이 없는 것처럼 보였다. 후에 나는 그처럼 성별이 없는 듯한 외모를 미얀마의 승려에게서 다시금 볼 수 있었다. 그러한 외모는 프랑스 사람들

---

* 앙드레 브르통(André Breton, 1896~1966). 프랑스의 작가·초현실주의의 발기인.
** 빅토르 세르주(Victor Serge, 1890~1947). 러시아의 혁명가·시인.

이 생각하는 반역분자의 극단적이고 강인하고 엄청난 활력을 내뿜는 형상과 완전히 달랐다.

레비스트로스는 배 위에서 러시아의 유명한 혁명가를 주의 깊게 바라보며, 그의 외모가 원래 상상했던 것과 큰 차이가 있음을 알았다. 그는 어떤 모습의 사람이 혁명에 가담하는가에 대해 프랑스 사회가 일종의 고정관념을 갖고 있었음을 깨달았다. 그런 연후에 그는 광범위하고 세련된 한 해석을 내놓았다.

(……) 문화적 유형은 매우 단순한 대비에 기초하는데, 모든 사회에서 유사한 문화적 유형을 발견할 수 있으나, 각 사회는 그러한 문화적 유형을 통해 매우 상이한 사회적 기능을 완성한다. 세르주 같은 유형은 러시아에서 혁명분자의 역할을 담당했지만, 다른 사회 환경에서는 다른 역할을 수행할 수도 있다. 만일 각 사회가 유사한 인물 유형이 어떻게 상이한 사회적 기능을 수행하도록 하는가를 모종의 형식을 활용해 분류·정리하고 이를 통해 하나의 모델을 수립할 수 있다면, 각 사회 간의 교류는 훨씬 용이해질 것이다.

이 얼마나 특이한 발상인가! 그는 대단히 상이한 사회적 분류 방법과 그에 상응하는 초국적 초문화적 교류 방식을 추론해 낸 것이다. 우리는 일반적으로 이 사회의 기업가와 저 사회의 기업가가 사업을 논하고, 이 사회의 작가와 저 사회의 작가가 문학과 창작을 논하며, 이 사회의 혁명가와 저 사회의 혁명가가 조직을 연합한다고 생각한다. 레비스트로스는 이러한 생각의 합리성을 의심했다. 만약 이 사회에서 기업가에 적당하다고 여겨지는 유형이 저 사회에서는 작가에 적당하다고 여겨진다면, 이 사회의 기업가와 저 사회의 작가는 유형의 유사성에 기초해 서로 만나 소통할 수 있다고 볼 수도 있지 않겠는가?

세르주의 사례로 돌아가 보자. 레비스트로스의 통찰은 이렇다. 그토록 유순하고 섬세한 분위기의 사람은 아마도 '극단적이고 강인하고 엄청난 활력을 내뿜는' 프랑스 공산당 사람들과 자연스럽고 효과적으로 연결될 수 없을 것이다. 만약 직업으로가 아니라 '유형'으로 서로를 연결해야 한다면, 이 러시아 혁명가 세르주는 미얀마 변경의 승려들과 밀접한 관계를 맺는 것이 나을 것이다.

이는 진지한 이야기일까? 물론 그렇다. 왜냐하면 이러한 서술은 구조나 총체적 의미와 같은 레비스트로스의 일관

된 관점과 부합하기 때문이다. 모든 사회 모든 문화에는 저마다 상식적이고 그 사회에 국한되며 문화에 내재하는 분류 개념이 있다. 기업가, 작가, 혁명가, 전도사 등이 바로 그것이다. 그러나 우리가 늘 놓치는 것은 이러한 분류 밖에 초문화적이고 단일 사회의 경계를 넘어서는 분류 개념이 있다는 사실이다. 모든 사회에는 세르주 같은 무성별적無性別的 유형의 사람이 존재하며, 이는 보편적인 현상이다. 그러나 어떤 사회에서는 그러한 사람이 승려에 적합하고, 다른 사회에서는 혁명가에 적합하다. 우리가 승려나 혁명가 같은 직업 분류에만 집착한다면, 그들이 저마다 속한 유형을 볼 수 없게 될 것이다. 요컨대 레비스트로스에게는 유형이 더욱 근본적이고 중요하고 탐구할 가치가 있는 것이다.

예를 들어 당신이 단지 관목숲을 관찰하고 나서 이곳의 관목숲과 저곳의 관목숲에 관해 기록하는 것으로 만족한다면, 이곳과 저곳의 지질에 근본적인 차이가 있고 지질상의 차이가 지표 현상에 여러 다른 경향을 야기할 수 있다는 사실을 깨닫지 못할 것이다. 따라서 그러한 차이는 두 관목의 유사성에도 불구하고 홀시되거나 배제되어서는 안 된다.

인류학으로 철학을 대체하다

레비스트로스는 사색가로서 줄곧 표면상의 의미를 열어젖혀 밑바닥에 깔린 시간상 논리상 이치상으로 앞선 총체적 의미를 모색했다. 이런 점에서 볼 때 그는 철학자처럼 보이기도 하지만, 철학자는 아니었다. 그는 우리가 그를 철학자로 보는 것을 명백하게 거부했다. 그는 철학의 길을 걸으려 하지 않았고, 심지어 철학에 강렬한 적대적 태도를 드러내기까지 했다.

레비스트로스는 일찍이 철학 교사 자격시험을 치르고 중등학교에서 철학을 가르친 바 있었다. 바로 이런 경험으로 인해, 그는 자신의 책에서 철학에 인색한 평가를 내릴 수 있었다. 철학에 대한 그의 냉정한 입장을 담은 글은 읽는 이가 얼굴을 붉히게 만들 정도였다.

그*의 교실에서 나는 그것이 언급할 가치가 없을 만큼 작은 문제든 아니면 엄숙하고 중대한 문제든, 어떤 문제라도 동일한 방법으로 해결할 수 있음을 배웠다. 이러한 방법은 그 문제를 보는 두 가지 전통적 관점을 서로 대립시킨다. 첫 번째 관점으로 상식을 문제 해결의 근거로 삼은 뒤 두 번째 관

---

* 프랑스 철학자 귀스타브 로드리그(Gustave Rodrigues, 1871~1940)를 가리킨다.

점으로 첫 번째 관점을 부정한다. 이어서 그 두 관점이 모두 완벽하지 않음을 증명하고, 세 번째 관점을 제시해 앞선 두 관점이 지닌 오류를 설명한다. 마지막으로 각종 명사를 동원해 두 관점을 동일한 진실의 두 보완면 ― 형식과 내용, 용기容器와 내용물, 존재와 외관, 연속과 단절, 본질과 실존 등 ― 으로 삼는다. 이러한 학술적 답변은 순수한 문자 유희로 빠르게 전환되며, 그것이 의존하는 것은 쌍관어를 활용하고 쌍관어로 생각을 대체하는 능력에 불과하게 된다. 마침내 해음諧音, 유사음, 모호성과 다의성 등은 점차 지식의 기초를 휘젓는 총명과 기교로 변하고, 이러한 지적 요동은 훌륭한 철학적 추론의 징표로 인식되기에 이른다.

여기에서 레비스트로스가 말하는 바의 의미를 간단하게 설명하자면 이렇다. "빵이 중요한가, 아니면 사랑이 더 중요한가?" 이러한 문제에 직면했을 때 상식은 응당 빵이 더 중요하다는 사실을 알려 준다. 돈이 없고 배불리 먹을 수 없다면, 어떻게 다른 것을 추구할 수 있겠는가? 살아가는 일 자체가 문제가 된다면, 어떻게 사랑을 나눌 수 있겠는가? 그러나 우리는 또 다른 상식적 관점을 찾아낼 수 있다. "오로지 빵에만 의존하는 삶이란 열등한 삶, 동물적인 삶이 아닌가? 더 높은 것을 추구할 때라야 비로소 인간은 인간다울 수 있는 것 아닌가? 사랑은 마땅히 빵보다 더 중요하다. 사랑은 우리를 동물, 금수로부터 분리해 주고 인간답게 해 주기 때문이다."

좋다. 이제 우리는 세 번째 관점을 가질 수 있다. 인간 삶에는 필연적인 '우열'의 구분이 없다. 사랑이 빵보다 더 우월할 까닭은 없는 것이다. 우월함과 열등함은 허황된 가정에 기초한 것일 뿐이다. 빵을 선택하든 사랑을 선택하든 모두 편파적이고 생명을 분할시킨다. 진정 중요한 것은 생명의 온전함을 바라보는 일이다. 빵은 삶을 위한 존재이고, 사랑은 존재를 위한 삶이다. 양자 사이의 상호 보완적 관계를 통찰한다면, 우리는 빵에서 출발하든 사랑에서 출발하든 결국 온전함이라는 종착점에 도달할 수 있으며, 그 과정에서 빵이냐 사랑이냐의 문제는 잊히게 된다.

자, 이렇듯 나는 첫 번째, 두 번째, 세 번째 관점을 세운 후 언어를 동원해 '철학적 사고'를 진행했다.

레비스트로스는 냉정하고 정교하게 그 시대 프랑스 철학 교육의 곤경을 지적했다. 철학은 일정한 틀 안에 고정되어 버렸고, 천편일률적으로 각종 논제에 적용되었다. 그것은 계속 살아갈 것인가 아니면 스스로 삶을 포기할 것인가, 혹은 시내버스를 탈 것인가 전차를 탈 것인가 하는 문제에 관해 이와 같은 방법으로 신속하게 모든 설명을 이끌어 낼 수 있었다. 얼핏 보면 여기에는 논거와 논점도 있고, 비판과 반박도 있는 것처럼 느껴진다. 그러나 조금만 검토해 보면 그러한 사고나 토론은 동일한 모델을 답습하기 때문에 진정으로 지식을 키울 수 없다. 그것은 지혜나 통찰과도 무관한 고상한 관념 유희에 지나지 않거나 아니면 언어유희에 불과하다.

레비스트로스는 당시 프랑스 교육체계가 낳은 이러한 철학을 무시하며 선을 긋고자 했다. 그는 철학 체계를 비판했다. "이러한 체계는 무엇이 진리이고 무엇이 거짓인지를 밝히려 하지 않는다. 오히려 인류가 어떻게 서서히 여러 모순을 극복하려 했는지를 이해하려 할 뿐이다. 철학은 과학연구의 시녀나 조수가 아니다. 철학은 단지 의식이 의식 자신에 대해 행하는 미학적 숙고일 따름이다."

우리는 일찍이 사르트르에게서 철학에 대한 반동적 비판을 본 바 있다. 사르트르의 사상을 논하면서 나는 이렇게 말했었다.

프랑스 전체에서 가장 총명하고 장기간 철학 훈련을 받

은 사람들이 철학의 무력과 허황함을 꿰뚫어 본 것이다. (……) 엘리트 교육을 받은 이들이 자신이 받은 교육에 반대한 것이다. 그러나 반대 의견을 내세울 때도 그들은 종종 엘리트 교육이 자신에게 남긴 깊은 흔적으로부터 벗어나지 못했다. (……) 엘리트 철학 교육을 받은 이 프랑스 젊은이들은 비록 과거의 철학을 전복할 생각을 품었음에도 방법에 있어 여전히 철학을 버리지 못하고 또 다른 철학을 구축하려고만 했던 것이다. 그들에게 철학은 벗어날 수 없는 근거지였다. 그들은 철학적 방법으로 철학에 반대할 뿐이었고, 낡은 철학에 반대하는 주장을 모아 새로운 철학을 구성하려 했을 뿐이다.*

사르트르와 달리 레비스트로스와 철학의 관계는 그리 정통적이지도 깊지도 않았다. 전문적인 철학 공부에 있어 레비스트로스는 사르트르에 비할 바가 못 되었다. 그러나 레비스트로스와 사르트르는 공통적으로 이전의 철학을 못마땅하게 여겼다. 사르트르가 볼 때 이전의 철학은 진실한 존재의 문제를 해결하지 못하고 그 주위만 맴돌 따름이었다. 레비스트로스는 사르트르보다 더 멀리 나아갔고 더 단호했다. 그는 철학이 아닌 다른 분과 학문을 찾아 그것을 대체하려 했다.

---

* 양자오, 『자신의 영혼에 충실했던 사람: 카뮈와 『이방인』』 2장.

그리하여 그는 인류학을 발견해 냈다. 물론 이는 그가 진정
으로 철학에서 벗어났음을 뜻하지는 않았다. 좀 더 깊이 들
여다본다면, 그가 선택한 것이 인류학 자체라고 볼 수는 없
었다. 그는 인류학으로 총체적 의미를 찾으려 했다. 말하자
면 인류학으로 무능력한 철학을 대체하고 진리를 모색하려
했던 것이다. 그는 "무엇이 진리이고 무엇이 거짓인가"라는
근본적인 지적 충동으로부터 벗어나지 못했다.

그 때문에 레비스트로스의 인류학적 지식은 많은 경우
여전히 철학적 체계와 근접할 수밖에 없었다.

여점원식 형이상학

레비스트로스는 『슬픈 열대』 6장인 「나는 어떻게 하여
민족학자가 되었는가」에서 현상학과 실존주의에 반대하는
입장을 서술하며 다음의 경험을 언급한다.

내가 현상학에 반대한 이유는 현상학이 '경험과 사실 간에
모종의 연속성'을 가정한다는 점 때문이었다. (……) 나는
앞서 말한 세 가지 영감의 원천(지질학, 프로이트 정신분석
학, 마르크스주의)으로부터 배움을 얻었다. 경험을 사실로

전환하는 것은 불연속적이고 곳곳이 단절된 과정이다. 나는 사실을 파악하기 위해 먼저 경험을 외부로 내몰고, 그런 연후에 경험을 어떠한 감성적 느낌도 없는 객관적 체계로 재차 통합시켜야 한다고 배웠다.

이 단락의 배경은 다음과 같다. 지질학, 정신분석학, 마르크스주의는 모두 우리의 경험이 마주치는 곤란을 지적한다. 즉 경험만 들여다봐서는 핵심적인 현실과 마주할 수 없다는 것이다. 지질학의 지층 구분, 정신분석학의 무의식, 마르크스주의의 계급은 모두 표층 차원에서 드러나는 것이 아니다. 그것은 우리의 감각 경험을 수시로 취하면서도 우리가 현실을 이해할 수 있게 해 주는 필수 경로다. 우리는 경험을 뛰어넘고 초월할 때라야 현실의 진면모로 통하는 길을 발견할 수 있다. 여기에는 불연속성, 단절 등이 존재한다. 경험은 단순한 경험적 형식으로만 존재할 수 없다. 경험은 발굴, 해체, 재정리, 재비교 등을 통해 비로소 현실을 이끌어 낼 수 있는 것이다.

이어서 그는 현상학을 지적 기반으로 삼는 실존주의를 공격한다.

결국 실존주의로 변화한 지적 활동에 관해 말하자면, 그것을 합리적인 사유 형식으로 간주하기는 곤란하다. 그 까닭은 실존주의가 '주관성'subjectivity에 대한 갖가지 환상을 지나치게 허용하기 때문이다. 개인의 고민을 엄숙한 철학의 문제로 격상시키다 보면, 일종의 여점원식 형이상학을 초래하기 십상이다. (……) 과학이 철학을 완전히 대체할 만큼 발전하기 전에는 철학도 자체의 임무를 지닐 것이다. 실존주의는 사람들이 철학의 임무를 제멋대로 판단하도록 허용하는 위험성을 띤다. 철학의 임무는 존재와 그것 자체의 관계를 이해하는 것이어야지, 존재와 나 자신의 관계를 이해하는 것이어서는 안 된다.

'여점원식 형이상학'이란 무엇인가? 잘은 모르겠지만, 적어도 칭찬의 어조가 아닌 것은 분명하다. 흥미로운 것은 레비스트로스가 실존주의를 공격하기 위해 뜻밖에도 철학의 성격을 분명히 짚어 낸다는 점이다. 그가 인정하는 철학은 앞서 말한 분석이나 언어유희도 아니고, 실존주의가 상상하는 개인 또는 사적 자아의 선택 같은 것도 아니다. 실존주의는 과거의 철학은 절박한 인간의 문제를 해결할 수 없다고 비판하면서, 철학은 인간 개인의 실존과 대면하고 개인의 선택에 대해 논구해야 한다고 했다. 레비스트로스는 그러한 '존재와 나 자신의 관계를 이해하려는' 태도, 존재 혹은 실존을 사유화하고 진부하게 만드는 일을 못 견뎌했다. 그는 철학은 방대하고 보편적인 존재 또는 실존을 다뤄야 하며, '나의 실존' 혹은 '너의 실존' 따위를 다뤄서는 안 된다고 보았다.

이러한 점을 이해한다면, 그가 말하는 '여점원식 형이상학'이 어떤 의미인지 알 수 있다. 그가 무시하는 어조로 비판한 것은 자신이 당면한 자질구레한 문제를 해결하기 위해 간편한 형이상학적 입장을 취하는 철학이었다. 남자친구가 자신을 진정 사랑하는지 알 수 없는 여점원은 스스로 불가지론을 신뢰하게 되며, 자기가 나쁜 사람이 아니라고 안심하기 위해 '세계 배후에 초월적인 선한 의지가 있다'고 믿게 된다. 이와 같은 철학은 자신을 규정하고 다독이는 데 사용될 뿐, 보편적인 존재 현상을 탐구하는 데는 아무 소용도 없다.

실존주의, 조용히 해!

1955년 『슬픈 열대』가 출판되었을 때, 사르트르와 실존주의는 지성계의 최고봉을 점히고 있었다. 그러나 이 시점에 프랑스를 포함한 유럽의 지적 조류가 변하기 시작하면서 사르트르와 실존주의에 불리한 요소들이 나타났다.

　부분적으로는 사르트르 자신으로부터 기인한 문제였다. 그의 철학은 개인의 주체성과 자유를 거의 절대적인 경지까지 올려놓았는데, 이러한 주장이 강렬한 의문(악의가 되었든 선의가 되었든 간에)을 유발했다. "인간이 진정 그토록 자유로운가?" 사르트르를 신뢰하는 이들 혹은 여타 이유로 사르트르를 신뢰한다고 생각하는 이들조차 이와 같은 의문을 거둘 수 없었다. "정말인가? 실존이 우위에 있고, 나는 그토록 큰 자유를 가질 수 있는가? 그렇다면 어째서 그렇게 큰 자유를 나는 볼 수도 만질 수도 없는가? 또 나는 어떻게 사르트르의 철학이 가르쳐 준 자유를 신장하고 운용할 수 있는가?"

　사르트르는 새로운 철학 체계를 수립했지만, 인간이 살아야 할 이유 그리고 인간이 과거에 습관적으로 의존해 왔던 바를 제거해 버렸다. 사르트르의 철학에는 고도의 비판성과 부정성이 있었고, 그 부정과 전복과 제거는 긍정과 구축과 창조를 멀리 뛰어넘는 것이었다. 사르트르와 카뮈를 포함한 여타 실존주의자들은 인간이 오랫동안 의지해 왔던 것들을 과감히 제거해 버렸다. 받침목도, 지팡이도, 손을 짚을 난간도 모두 빼앗아 버린 것이다. 그들은 우리에게 안정감을 제공했던 과거의 모든 외적 조건을 무정하게 깨뜨렸고, 우리는 의지할 데 없는 삶의 낭떠러지에 외로이 서서 모든 불확실성과 위험에 직면해야 했다.

그들의 분석은 훌륭하고, 그들의 표현 역시 매력적이었다. 그러나 그들이 내놓은 주장은 대부분의 사람들에게 지나치게 가혹한 도전이었다. 그들의 현란한 분석과 표현 배후에 존재하는 적나라한 실존을 대다수 사람들은 직시할 수 없었다.

사르트르 자신도 그 엄혹한 시험을 늘 통과했던 것은 아니다. 스탈린 사후, 스탈린의 폭정이 알려진 후로도 사르트르는 계속해서 공산혁명을 신뢰하고 소련 공산당의 태도를 믿었다. 즉 실존주의의 주장에 따라 어떤 것에도 의지하지 않고 과거의 신념을 포기하는 결정을 내리지 못했던 것이다. 사르트르는 명확하게 코민테른 내 교조파의 입장에서 교조주의를 견지했고, 그것에 의문을 품거나 그것을 전복하려 하지 않았다.

이러한 선택으로 사르트르는 프랑스 지성계에서 삽시간에 많은 지지자를 잃었고, 반대자와 비판자가 나날이 늘어났다. 사르트르는 그들을 실망시켰다. 사르트르를 믿었던 사람들에게 그의 선택은 대단한 충격을 주었다. 사람들이 믿었던 것은 그의 지식이나 처세의 지혜가 아닌 그의 삶과 실존 자체였다. 사르트르에 대한 회의는 결국 삶과 실존 자체에 대한 회의로 번졌고, 진정한 사상과 가치의 위기를 초래했다.

사르트르는 모든 것을 궁구한 끝에 사람들에게 절대적인 주체성과 자유를 부여했다. 이제 그들은 그의 철학이 듣기에는 좋지만 실상 허황되다고 느끼게 되었다. 그러나 그들이 고개를 돌렸을 때, 그들 옆에는 그들이 의지해 온 사르트르와 그가 말한 주체성과 자유를 대체할 만한 어떤 것도 없었다.

그들은 공황 상태에 빠졌다. 낡은 길이 풍파에 휩쓸려 사라졌으니, 이제 앞으로 나아갈 새로운 길을 모색할 수밖에 없었다. 이처럼 프랑스 좌파 지식인이 심각한 신앙 위기에 처한 중요한 시기에 레비스트로스가 갑자기 등장해 새롭지만 한눈에 식별할 수는 없는 다른 경로를 제시했다.

레비스트로스에게는 기성의 정치성이 없었다. 그는 공산당에 참여한 적도 없고, 어떤 정치 운동 조직에도 속하지 않았다. 심지어 그 어떤 떠들썩한 장소에도 나타난 적이 없었다. 보다 중요한 것은 그가 제시하는 세계관이 사르트르와 실존주의와는 상반된다는 것이었다. 그는 개인, 자유, 선택을 믿지 않았다. 그러나 그는 권위주의자가 결코 아니었다. 그는 진정 탐색할 만하고 믿을 만한 것, 즉 구조를 제시했다. 인간은 누구든 구조 밖의 무언가를 가질 수도 없고, 구조 밖에서 자유로운 선택을 할 수도 없다. 그러나 구조 역시 필연적인 것은 아니다. 또한 우리가 반드시 준수해야 하거나 준수할 수밖에 없는 규율도 아니다.

우리는 구조 혹은 총체적 의미를 모색하고 이해할 수 있으며, 인류 행위 배후의 보편적 모델을 인식할 수 있다. 레비스트로스의 주장과 이론은 이와 같은 시대 배경에서 인간이 그토록 초조해할 필요도, 모든 것을 스스로 모색하고 결정할 필요도 없음을 알려 주었다. 레비스트로스는 사르트르와 실존주의에 거리낌 없이 대응했다. "미혹되지 말자. 인간이 어디 그렇게 자유로운가. 당신의 행위는 구조의 한계로부터 절대 벗어날 수 없다. 당신이 자유로운 선택이라 여기는 것은 모두 구조적 해석이 가능하다. 소란 떨지 말자. 더 이상 자신의 초조함을 세계적 진리로 확대하지 말자!"

총체적 의미는 인류 행위의 공통된 기초로서의 역할을 담당한다. 당신이 어떤 주관적 의지를 갖든 당신의 행위는 총체적 의미와 구조의 제한을 받는다. 이는 몇만 년 또는 몇백만 년 후 육지 식생의 경관이 서로 다른 지층의 영향을 받는 것과도 같다. 우리는 각기 다른 방식으로 오늘날 육지 경관의 성질과 의미를 정리하고 설명할 수 있다. 그러나 이러한 현상은 가장 근원적인 지질 변화에서 벗어날 수 없으며, 지질의 요소와 무관하게 또는 지질 구조에 위배해서 나타날 수 없다.

인류의 행위에서도 우리는 심층 구조를 찾아낼 수 있다. 그것은 동시에 인류의 자유의지가 지닌 한계를 찾아내는 일이기도 하다. 인간의 의지와 행위는 구조가 허용하는 상황하에서만 발휘되고 진전될 수 있다. 이 점을 깨닫는다면 사람들은 실존주의가 설정한 공상에서 벗어나, 의지와 행위의 선택이 어디서 비롯되는지 알게 된다. 구조는 우리 지식의 해석 체계이자 우리 행위를 이끌어 내는 출발점이다.

사르트르식의 절대적 주체성, 절대적 실존의 자유는 사람들에게 무한한 선택의 가능성을 제공하는 것처럼 보이기도 한다. 그러나 도리어 현실에서 그것은 선택을 거의 불가능하게 만든다. 당신은 이 선택과 저 선택에 어떤 차이가 있는지, 왜 이 선택이 저 선택보다 나은지 스스로에게 설명할 수 없다. 더 골치 아픈 것은 당신 눈앞에 놓인 여러 선택지를 서로 비교할 방법이 없다는 점이다. 다시 말해 이 선택보다 나은 저 선택이 영원히 존재할 수밖에 없다는 것이다.

레비스트로스의 구조는 명확하게 소거법이라는 길을 제시한다. 당신에게 주어진 선택지는 무궁무진하지 않다. 구조 안에 거의 모든 선택지가 있을 수는 없다. 당신은 단지 구조가 허용하는 선택지만을 고려할 수 있고 또 그래야만 한다. 만일 당신이 레비스트로스와 같은 통찰력을 갖는다면, 구조와 총체적 의미가 어디에 있는지를 분명하게 알 수 있을 것이다.

창조로 수집을 넘어서다

레비스트로스에게 인류학이란 이런 것이었다.

인류학자 자신은 인류의 일원이다. 그러나 그는 매우 고원高遠한 관점으로 인류를 연구하고 평가한다. 그 고원함은 그가 개별 사회와 개별 문명의 특수한 상황을 무시하게 한다. 그는 오랫동안 자신의 민족으로부터 분리된 환경에서 생활하고 작업해야만 한다. 그와 같이 철저하고 극단적인 환경 변화를 경험한 후 그의 삶의 뿌리는 완전히 뽑혀 버린다. 그리고 종국에 그는 어느 곳도 자신의 집으로 여기지 않게 된다. 심적으로 이미 불구자가 된 것이다.

인류학의 가장 큰 자산은 인류학자의 '뿌리 뽑힘'에 있다. 그에게는 고향이 없다. 그는 그 어떤 사회나 문명에도 속하지 않기에 개별 사회와 문명의 관점에서 벗어날 수 있으며, '뿌리 뽑힘'의 보편성을 통해 인류를 보게 된다. 바꿔 말하면, 인류학자는 현실에서 고향을 찾지 못하고 인류학이 창조해 낸 보편 문화와 구조의 공간에 머물 뿐이다. 그는 이어서 말한다.

인류학은 수학이나 음악과 마찬가지로 극소수의 타고난 사명 중 하나다. 인류학자는 설사 아무도 자신에게 가르침을 준 적이 없다 하더라도 그 사명을 자기 자신으로부터 발견할 수 있다.

어째서 '수학' 또는 '음악'인가? 어느 누구도 인류학을 수학이나 음악과 나란히 놓고 생각하지는 못했을 것이다.

일반적으로 인류학은 가장 구체적인, 그리고 개별 기록이나 지식을 추구하는 분과 학문으로 여겨진다. 개별 부족이나 민족을 조사한 민족지가 인류학의 기초를 이루기 때문이다. 민족지는 거츠*가 말한 '지방적 지식'local knowledge으로,

---

* 클리퍼드 거츠(Clifford Geertz, 1926~2006). 문화인류학자이자 상징인류학의 대표적 인물.

부분적이고 단편적인 지식을 통해 자기 영역을 구축한 독특한 문화적 특징을 지니며 공식화와 추상화를 거부한다. 구체성의 정도에서 인류학과 나란히 언급될 만한 것은 아마 역사학뿐일 것이다. 역사학과 인류학은 환원 불가능한 인류의 독특한 경험을 기록하며, 이를 통해 우리는 인류의 경험과 인간 삶의 다양성을 알게 된다.

인류학자와 역사학자는 모두 수집가collector다. 그들은 일찍이 시공간에 존재했던 각양각색의 인류 경험을 수집하고 저장한다. 인문사회과학 분야 가운데 이 두 분야는 자연과학의 추상적 귀납적 방법과 가장 거리가 멀다. 그것은 '과학화'하거나 '일반화'하기가 가장 어렵다. 지난 백 년간 경제학, 심리학, 사회학은 많든 적든 자연과학의 방법론을 끌어들여 변화를 꾀했고, 학문의 중심을 개별 현상에 관한 논의에서 일반 원칙의 연역과 정리定理로 이동시켰다. 그러나 인류학과 역사학은 상대적으로 그러한 변화가 매우 적고 제한적이었다.

인류학을 수학이나 음악에 비유함으로써 레비스트로스는 다른 이들과 구별되는 자신만의 독특한 사상을 희극적으로 부각시켰다. 그는 인류학자는 수집가여선 안 된다고, 바로 창조자creator여야 한다고 주장했다. 수집이라는 행위는 인류학자가 자신의 사회문화로부터 벗어나도록 해 주는 과정일 뿐이다. 다양한 사회와 문화를 관찰하고 그에 관해 수집함으로써, 인류학자는 자신이 몸담았던 사회와 문화로부터 벗어나 해방되어 인류 경험의 대양大洋으로 진입한다. 그 대양은 특정 문화나 사회가 아니라, 인류학자가 모든 안락한 문화와 사회에서 벗어난 뒤 스스로 창조해 낸 '초문화적'trans-cultural 이해 지평을 말한다. 그것은 구체적 문화 현상에서 뽑아 낸 추상적이고 보편적인 규율에 의해 구성된 공간이다. 그러나 그가 그런 공간을 창조하고 거기에 진입할 수 있는 까닭은 그 공간이 바로 개별성을 소거한 보편적 인류 행위 규율로 이루어진 공간이며 — 첫머리에 언급한 글귀로 돌아가자면 — '인류학자 자신이 인류의 일원'이기 때문이다. 수많은 이문화를 거치며 특정 문화에 대한 집착을 버린 인류학자는 결국 본래부터 자기 내부에 존재하던 구조로 되돌아간다.

레비스트로스에 따르면, 복잡하고 다양한 문화 현상을 기록하고 연구하는 까닭은 그 현상 자체를 밝히기 위해서가 아니라, 그러한 기록과 연구를 통해 문화의 다원성을 초월하고 제거함으로써 그 근저에 존재하는 구조를 발견하기 위함이다. 다양한 문화를 비교하고 대조하는 것은 구조를 발견하기 위해 부득이 거쳐야 할 노정이지, 그 자체가 인류학 연구의 목적은 아니다.

물고기를 잡고도 통발을 잊지 않다

레비스트로스가 당시 철학의 '순수한 언어유희'를 비판한 내용을 읽다 보면, 자연스럽게 그가 언어유희를 혐오했다고 생각하게 된다. 또 레비스트로스가 인류학을 음악이나 수학과 비교한 내용을 읽다 보면, 자연스럽게 그가 인간 연구를 자연과학화하려 하면서 20세기에 팽창한 과학지상주의의 흐름에 편승했다고 여기게 된다.

이러한 '자연스러운' 견해는 모두 틀렸다. 레비스트로스의 독특한 지위는 사상과 가치의 근본적 모순에서 생겨난다. 그는 철학의 언어유희를 비판하면서도 언어유희나 문자놀음에 얼마나 큰 흥미를 느꼈던가! 『슬픈 열대』가 매력적인 것은 거의 매 단락마다 출현하는 정교하고도 화려하며 오묘하고도 우회적인 언어 표현 때문이 아닌가? 『슬픈 열대』를 인류학 연구와 무관한 독자들이 읽기 힘들어하는 까닭은 다른 사람의 필설筆舌에서는 볼 수 없는 그의 독특한 언어 때문이 아닌가?

만 자에 가까운 분량으로 일몰을 묘사할 만큼 참을성 있는 사람이 어떻게 언어유희를 혐오할 수 있겠는가? 추상적 공식이나 기호로 어떻게 천변만화하는 현상을 대체할 수 있겠는가? 레비스트로스는 언어유희를 혐오하지 않았을뿐더러 언어 실험과 조탁에 심취했던 사람이다. 한편으로 그는 복잡다단한 표상 뒤에 간결한 이치가 감추어져 있음을 믿었지만, 다른 한편으로 그처럼 복잡하고 어지러운 표상 자체를 사랑하고 거기에 깊이 매료되었다.

레비스트로스와 과학주의자의 가장 큰 차이는 현상과 이치(혹은 공식이나 구조)의 관계를 보는 태도에 있었다. 과학주의자의 태도는 장자莊子가 말한 '득어망전'得魚忘筌(물고기를 잡으면 통발은 잊는다)과 같다. 즉 현상은 우리에게 인식과 이치를 제공하는 도구일 뿐이며, 중요한 것은 그 도구를 사용해 잡으려는 대상이지 도구 자체가 아니라는 것이다. 따라서 물고기를 얻으면 통발을 버리듯, 공리를 정리·귀납한 후에는 현상을 버릴 수 있고 또 그래야만 한다.

그러나 레비스트로스는 현상을 버릴 수 없었다. 그는 현상에 진실하게 깊이 매혹되어, 현상을 쓰고 나서 버리는 단순한 재료나 도구로 여길 수 없었다. 그에게 현상은 사람이 질서를 잡아 주길 기다리고, 질서가 잡힌 후에는 버려지는 복잡한 고민거리에 불과한 것이 아니었다.

덕분에 그는 인류학자가, 인류학이라는 지식 분야의 상징적 대표적 인물이 될 수 있었다. 인류학은 가장 많은 에너지와 시간을 소비해 인간 문화와 사회의 현상을 구조하고 수집한다. 인류학자는 진지한 정신으로 궁벽하고 소수에 지나지 않는, 머지않아 사라져 버릴 위기에 처한 문화와 사회를 보존하고 기록하려 한다. 그 이유는 모든 인류 문화와 사회의 현상을 수집한 연후에야 비로소 인류 행위의 근원적 논리를 이해할 수 있기 때문이다. 인류학의 논리가 의지하는 것은 바로 '흑고니의 법칙'이다. 아무리 많은 백고니를 보았다 하더라도 우리는 "모든 고니는 희다"라고 안심하며 믿을 수 없다. 흑고니가 예외적으로 딱 한 마리만 있어도 "모든 고니는 희다"라는 주장은 즉각 무너진다.

인류학의 핵심은 문화적 스펙트럼을 초월한 인류의 행위 규칙과 그 의미를 밝히는 데 있다. 그러한 논의는 광범위하고 총체적인 성격을 띨 수밖에 없다. 그렇다 하더라도 인류학의 모든 논의는 '예외'의 위협에 노출될 수밖에 없다. 제아무리 인간이 어떠니 저떠니 해도, 그것은 우리가 현재 보고 있는 인간의 특징에 불과하지 않겠는가?

이러한 한계가 인류학에 내재한다. 그리고 그 한계는 인류학자가 부단히 더 많은 인류 문화와 사회의 현상에 관한 자료를 수집하도록 부추긴다. 인류학의 이론적 발전에 따라 현상을 이해할 필요가 사라지는 것이 아니다. 오히려 그 이치는 예외를 발견하고자 하는 강렬한 충동을 자극한다. 설령 예외가 없음을 증명하기 위해서라 해도, 인류가 경험한 모든 현상을 수집하려는 노력을 포기할 수는 없는 것이다.

철학은 현상을 문제로, 심지어 장애물로 여긴다. 현상을 해결하고 현상이라는 장애를 제거할 때라야 비로소 진리의 빛을 볼 수 있다. 반면 인류학은 현상과 이치 사이를 오가는 지속적인 행위를 통해 자료를 수집하고 규칙을 추론하며, 재차 더 많은 자료를 찾으러 떠난다. 그리고 돌아온 후에는 원래의 규칙을 조정하고 새로운 규칙을 수립한다.

적어도 이것이 레비스트로스가 상상하고 마음속으로 갈망한 인류학의 행동 양식이었다. 그는 다음과 같이 말한다.

요즘 나는 자주 생각한다. 인류학이 나를 매료시킨 것은 인류학이 연구하는 문명과 나 자신의 특수한 사고방식 사이에 일종의 구조적 유사성이 있음에도 내가 (당시에는) 그것을 깨닫지 못했기 때문이라고. 나는 같은 땅에서 해마다 밭을 갈고 소출을 거두고 다시 밭을 가는 그런 일에는 관심이 없었다. 나는 신석기적 사고를 하고 있었다. 마치 원시 화전 농에서 개간되지 않은 땅에 불을 질러 경작지를 만들고, 작물을 수확한 후에는 그 땅을 버리고 다른 지역으로 이동하는 것처럼 말이다.

밭을 갈고 수확하는 일을 되풀이하듯, 레비스트로스는 이 지역에서 저 지역으로 끊임없이 이동하고자 했다. 그는 다른 일을 할 생각은 없었지만, 색다른 지역에서 색다른 경험과 대면하려 했다. 마치 신석기시대 사람들이 부단히 새로운 땅을 찾아 농경을 영위했던 것처럼, 그는 끊임없이 인류 행위 심층의 총체적 의미를 탐색했던 것이다.

레비스트로스는 결코 환원론자가 아니었다. 그는 현상을 이해하기 쉬운 지식으로 환원해 사람들에게 제공하려 하지 않았다. 특이하게도 그의 정리를 거쳐 귀납된 구조의 법칙은 정리되기 이전의 현상보다도 더 이해하기 어려웠다.

그가 『슬픈 열대』라는 육중한 책을 쓸 수 있었던 것은 줄곧 묘사, 분석, 평가, 귀납 등을 반복했기 때문이다. 묘사, 분석, 평가, 귀납은 레비스트로스의 글쓰기에서 똑같은 중요도를 지니며, 동등한 분량을 차지한다.

대지식

세계는 마치 조그만 바람개비처럼

『슬픈 열대』 16장의 제목은 '장터'다. 여기서 레비스트로스는 다음과 같이 적고 있다.

나는 각양각색의 장터를 다녀 보았다. 캘커타의 신시장과 구시장, 카라치의 봄베이 시장, 델리의 시장, 아그라의 사다르와 쿠나리 시장, 다카의 시장을 가 보았다. 각 가족은 매장과 작업장 사이 비좁은 공간에서 살고 있었다. 한편 치타공의 리아주딘 시장과 카툰가리지 시장, 라호르의 델리,

샤, 알미, 아크카리 시장 그리고 페샤와르의 사드르, 다브가리, 시르키, 바조리, 간지, 칼란 시장 등도 가 보았다. 아프가니스탄 변경의 카이바르 고개 입구에 있는 마을 장터, 미얀마 변경의 란가마티 장터에서는 과일 시장과 채소 시장을 볼 수 있었다. 이곳에는 가지, 붉은 양파, 껍질이 벌어진 번석류番石榴 등이 쌓여 있었는데, 특히 번석류는 강렬한 향을 풍겼다. 또 생화 시장에서는 꽃장수가 장미와 국화 따위를 금박지와 금실로 장식하고 있었다. 건과乾果 상인의 진열대에는 갈색 또는 황갈색 건과 더미가 은색 종이 위에 쌓여 있었다. 산처럼 쌓여 있는 고추는 냄새 맡은 사람을 기절시키기에 충분할 만큼 강렬한 건살구와 라벤더 향기를 풍겼다. 나는 고기 굽는 사람, 우유푸딩을 데우는 사람, 납작한 빵(난이나 차파티라 불리는)을 만드는 사람을 보았다. 또 그곳에는 차茶를 파는 사람, 레몬수를 파는 사람, 대추야자 도매상 등도 있었다. 과일 장수들은 과즙이 풍부한 자갈 모양의 끈적끈적한 과실을 작은 언덕처럼 쌓아 올렸는데, 마치 공룡의 배설물처럼 보였다. 늘 파리를 파는 장수로 오인받을 위험에 처해 있는 과자 장수는 파리 쫓는 도구를 과자 위에 올려 두었다. 솥을 만드는 장인의 망치 소리는 100미터 밖에서도 또렷하게 들을 수 있었다. 그 밖에도 바구니 장

수와 밧줄 장수가 쌓아 놓은 누렇고 푸른 지푸라기를 보았
고, 모자 장수가 줄지어 늘어놓은 사산조 페르시아 왕후의
모자와 유사한, 칼라가 있고 금속 줄을 넣은 원추형 모자,
터번용 천 등을 보았다. 포목점에는 푸른색과 녹색으로 막
물들인 기다란 천이 걸려 있었고, 사프란과 장미가 인위적
으로 수놓인 부하라 양식의 스카프도 있었다. 옷장을 만드
는 사람, 나무를 깎는 사람, 침상에 옻칠하는 사람도 있었
다. 칼 가는 사람은 숫돌의 끈을 끌어당겼다. 고철 시장은
다른 상점들과 멀리 떨어져 있었는데, 그곳 사람들은 경직
되고 웃음기가 없어 보였다. 담뱃잎 장수는 다발로 묶은 황
색 담뱃잎과 적갈색 톰바크* 묶음을 칠럼** 옆에 번갈아 쌓
아 두었다. 나막신 장수는 수백 켤레나 되는 나막신을 술집
의 술병처럼 쌓아 놓았다. 팔찌 장수는 물건을 막 뱃속에서
나온 자색 혹은 남색 유리 창자처럼 땅바닥에 흩어 두었다.
도자기 상점에는 타원형에 칠을 바른 도토陶土 물병이 몇 줄
로 배열되어 있었다. 운모가 섞인 진흙으로 빚은 항아리 중
어떤 것은 황갈색 위에 갈색, 흰색, 붉은색을 칠하고 벌레
처럼 구불구불한 장식을 넣었다. 도자기 그릇은 마치 염주
처럼 하나로 꿰어져 있었다. 밀가루 장수는 하루 종일 밀가
루를 체로 걸렀다. 금은 세공품 장수는 금과 은을 조금씩 저

---

* 주로 터키나 이라크에서 생산되는 담뱃잎.
** 담뱃잎이나 마리화나 따위를 채워 넣는 둥근 통. (옮긴이)

울질했는데, 그곳보다 옆에 있는 양철 땜집이 더 반짝반짝했다. 꽃무늬 천을 만드는 사람은 민첩하고 단조로운 동작으로 흰 천에 정교한 무늬를 새겼다. 대장장이는 노천에서 작업을 했다. 혼잡하지만 질서정연한 세계였다. 이러한 세계의 정점에서 아이들의 바람개비가 오색찬란한 숲을 이루었다. 작은 막대 위의 바람개비들은 바람에 흔들리는 나뭇잎처럼 흔들리며 비상했다.

정말 길기도 하다! 이렇게 긴 단락을 여기에 통째로 베껴 둔 이유는, 이런 글은 우리에게 이해되지도 못하고 아무런 의미도 없기 때문이다. 레비스트로스는 우선 자신이 다녀 본 시장을 열거해 그 누구도 거기에 가 본 적이 없고, 그 이름을 들어 본 적조차 없으리라고 우리가 제멋대로 추측하도록 내버려 둔다. 게다가 책에 적힌 지명들은 페이지를 넘기는 즉시 우리의 기억에서 깨끗하게 지워져 버릴 것이다.

지명을 열거하고, 이어서 시장에서 각종 물건을 파는 상인들도 모두 열거한다. 그런 연후에 간결한 단어로 상인과 그들의 물건이 레비스트로스에게 준 인상을 묘사한다.

이렇게 많은 시장과 상인과 그들의 물건을 열거해 무얼하려는 것일까? 우리는 이 글을 어떻게 이해해야 할까? 이 글을 읽어야 하는 걸까, 아니면 재빨리 훑고 넘어가야 할까?

첫 번째 독법은 이 단락의 말미에 의거해 레비스트로스가 뭘 하려고 했을지 주관적으로 이해하는 것이다. 즉 그는 글과 현상 사이에서 실험을 꾀하고 있으며, 글을 통해 모순과 통일의 느낌을, 극도로 떠들썩하고 혼란스러운 대상으로 뜻밖에 질서정연한 모습을 드러내고자 한다. 북적북적한 장소, 사람, 사물을 미처 다 볼 수 없을 만큼 빠른 속도로 늘어놓지만, 혼란 속에서도 고정된 구조와 질서하에 지명, 상인, 물품의 이름이 고집스럽게 반복적으로 나타난다. 우리는 그러한 지역, 사람, 사물을 진지하게 받아들일 필요가 없다. 다만 문자적으로 "혼잡하지만 뜻밖에 질서정연한 세계"를 이해했다면 그것으로 족하다.

아울러 이 세계에는 '시적 총결'poetic conclusion이 있다. 시인 레비스트로스는 어린아이의 바람개비로 그 질서를 상징적으로 총결하며, 변화무쌍함과 혼잡함을 조그만 막대기를 통해 제어하고 묶어 둔다.

한편 이 글에 관해서는 또 다른 독법이 있다. 그것은 움베르트 에코의 『끝없는 리스트』*를 끌어들여 '리스트'list의 각도에서 레비스트로스를 바라보고 이해하는 방식이다.

---

* 국내에는 『궁극의 리스트』(오숙은 옮김, 열린책들, 2010)라는 제목으로 출판되었다. (옮긴이)

끝없는 리스트

『끝없는 리스트』는 에코와 프랑스 루브르박물관의 합작으로 쓰인 책이다. 루브르박물관은 박학하면서도 참신한 아이디어로 가득한 에코를 찾아가 하나의 주제를 기획해 줄 것을 부탁한다. 그리고 이 주제로 전람회와 강연, 공연 프로그램 등 다양한 활동을 개최하고 책도 출간하자고 제안한다.

에코가 생각해 낸 주제는 '리스트'였다. 인류 문명과 역사에는 수많은 리스트가 존재한다. 인간에게는 리스트를 수집하고 비교 대조하는 자연적 본능과 충동이 있다.『끝없는 리스트』에서 에코는 호메로스의 서사시『오디세이』에 나오는 한 장면을 리스트에 대해 사고하고 해석하는 출발점으로 삼는다.

그 장면은『오디세이』에서 가장 드라마틱한 장면이다. 본래 그리스 연합군의 지휘관 아가멤논과 다툰 후 트로이와의 전쟁에 참가하길 거부해 왔던 아킬레우스는 친구의 죽음으로 생각을 고쳐먹고 그의 원수를 갚으러 전선에 나선다.

여기서 호메로스는 반인반신인 아킬레우스의 방패에 대해 묘사한다. 그는 아킬레우스의 방패에 수놓인 각양각색의 문양과 풍경을 꽤 길게 일일이 나열하고 묘사한다. 독자는 그 글을 처음 읽을 때, 한편으로는 시의 글귀를 읽어 내려가고 다른 한편으로는 묘사된 내용에 따라 마음속으로 그 방패를 상상한다. 그러나 이러한 상상은 서서히 힘을 잃게 되며, 어느 지점부터는 그 상상을 포기해 버리고 만다. 눈앞의 문장은 그저 활자의 나열에 불과하게 되는 것이다.

끝없이 이어지는 방패의 문양과 풍경에 대한 열거로 이 문양과 저 문양, 이 풍경과 저 풍경이 복잡하게 뒤섞이면서 그 방패가 얼마나 큰지, 그 방패에 문양과 풍경을 새겨 넣는 기술이 얼마나 정교한지를 막론하고 그 묘사는 결국 우리의 상상력이 미치는 범위를 넘어서고 만다.

어떻게 방패에 그토록 많은 것을 새겨 넣을 수 있단 말인가? 그리고 무엇 때문에 하나의 방패에 그토록 많은 그림을 그려 넣어야 했는가?

이것이 바로 에코가 찾아낸 서구 문명 초창기의 중요한 리스트였다. 에코는 여기서 리스트의 기원과 그 이치를 드러내려 한다. 사물의 수량이 우리가 즉각 파악할 수 있는 정도를 초월할 때, 특히 어떤 것을 넣고 어떤 것을 빼야 할지 갈피를 잡지 못할 때 우리는 리스트를 열거하기 시작한다. 그러한 리스트는 우리가 방대하고 혼잡한 사물 사이의 관계를 확인하는 데 도움을 준다.

우리가 쉽게 접할 수 있는 리스트, 예를 들어 업무표와 같은 리스트는 우리가 해야 할 일을 열거하는 동시에 그 과정에서 해당 업무가 나와 맺는 관계를 확인시켜 준다. 그 밖에도 우리가 자주 볼 수 있는 리스트로 기자회견, 개막식이나 결혼식의 초청자 명단 같은 것이 있다. 그러한 리스트는 초청해야 할 사람을 열거하면서 동시에 초청받은 사람들과 행사 사이의 관계 또는 그들과 주인 사이의 관계를 확인시켜 주기도 한다.

대다수의 리스트는 명확하지도, 고정적이지도 않다. 그것은 줄곧 조정되고 변화한다. 달리 말하면, 우리는 어떤 일을 꼭 해야 하는지, 어떤 일을 꼭 해야 할 필요는 없는지 결정하지 못했기 때문에 업무표를 작성한다. 혹은 도대체 몇 명을 초청해야 하는지, 어떤 이를 반드시 초대하고 어떤 이를 초대하지 않아도 되는지 확정하지 못했기에 초청자 명단을 작성한다. 리스트의 열거는 부분적으로 변경을 목적으로 한다. 어떤 것은 삭제하고 어떤 것은 보충할 수 있는 가지각색의 리스트라야 제대로 된 리스트라 할 수 있는 것이다.

에코는 다음과 같이 지적한다. 리스트와 인류가 창조해낸 여타의 텍스트 사이에는 큰 차이점이 존재한다. 리스트는 불확실성 때문에, 그리고 수정을 위해 존재하는 것이다. 리스트는 조정 가능한open-ended, 불확실한indefinite 성격을 지닌다. 'indefinite'는 중국어로 '우진'無盡*이라 번역할 수 있지만, 그 단어의 의미에는 '정의되지 않음', '불확실함'이라는 함의도 포함되어 있다. 두 함의는 모두 에코의 생각에 반영되어 있다. 즉 리스트는 '끝없는' 것이면서 동시에 '불확실'하고 '미확정'적인 것이다.

환원을 거부하다

텍스트의 형식으로 볼 때, 리스트는 '묘사'에 대응한다. 내가 "제 눈앞에는 청판 강좌의 수강생이 있습니다"라고 말했을 때, "청판 강좌의 수강생"이라는 표현은 여기 모인 모든 사람을 '묘사'한 것에 해당한다. 그러나 강연자에게 갑자기 일이 생겨 강의 시간을 조정해야 한다면, 청판 강좌의 스태프는 그 사실을 수강생들에게 통보해 주어야 한다. 이때 스태프는 묘사에 머물지 않고 수강생 명부를 찾아 2백 명에 달하는 이름을 열거해야 한다. 물론 열거된 이름은 "청판 강좌의 수강생"이라는 문구보다 훨씬 길 것이다.

여기서 그치지 않는다. 내게는 단순명료한 "청판 강좌의 수강생"이 스태프의 업무에서는 여러 개의 표, 여러 개의 분

---

* '끝이 없다'는 뜻이다.

류 리스트로 이루어져 있을 것이다. 이전 수강생과 새로 온 수강생이 각각의 리스트에, 또 여자 수강생과 남자 수강생이 각각의 리스트에 기재되어 있을 것이고, 직업에 따라서도 별도의 리스트가 있을 것이다. 청핀 회원과 비회원 또한 각기 다른 리스트에 이름이 올라 있을 것이다…… 심지어 그들의 사적 대화에서 이와는 다른 '블랙리스트'가 존재할지도 모르겠다.

묘사가 끝나는 지점에서 리스트가 모습을 드러낸다. 이 말의 의미는 이렇다. 통합적인 묘사나 정의가 그러한 구성원이나 현상을 처리하기 곤란할 때, 우리는 별수 없이 일일이 나열하는 방식으로 분류된 집단을 파악하고 이해할 수밖에 없다. 말하자면 묘사는 집단의 유사성을 다룬다. 묘사는 언어나 문자를 통해 그 집단의 공통점을 표현하는 것이라 할 수 있다. 그러나 리스트가 다루는 것은 집단 안의 차이성이다.

앞에서 든 예를 다시 보자. 강연자의 입장에서 나는 눈앞의 사람들이 수강생이라는 특성을 공유하고 있다는 사실만 알면 족하다. 그들은 그러한 특징으로 통합되어 있으며, 그 특징 이외의 요소는 무시되거나 배제되기에 '수강생'이라는 글자만으로도 그들을 설명할 수 있다. 그러나 그들은 모두 똑같지 않다. 그들은 수강생 신분 외에 무수히 많은 차이점을 가지고 있지만, 묘사로는 그것을 나타낼 수 없다. 기본적으로 그들은 서로 다른 연락처, 즉 서로 다른 전화번호와 이메일을 갖고 있다. 그리고 이러한 차이들은 오로지 리스트, 수강생 주소록을 통해서만 드러난다.

따라서 묘사와 리스트의 관계는 '원리'와 '현상'의 관계와 닮아 있다. 원리를 발견하면 우리는 현상을 공통된 원리의 묘사에 통합할 수 있다. 그러나 두 가지 상황에서 묘사가 힘을 발휘하지 못할 때 우리는 재차 리스트로 돌아가게 된다.

첫 번째 상황은 사물의 차이가 거듭 환원될 수 없으며, 환원하려 하면 그 역할이 상실되는 경우다. 가장 좋은 사례가 바로 원소주기율표다. 100여 개에 달하는 화학 원소는 도표로 열거할 수밖에 없는데, 그 이유는 그것이 원소로서 다시 분리될 수 없는 기본 물질로 제각기 독립성을 갖기 때문이다.

또 다른 상황은 이렇다. 즉 우리는 주관상 각 구성원의 독립성을 제거하는 것에 저항하고, 의도적으로 리스트를 통해 차이가 존재함을 깨달으며, 그것을 존중하려는 태도를 지닌다.

후자의 상황을 보여 주는 가장 대표적인 사례는 미국의 베트남전 기념비다. 이 기념비는 어떤 기념비인가? 상단에 베트남전에서 전사한 미국 군인의 이름이 가득 새겨진 커다란 돌비석이다. '베트남전에서 전사한 미국 군인'은 이 돌비석이 기념하는 대상이자 그들의 공통점에 대한 묘사라 할 수 있다. 그러나 이러한 묘사를 통해 그들이 살아 숨 쉬던 개체였다는 사실은 축소되고, 그들은 더 이상 진정한 인간으로 여겨지지 않게 된다. 하나의 묘사, 하나의 거대한 분류 속에서 그들은 저마다의 개별성을 잃어버린다. 이에 대한 저항감에서 사람들은 개개인의 이름, 수십만 개의 이름으로 구성된 하나의 거대한 리스트를 커다란 돌판에 새긴 것이다.

이는 리스트의 특수한 의의이자 작용이다. 그것은 개체와 차이를 보존하는 동시에 두드러지게 한다.

열거식 리스트는 겉보기에 매우 가지런하고 형식상으로도 일정하다. 그러나 에코는 우리에게 다음과 같은 사실을 일깨운다. 그처럼 가지런하고 일정한 형식의 외관은 일종의 가상假像이다. 그 안에는 통합적 이성에 의해 수용된 길들여지지 않은 차이들이 숨겨져 있다. 리스트는 항상 불안정하고 불확정적이며, 사람들에게 리스트에 수용되지 않은 리스트 바깥의 것을 생각하도록 자극한다.

레비스트로스는 리스트 나열 방식으로 시장에 관해 기록했다. 그것을 읽은 우리는 이러한 느낌을 받는다. 와, 시장과 그곳에서의 활동이 이렇게나 많고 다양하구나! 우리는 레비스트로스가 자신이 가 본 시장 전체를 열거했다고 여기지는 않을 것이다. 게다가 그가 시장에서 경험한 현상 전체를 다 기록했다고도 생각하지 않을 것이다. 이와 같은 리스트를 읽고 나면, 우리의 마음은 리스트 밖으로 벗어나 부지불식간에 시장의 무궁무진한 면면을 받아들이게 된다.

시장의 다양성은 끝없이 열거할 수 있다. 그것은 우리가 일반적으로 사용하는 언어와 일상적 사고 안에서 '시장'이라는 명사가 포함하는 내용이 얼마나 빈약한지를 대조적으로 알려 준다. 명석한 레비스트로스는 시장과 전혀 상관없는 아이들의 바람개비로 시장을 총결한다. 그토록 시적인 총결은 진정한 의미에서의 귀납이 아니다. 바람개비는 시장의 혼잡하고 무궁무진한 활동을 대체할 수 없다. 그저 묘사가 처한 곤경을 상징적으로 보여 줄 뿐이다. 묘사는 묘사되어야 하는 다채로운 현상을 대체할 수 없다. 제아무리 정교한 귀납식 이론이라도 복잡한 현상 모두를 대체하거나 제거할 수 없는 것과 마찬가지로 말이다.

유비적 사유야말로 주류다

후기 사르트르 철학의 대작인 『변증법적 이성 비판』은 한 장을 통째로 할애해 레비스트로스에 관해 다룬다. 이 글에는 레비스트로스에 대한 적지 않은 긍정과 찬사가 담겨 있다. 레비스트로스 또한 특별히 『야생의 사고』 신판에 한 장을 추가해 그러한 사르트르의 글에 호응했다. 여기서 레비스트로스는 그와 사르트르 사상 간에는 조화될 수도, 타협될 수도 없는 근본적인 차이가 있다고 말한다.

비록 사르트르의 실존주의에서 가장 유명한 "실존은 본질에 앞선다"는 구호는 본질로부터의 탈피를 요청하는 듯하지만, 레비스트로스가 보기에 사르트르의 철학은 시종 본질론에 머물러 있었다. 사르트르의 사상은 본질을 검토하고 비판하는 한편 이성을 분석한다. 그런데 분석을 진행하기 위해서는 필연적으로 분류와 묘사를 해야 한다. 우선 문제와 분석 대상을 묘사한 연후에야 비로소 분석을 진행할 수 있기 때문이다. 그러나 분석에 활용되는 그러한 묘사는 총체적 이성에서 나오는 묘사이기에, 그 자체로 이미 본질론적이다.

본질론의 특성은 사르트르의 사상에 내재한다. 레비스트로스는 이 점에서 그가 이전의 철학 전통을 넘어서지 못했고, 오히려 점점 더 깊이 빨려 들어갔다고 보았다. 사르트르는 나아가 '주체'를 확장해 주체에게 자주적으로 세계를 분류하고 묘사하는 권위를 부여했다. 그러나 주체의 확장으로 만들어지는 세계 이미지는 필연적으로 진실한 세계와는 거리가 멀 수밖에 없었다. 그처럼 현실 세계와 어긋난 이미지는 사르트르가 오류를 범하게 만들었다. 사르트르는 인간이 절대적 자유와 실존적 자유를 가질 수 있다고 잘못 생각했던 것이다.

상대적으로 레비스트로스의 사상 모델은 '유비적'이라 할 수 있다. '유비적 사유'는 그와 사르트르, 나아가 그와 모든 서양 철학 전통 사이를 가르는 가장 큰 차이점이다. 레비스트로스가 서술한 시장은 유비적 사유의 구체적인 예라 볼 수 있다. 에코의 통찰에 근거해 보자면, 묘사가 아닌 리스트를 통해 현실의 현상을 처리하는 것이야말로 유비적이라 할 수 있다.

분류를 통해 '동류'同流의 현상을 한데 모아 묘사하는 것이 아니라, 어떤 현상도 서로 완전히 동일할 수 없음을 수시로 관찰하고 인식하여 단지 상호 간의 유사성에 의지해 그것을 한데 모아야 한다. 그래야 '시장'이라는 명사는 단지 고정적으로 묘사되는 개념이 아니라, 수많은 유사성을 지니면서 서로 다른 현상까지를 망라하는 광범위한 개념이 된다. 우리는 시장을 묘사할 방법이 없다. 단지 다양하고 서로 유사한 교역과 매매 활동, 그 안의 장소, 사람, 사물을 열거할 수 있을 따름이다. 그것이 곧 시장에 관한 '리스트'이자 '끝없는 리스트'인 것이다.

유비야말로 반본질주의적이다. 유비는 유사한 대상을 한데 두지만 확정하지는 않는다. 이로써 서로 다른 현상 사이에 상이하고 무궁무진한 유비 관계가 생겨날 수 있다. 유사한 색, 온도, 속도, 길이, 형태, 운동 방향, 팽창과 수축, 맛, 굵기 등 각기 다른 유사성은 다양한 사물과 현상을 한데 모아 그것들이 다채로운 관계를 형성하도록 한다.

이는 특수한 사유 방식으로, 서구 철학과 과학 전통의 사유 방식과는 크게 다르다. 나아가 레비스트로스는 다음과 같이 주장한다. 유비적 사유는 서구인에 의해 특수하다고 잘못 알려진 사유 방식이다. 인류 역사와 문명의 전체 구도에서 본다면 도리어 유비적 사유야말로 주류이고, 대부분 시대의 대다수 사람들은 이러한 유비적 사유를 통해 자신과 현실 사이의 관계를 정립했다. 반면 서구 철학과 과학이 걸어온 본질론적 노정은 매우 특수한 사례였다.

이것이 바로 '야생적 사고'다. 레비스트로스의 또 다른 명저 중에 『야생의 사고』La Pensée Sauvage(직역하면 『야만적 사고』 혹은 『야만인의 사고』, 『야만인의 숙고』가 될 것이다)가 있다. 이러한 제목은 내재적으로 레비스트로스의 도발적 동기를 품고 있다. 'pensée'는 프랑스인에게 매우 익숙한 단어다. 파스칼*의 명저 『팡세』Pensées에서 볼 수 있는 단어로, 떠오르는 생각들을 연결하는 고된 사유로 얻은 지혜의 결과물을 말한다.

우리의 상식에 따르면 문명인만이, 그 가운데서도 높은 수준의 교육을 받은 사람만이 '숙고'할 수 있고 그 '결과물'을 얻을 수 있다. 레비스트로스는 책 제목에서 의도적으로 문명인과 야만인의 대비를 뒤집는 효과를 자아내려 한다. '야만인의 숙고'라니? 야만인에게 사상이 있단 말인가? 야만인도 숙고가 가능한가? 또한 야만인도 숙고의 결과를 얻을 수 있나? 야만인이 '야만'적인 까닭은 그들이 사고하지 않고 본능에 따라 행동하기 때문이 아닌가?

레비스트로스는 사람들이 생각하는 '숙고'pensée가 생각의 유일한 방식도, 당연한 방식도 아님을 부각한다. 즉 사람들이 홀시하고 망각한 곳에 수많은 다른 양식의 숙고, 다른 양식의 사고방식이 존재한다는 것이다.

---

* 블레즈 파스칼(Blaise Pascal, 1623~1662). 다재다능했던 프랑스의 학자. 철학, 신학, 물리학, 수학, 화학, 음악학 등에서 중요한 성취를 이루었다.

8

야생적 사고

과학적 인과와 증명을 벗어나다

『슬픈 열대』 11장에서 레비스트로스는 다음과 같이 말한다.

우리 프랑스인은 19세기부터 이어진 과학과 지식 탐구의 태도에 종속되어 있는 것 같다. 19세기에는 모든 지식 영역의 범위가 제한적이었다. 전통적으로 프랑스적 특질을 지닌 사람 ― 폭넓고 일반적인 문화적 교양을 갖추고, 사상적으로 민첩하고 명쾌하며, 논리적 사고가 가능한 두뇌에 글

솜씨 또한 우수한 사람 ─ 은 전체 지식 영역을 완전히 장악할 수 있었고, 개인적이고 독립적인 작업만으로도 모든 지식 영역을 재검토해 자신만의 새로운 결론을 제시할 수 있었다. 좋든 싫든 현대 과학과 학문은 더 이상 이러한 수공예 장인식의 연구 방법을 허용하지 않는다.

그는 자신의 사고가 '신석기적'이라고 말했다. 그는 '야만인의 숙고'와 함께 '수공예 장인식 연구 방법'을 제시했다. 이 둘은 서로 표현은 다르지만 지향하는 바는 동일하다. 분류와 분업에 반대하고 그 이외에 인류 지식을 조직하는 원칙을 제시한다.

오랫동안 유비적 사유는 분류식 사유 또는 본질론적 사유로 대체되었다. 수많은 원시 문화와 전통문화의 유비적 사유는 오늘날 낙후되고 비과학적이며 심지어 반反과학적인 것으로 간주된다. 수공예 장인은 물리와 화학의 경계에 아랑곳하지 않는다. 그의 머릿속에는 역학 원리도, 3M의 재료 화학 실험의 결과도 없다. 그는 자신의 손으로 직접 공예품을 만든다는 사실에 의거해 지식을 흡수하고 배열한다. 무수한 공예품을 완성시킨 기능에 대해서도 그는 그 기능 자체를 인식할 뿐, 그 기능이 어떻게 작동하는지는 알지 못한다. 그는 공예품의 완성에 요구되는 모든 지식과 능력을 혼자서 습득하고 파악한다. 다른 이의 도움을 구하지도, 다른 이와 분업을 하지도 않는다. 이 때문에 그는 원리와 원칙의 학습으로 자신의 기능을 정교화할 수도, 분업이 주는 편리함과 생산 효율성을 누릴 수도 없다.

그러나 그는 자신의 생산물에 대해 주인 자격을 유지한다. 그의 공예품은 그의 세계다. 공예품을 제작하며 그는 자신의 세계를 창조하고, 주체적 선택을 통해 이 세상의 어떤 사물과도 관계를 맺거나 끊을 수 있다. 그와 세계의 관계는 본질적이지도 필연적이지도 않다. 오히려 그의 공예품에 의해 형성되는 유비 관계에 따라, 어떤 사물이 그의 공예품과 유사하다면 그 사물은 그의 세계로 진입하게 된다. 그리고 모든 유사성은 구체적이며, 그 자신의 작업과 직접적인 관계를 형성한다.

레비스트로스는 한편으로 유비적 사유의 존재를 드러내면서 다른 한편으로 유비적 사유에 친근감을 느낀다. 그는 단순히 객관적 인류 지식 연구의 각도에서 유비적 사유를 논하지 않았다. 그는 유비적 사유에 익숙한 사람으로서, 전 세계에 주류로 자리 잡은 본질론적 사유, 과학 이성의 흐름에 대항해 유비적 사유를 변호하는 동시에 자신의 사유와 행위를 변호했다.

　그는 과학 이성 지배하의 분업을 원하지 않았다. 물론
한 무더기의 '공동 저자' 논문 같은 것도 쓰려 하지 않았다.
어떤 거대 이론의 작은 부분을 연구하고 증명하는 데 에너지
를 낭비하려 들지도 않았으며, 심지어 조교들과 함께 대규모
연구비를 신청할 수 있는 프로젝트를 꾀하지도 않았다. 그는
수공예 장인의 작업 방식을 보존하길 원할 뿐이었다. 그것은
한 사람이 모든 것을 결정하고, 자신의 이론적 필요에 따라
재료와 도구를 직접 찾거나 만드는 작업 방식을 말한다. 현
대 과학 이성의 분류 원칙에 따르면, 그러한 재료나 도구는
각기 다른 분과 학문에 속해 있으며 서로 다른 연구 성격을
띤다. 그러나 레비스트로스는 그러한 분류를 따르지 않았고,
그 자신의 '수공예적' 필요와 유비적 원칙에 따라 여기저기
서 재료와 도구를 탐색해 독특한 지적 학문적 체계를 수립했
다. 그것은 복제할 수도, 어떤 부류에 포함시킬 수도 없는 거
대 이론이었다. 어떤 수공예 장인이 일생을 바쳐 손수 만들
어 낸 공예품처럼, 그의 이론은 현대 학술 분업 체계에 편입
시킬 수 없는 독특한 결과물이었던 것이다.

　"뇌를 먹어 머리를 좋게 한다"거나 "간을 먹어 간을 보
양한다"는 전통 관념은 모두 전형적인 유비적 사유에 해당한

다. 동물의 뇌와 간과 사람의 뇌와 간 사이에는 유사성이 있기 때문에 그것을 한데 묶어 일련의 관계를 형성한 것이다.

그러나 이러한 생각은 과학 이성에 비춰 볼 때 얼토당토 않은 것이다. 과학은 우선 뇌와 간의 성분을 분석한 후 영양분과 흡수 성질을 분류할 것이며, 그런 다음 인간의 소화 과정을 확인함으로써 비로소 뇌와 간이 인체에 어떤 영향을 미치는지 인과적으로 파악할 것이다.

문제는 '인과'에 있다. 유비적 사유는 직관적으로 유사한 두 가지 현상 사이에 필연적으로 친족 관계가 존재한다고 여긴다. 그러나 과학 이성은 이렇게 묻는다. "그 관계가 실제로 존재하는가?" "그것은 어떠한 관계인가?" 모든 가능한 관계 중에서 과학 이성은 오로지 인과관계만을 인정한다. 과학은 확정, 중복, 예상 가능한 인과관계만을 따지며, 어떤 것이 어떤 결과의 원인이 되는 경우에만 비로소 탐구할 가치가 있는 관계라고 여긴다.

레비스트로스가 탐구하려 했던 총체적 의미, 구조 등은 부분적으로 엄격한 인과론으로 수립될 수도 없고, 그것으로 분석하거나 증명할 수도 없다. 그러나 그는 증명할 수 없고 인과적으로 표현할 수 없다는 이유로 총체적 의미와 구조의 존재 그리고 그 중요성을 부정하기를 거부했다. 레비스트로스는 의미와 관계가 과학 이성의 분석이나 인과적 추론만으로 모두 설명될 수 없다는 입장을 견지했다. 그는 야만인, 신석기시대, 수공예 장인의 사유와 그것들이 세계를 보는 시각을 활용했고, 또 그것들을 수호하려 했다.

사실 레비스트로스뿐만 아니라 프로이트의 무의식 또한 과학의 인과적 증명 범위 내에 있지 않다. 융의 집단무의식과 원형 역시 마찬가지다. 그들은 과학적 이성에 불안감을 느꼈고, 모두 과학 이성 밖에서 보다 광활한 지식의 가능성을 찾고자 했다.

현대 예술의 황금시대에 살다

사르트르는 프랑스의 교육 시스템에서 길러진 훌륭한 학생이었다. 그는 그 시스템이 중시하는 철학을 성실히 습득했다. 비록 나중에 문학에도 발을 들여놓아 극본을 쓰기도 하고, 노벨문학상 수상을 거부하는 익살극을 펼치기도 하고, 그의 실존주의 사상이 문학예술 영역에 큰 영향력을 끼치기도 했지만, 그 자신은 결코 예술가나 예술 종사자가 아니었다. 그는 시종 철학자였고 공공지식인이었다. 그가 가장 만족했던 역할은 분명 인생과 사회의 지도교사였을 것이다!

사르트르는 자신의 실존 철학을 드러내기 위해 극본을 썼다. 보들레르에 대한 그의 평론 역시 시나 시학에 중점을 두지 않았다. 그는 보들레르로 자신의 철학 이념을 논했다.

레비스트로스의 배경과 신분상의 정체성은 동일하지 않았다. 그는 대대로 음악에 종사했던 세속적인 유태인 가정에서 태어났다. 그로 인해 그는 수학과 음악을 자신의 지적 전형으로 여겼고, 심지어 자신의 인류학 연구가 작곡가의 창작 과정과 비교적 가깝다고 말하기도 했다.

젊은 시절 프랑스 철학의 엘리트 양성기관인 고등사범학교를 포기하고 파리대학에 입학한 그는 줄곧 철학을 업으로 삼는 일에 주저하면서 반항심을 가졌고, 상대적으로 예술과 음악에 큰 흥미를 느꼈다.

레비스트로스가 2010년에 세상을 떠났기 때문에, 우리는 그의 연배나 그가 거쳐 온 시대를 착각하기 쉽다. 그는 102세에 사망했다. 달리 말하면, 그는 1908년에 태어나 20세기 초에 성장 과정을 거쳤다. 하지만 당시 파리에서 일어난 모더니즘 운동의 뜨거운 열기를 직접 경험하기에 그는 아직 어렸다.

우디 앨런의 영화 『미드나잇 인 파리』를 본 적 있는가? 자정을 알리는 종소리가 울릴 때, 남자 주인공을 태운 기이한 차가 그 시대의 파리를 통과한다. 레비스트로스가 어렸을 때, 피츠제럴드, 헤밍웨이, 피카소, 몬드리안, 달리, 부뉴엘, 거트루드 스타인 등 수많은 예술가가 파리를 거쳐 갔다. 많은 이들이 ― 영화 속 남자 주인공을 포함해 ― 파리의 그 시기를 가장 아름다웠던 시대, 현대 예술사에서 대체 불가능한 황금시대로 기억한다.

레비스트로스가 처음 발표한 글(다른 사람의 이름으로 발표되었다*)은 피카소와 입체주의에 관한 것이었다. 그는 그 글에서 인상파에 대한 불만을 표출했다. 그는 인상주의가 빛과 그림자의 유희에, 화가가 색, 붓 터치, 구도로 빛과 그림자를 표현한 것에 불과하다고 보았다. 입체주의는 인상파에 반대하고 표면상 인상파와 완전히 다른 것 같았지만, 젊은 레비스트로스가 보기엔 입체주의 역시 근본적으로는 여전히 유희에 지나지 않았다. 따라서 인상파와 진정으로 다른 길을 걷고 있다고 할 수 없었다. 다른 점은 단지 인상파가 감관의 유희인 반면 입체주의는 관념의 유희라는 점뿐이었다. 전자는 관람자에게 신선한 시각적 효과를 제공한다. 사람들은 자연의 빛과 그림자를 표현한 인상파 화가의 독특한 방식에 경탄한다. 반면 후자는 관람자에게 신선한 사상적 자극을 줘서 그들이 투시법 외에 완전히 다른 의외의 방식, 즉 2차원

---

* 1930년 초현실주의 예술 잡지 『도큐망』(Documents) 제3호에 조르주 모네(Georges Monnet)의 이름으로 실린 「피카소와 큐비즘」(Picasso et le Cubisme)이라는 글을 가리킨다. (옮긴이)

화폭에 3차원 공간을 표현하는 방식이 있다는 것을 깨닫게 한다.

인상파는 시각적 거리로 사람들을 미혹했다. 오늘날까지도 서양의 주요 미술관들은 중요한 인상파 작품을 소장하고 있으며, 매우 많은 관람객이 인상파 작품의 전시회를 찾는다. 또한 전시회에 매료된 사람들은 앞으로 다가가거나 뒤로 물러서면서 자신과 작품 사이의 거리를 계속해서 조정하고 변화시킨다.

멀리서 바라보면, 그림은 상이한 시간, 날씨, 조도照度와 음영에 따른 자연의 빛과 그림자를 묘사한 것으로 보인다. 그러나 가까이서 보면, 그것이 교회를 그린 것이든 아니면 연못이나 연꽃, 수목이나 파도 혹은 바다 위의 범선을 그린 것이든 그 구체적인 형상은 모두 사라져 버리고 그저 점이나 선으로 이루어진 색깔만 남는다. 어떻게 보잘것없이 제각기 흩어져 있는 명암과 색채 그리고 무질서한 붓 터치를 이용해 뒤로 물러서면 비로소 눈에 들어오는 구체적인 자연 경관을 표현해 낼 수 있었을까? 이 점이 바로 인상파가 사람들을 매혹시킨 이유였다.

그렇다면 입체주의는 어떤가? 예를 들어 피카소의 「기타를 든 여인」은 처음에는 혼란스럽기 그지없는 데다 명료한 형상도 없는 것처럼 보인다. 멀리서 보든 가까이서 보든 그림 속 여성은 여성 같지 않고, 기타 또한 기타 같지 않다. 어떻게 이해해야 할까?

일단 우리가 입체주의의 관념적 기초를 이해한다면, 모든 혼란스럽고 무질서한 것이 더 이상 곤혹스럽게 느껴지지 않으리라는 점을 레비스트로스는 잘 알았다. 입체주의는 감관이 아니라 지식에 호소하기 때문이다.

그 지식은 2차원 평면과 3차원 현실 사이의 근본적 차이에서 시작된다. 화가가 시도한 것은 3차원 현실을 2차원 화폭으로 옮기는 작업이었다. 전통 회화는 하나의 시점을 선택하고, 그 시점과의 거리에 근거해 외부 사물을 배열했다. 시선의 각도, 대소의 비례, 음영의 방향 등을 통해 원근감을 살림으로써 입체적인 사물을 재현했다.

이것이 모두가 알고 있는 투시법이다. 그러나 피카소를 포함한 입체주의자들은 이런 길을 걷지 않았다. 그들은 지도 제도학製圖學으로부터 새로운 영감을 얻었다. 지도 역시 2차원 평면이지만, 그 위에는 지구 구체의 표면이 그려져 있다. 이 경우 투시법은 더 이상 쓸모가 없다. 하나의 지구본을 본떠 그려서는 유용한 지도를 만들 수 없다. 만일 눈앞에 일본이 있다면 상대적으로 중국은 멀리 있으므로 비례상 면적이

작아지기 때문이다. 더 번거로운 것은, 투시법으로는 지구의 한쪽 면밖에 볼 수 없다는 점이다. 투시자가 일본을 보면서 동시에 미국이나 브라질을 볼 수는 없다는 말이다.

우리가 익숙하게 사용하는 지도는 중국과 미국, 그린란드와 뉴질랜드를 한눈에 볼 수 있다. 이러한 지도는 형식상 지구의 표면층을 벗겨 내 펼친 것이라 할 수 있다. 또 시점을 바꿔 본다면, 동서남북에서 서로 다른 무수히 많은 시점으로 본 지구를 한데 그린 것이라고도 할 수 있다.

입체주의는 이렇듯 여러 시점을 한 화폭에 옮겨 놓는 혁명적 시도였다. 피카소의 그림에서 당신은 여성의 앞모습과 옆모습을, 그녀의 흉부와 둔부를 동시에 볼 수 있다. 또 이 각도에서 그녀와 기타 사이의 공간적 관계를 보면서 동시에 저 각도에서 완전히 다른 공간적 관계를 볼 수 있다. 이렇듯 기괴한 풍경은 과거의 회화에서는 출현한 적이 없고, 여러 시점을 화폭에 반영한 입체적 효과 또한 존재하지 않았다.

우리는 현혹되었지만, 레비스트로스는 아니었다. 그는 입체주의가 채택한 관념을 명확히 인식했고, 그것이 표현하는 바가 대단한 것이 아님을 금세 알아챘다. 그래서 그는 입체주의가 유희일 뿐이라고, 단지 색다른 차원의 유희일 뿐이라고 말했던 것이다.

하지만 재미있는 것은 그 시기에 레비스트로스가 쓴 문장에는 모순적인 성격이 있었다는, 혹은 단일한 각도에서 논증을 펼치지 않았다는 사실이다. 그의 글은 'on the one hand... but on the other hand'(한편으로는······ 다른 한편으로는)와 같은 밀었다 당겼다 하는 스타일이었다. 그는 한편으로 입체주의는 관념의 유희라고, 게다가 유치한 유희라고 말한다. 그러나 다른 한편으로는 피카소가 진정한 천재라고 주장한다.

논리적으로 보면 레비스트로스는 입체주의를 비판했다. 그러나 그는 철학적이고 미학적인 논리 외에도 예술적이고 미학적인 직관이 있었다. 때문에 피카소의 성취를 깊이 이해할 수 있었다. 그는 입체주의의 관념적 유희성을 떠나 독립적으로 존재할 수 있었던 입체주의의 천재적 파격성을 알아챘던 것이다.

레비스트로스는 피카소를 극찬했다. 어떤 스타일의 창작물이든, 어느 시기의 작품이든 피카소는 "인류의 진실하고 수치스러운 고통과 대면했다". 피카소가 바지를 벗는 사람을 그릴 때, 우리는 자기 피부를 벗겨 내는 사람을 보는 듯한 느낌을 받는다.

레비스트로스는 앞에서는 명료한 이치로 인상파와 입체

주의를 분석하지만, 뒤에서 피카소를 논할 때는 논리적 언어를 던져 버리고 아무런 망설임 없이 시적 언어와 예술적 언어로 전환한다.

야만인에게서 배우자

레비스트로스는 예술과 직관적인 관계를 맺었다. 그리고 그러한 관계와 거기서 비롯된 경험을 소중하게 여겼다. 그는 예술 영역에서 일어나는 변화에 지속적인 관심을 보였다. 이 점에서 그는 다른 인류학자들과 매우 달랐다. 그러나 20세기 초라는 시대 배경에서 그는 인류학자의 길을 선택할 수밖에 없는 강력한 이유가 있었다.

20세기 현대 예술에 충격을 가하고 그것을 배양했던 중요한 원천 중 하나는 바로 '원시예술'이었다. 원시예술은 아메리카 대륙의 인디언이나 아프리카 흑인 부락에서 발견된 공예품에서 비롯되었다. 입체주의보다 약간 나중에 출현해 전 유럽을 휩쓸었던 예술 유파로 야수파가 있다. 어째서 야수파라 불린 것일까? 그 이유는 야수를 주로 그렸기 때문이 아니라, 야수처럼 거칠고 호방한 화풍 때문이었다. 그 화풍은 아프리카와 아메리카의 원시 야만 부족의 공예 문화로부터 영향을 받았다. 선교사나 인류학자가 먼 지역에서 가져온 원시예술, 토착예술은 유럽의 젊은 예술가들에게 큰 충격을 주었다.

어째서 원시예술을 사랑하는가라는 물음에 피카소가 제시한 답은 훌륭했다. "왜냐하면 공포에 대항하고 공포를 극복하려는 요소가 가득하기 때문입니다." 불가해한 공포, 공포가 촉발한 불가해한 저항의 용기와 극복 심리. 이것은 문명 예술에 존재하지도 않았고 존재할 수도 없었다. 문명인은 너무 많은 것을 알고 있었다. 그리고 규율과 안전감을 지나치게 추구했다. 그 결과 사람들은 공포와의 항상적인 관계를 잃어버렸고, 그러한 공포에서 피어나는 생명의 힘, 공포에 맞서고 공포 속에서 살아갈 때라야 가질 수 있는 그 힘을 가질 수 없게 되었다.

20세기 초의 예술가들은 그러한 힘을 동경했다. 단순하고 필연적이며 직관적이고 자유분방한 그 힘을. "야만인에게서 배우자"는 구호는 그들에게 창작의 좌우명이 되었다. 마티스의 그림에서 시각은 통일되어 있지 않고, 비율은 혼란스러우며, 색은 거칠다. 그러나 손을 맞잡고 춤을 추는 사람들의 형상은 신비한 생동감을 전달하며, 사람들 사이의 신뢰와 유대에서 비롯한 환희와 기쁨을 표현한다. 모든 훈련의 성과는 여기서 사라져 빛과 그림자, 선, 분석할 만한 구도와 논할 만한 붓 터치 따위는 존재하지 않게 된다. 다만 그 속에는 이 해할 수 없는 공포와 고집이 불안정성과 불확정성 속에서 외치는 기쁨 어린 노랫소리만 있을 뿐이다.

19세기의 아카데미파나 인상파는 이미 문명의 정교함과 세밀함에서 극치를 보여 주었다. 그럼 그 후에는 어떻게 할 것인가? 20세기에 발견한 하나의 답안은 이것이었다. 우리는 애초의 순수함으로 돌아가 우리가 가진 것을 덜어 내고 아무것도 가진 것 없는 야만인을 배워야 한다. 우리는 기교와 정교함에 대한 고민을 배제해야 한다. 더 중요한 것은 문명이 제공하는 안전과 규율을 버리는 일 그리고 인간으로서, 또한 예술가로서 더 버려야 할 것이 무엇인지를 살펴보는 일이다.

어떤 각도에서 보면 레비스트로스와 동시대 사람들은 이러한 운동과 더불어 성장했다고 할 수 있다. 하지만 레비스트로스는 예술가가 아니라 연구자 또는 학자로 성장했다. 그는 이런 운동과 동일한 충동에 사로잡혀 있었다. 바로 익숙한 문명에 대한 거부감에서 기인한, 야생적이고 야만적인 이문화로 시선을 돌려 그것을 배우려는 충동 말이다. 그러나 학자인 그는 배움의 결과를 독립적인 개개의 작품으로 전환하지 않고, 극도로 방대하고 복잡한 사상과 이론 체계로 표현해야 했다.

이 또한 그의 모순점이다. 야만인에게서 배우고 낯익은 문명의 이면을 열어젖힌 후에도 레비스트로스는 우리에게 마티스처럼 단순하고 직관적인 감동을 제공하지 않았다. 그가 제공한 것은 다름 아닌 '보다 고차원적인 지식'이었다.

분과 학문의 벽을 넘어

『슬픈 열대』 13장에는 이런 내용이 있다.

물고기가 명암明暗으로 냄새를 심미적으로 구분하고, 벌이 무게로 빛의 강도를 등급화해 어두움은 무겁고 밝음은 가볍다고 구분한다고 가정한다면, 화가, 시인, 작곡가의 작품 그리고 야만인의 신화나 상징이 바로 우리를 그런 방식으로 바라본다고 할 수 있다. 그것들은 보다 우월한 형태는 아닐지라도, 인류가 공유하는 가장 기본적이고 유일한 지식으로 간주되어야 마땅할 것이다. 과학 지식, 과학 사상이란 예리한 칼끝에 지나지 않는다. 왜냐하면 그것은 사실이라는 숫돌에 의해 쉼 없이 벼려지지만, 본질의 상실을 대가로 치르기 때문이다.

레비스트로스는 "화가, 시인, 작곡가의 작품"이 "야만인의 신화나 상징"과 유사하다고 주장했다. 그는 예술가의 작품을 우리 문명 속의 '야만'으로 여겼다. 상대적으로 문명 속의 '문명'은 과학 지식이나 사상에 해당한다. 양자 간의 가장 큰 차이는 여기에 있다. 과학은 끊임없이 사실을 절단하는데, 많은 사실을 절단하고 분석할수록 더욱 예리해지고, 예리해질수록 더 많은 사실을 절단할 수 있게 된다. 그러나 그렇게 예리해져 많은 사실을 절단할수록 과학은 본질로부터 점차 멀어진다.

반면 물고기나 벌처럼 과학의 성질에 의존하지 않고 자신이 처한 환경과 생존 조건을 파악하는 것, 즉 냄새, 깊이, 무게, 명암을 혼동하는 것이야말로 사물에 대한 보다 근본적인 이해라 할 수 있다. "야만인의 신화나 상징"도 그러하고 "화가, 시인, 작곡가의 작품" 역시 그러하다. 절단의 방식이 아니라 상반된 것을 혼동함으로써 수립한 "가장 기본적이고 유일한 지식"이야말로 바로 "보다 고차원적인 지식"인 것이다.

우리는 보통 문학예술을 문명의 성취라 여기고, 그것이

문명과 야만을 구별해 준다고 생각한다. 그러나 레비스트로스는 특이하게도 문학예술을 문명 속에 보존된 야만의 특별한 일부라고 보았다. 야만, 야성의 비분석적 사유는 과학 이성으로 뒤덮인 환경에서도 문학이나 예술에 남아 있다는 것이다.

문학예술에 대한 이런 견해는 20세기 초 모더니즘 운동의 영향에서 비롯되었다. 레비스트로스의 인류학은 이 점에서 커다란 문제의식을 보여 준다. 그는 묻는다. "문명 이전, 그리고 문명 개시 시점에 본디 삶의 전부를 지배했던 '야생적 사고', '유비적 사유'는 문명의 변화 발전 과정에서 어떻게 점차 축소되었나? 그것은 어떻게 과학 이성에 길을 내주어 오늘날에 이르렀고, 어떻게 문학예술 속에 살아남아 '가장 기본적이고 유일한 지식'을 내포하게 되었나?"

이러한 문제의식 아래서 레비스트로스가 표면상으로 수행한 것이 인류학적 연구 작업이었다. 그러나 그는 결코 인류학을 공고한 분과 학문의 범주로 간주하지 않았다. 그는 "개인적이고 독립적인 작업으로 전체 지식 영역에 새로운 사고를 더하고, 자신만의 새로운 결론을 제시하는" 역할을 자신에게 부여했다. 그는 과학에 반대했고, 이성 아래에서의 학술적 분업에 반대했다.

『슬픈 열대』에 기록된 여정과 경험은 넓게 보면 인류학의 형식이지만, 좁게 보면 "자신만의 새로운 결론을 제시하는" 데 활용된 틀에 불과했다. 그의 심중에는 분과 학문의 벽이나 계승 관계가 존재하지 않았다. 그는 과거 기행문 형식이나 일찍이 존재했던 여행기의 전범을 따르려 하지 않았고, 중요한 여행 작가와 대화하려 하지도 않았다. 또한 자신을 인류학의 계보에 배치하지도, 인류학이라는 학문을 특정한 방향으로 발전시키려 하지도 않았다.

우리가 『슬픈 열대』에서 읽고 목도하는 것은 그의 손에서 정리되어 그를 '새로운 결론'이 솟아오르는 핵심 경로로 이끌어 준 자료들이다. 『슬픈 열대』는 물리적 공간의 이동이 민감한 예술혼을 지닌 레비스트로스의 고독하고 독자적인 사유의 진행 과정과 일치한다는 점에서 일반 여행기와 구분된다.

9

신세계로 나아가다

만물에 이름이 없던 신세계

물리적 공간의 이동과 사유의 진행 과정은 모두 '구세계'에서 '신세계'로 나아가는 중요한 의미를 띤 방향성을 포함한다.

신대륙, 신세계의 가장 큰 의미는 마르케스의 소설 『백년의 고독』 첫머리에 잘 서술되어 있다. "이 세계는 너무 새로워, 만물이 아직 이름도 얻기 전이다. 해서 많은 사물을 단지 손가락으로 가리킬 수밖에 없다." 여기서 '새로움'이란 일찍이 파악되지 않았고 이름도 없으며, 명칭에 의한 분류나 정리도 되어 있지 않음을 말하며, '이것', '저것'은 개념적 지시가 아니라 눈앞에 놓인 실재 사물을 가리킨다. 그것은 손가락으로 가리킬 수 있을 뿐 호명이나 상상으로 소환할 수 없는 사물이나 현상이다. 눈앞에 없고 손가락으로 가리킬 수 없는 것은 존재하지 않는 것이나 마찬가지다. 그것은 사람에 의해 파악될 수 없다.

그러한 세계는 새로운 느낌을 준다. 어떤 사물이 어떤 사물과 함께 놓여야 하는지는 불확정적이고 고정되어 있지 않다. 이 일과 저 일 사이의 관계 역시 마찬가지다. 이러한 대비를 통해 사람들은 구세계의 '낡음'과 근본적 한계를 분명하게 이해할 수 있게 된다. 구세계에서 사람들은 사물의 관계를 다루고 결정하는 공간과 자유를 상실한다. 고정적인 틀에 박힌 생활 속에서 어떤 것이 서로 '유사'하다는 관념과 관찰은 모두 배제된다.

레비스트로스는 『슬픈 열대』 13장에서 이렇게 기록한다.

1925년경 일정 기간 동안 유사한(유흥 구역을 따로 구분하는) 방식으로 수립된 마릴리아*에는 600개의 가옥이 새로 생겼고 이중 유곽이 100여 개에 이르렀는데, 거기서 일하

---

* 브라질 남부의 도시. 상파울루주에 속한다.

는 여성 대부분은 '프란세지냐스'Francesinhas**였다. 그녀들과 프랑스 수녀들은 19세기 프랑스 해외 사업에서 가장 활발한 역할을 수행했다. 프랑스 외교부도 이미 그 점을 잘 알았다. 왜냐하면 1939년에도 프랑스 외교부는 비밀 자금 중 상당액을 부도덕한 잡지를 보급하는 데 사용했기 때문이다. 내가 만일 브라질 최남단에 위치한 히우그란지두술주에 있는 히우그란지두술대학의 창립과 이 대학이 유독 프랑스 교수를 선호한다는 사실이 어떤 독재자가 젊은 시절 파리에서 알게 된 한 창녀와 관련 있다고 말한다 해도, 나의 동료들은 이에 딱히 반대하지 않을 것이다. 그 젊은 창녀는 미래의 독재자가 프랑스 문학과 자유에 흥미를 느끼게 했던 것이다.

이는 마르케스의 소설에 등장하는 내용과 얼마나 흡사한가! 레비스트로스가 정리한 내용은 이러하다. 브라질이라는 새로운 국가는 마치 지도 위에 선을 긋듯이 기획되었는데, 이때 창녀로 가득 찬 유흥 구역도 별도로 마련되었다. 그런데 여기서 가장 사람들의 눈길을 끌었던 이들이 '프란세지냐스'라 불리는 여성들이었다. 프랑스 외교부는 브라질인이 프랑스를 친근하게 여기고 지지하도록 만드는 그녀들의 '국민 외교'를 적극 지원했다. 그 밖에 한 브라질 젊은이가 파리

** 포르투갈어로 '젊은 프랑스 여성'을 말한다.

에서 알게 된 창녀로 인해 프랑스에 대한 호감과 갖가지 환상을 갖게 되었다. 이 젊은이는 후일 브라질의 독재자가 되어 자신의 권력으로 브라질 남단의 히우그란지두술주에 대학을 세웠고, 다수의 프랑스 교수를 초빙했다. 레비스트로스가 브라질에 도착할 당시, 바로 이러한 풍경이 펼쳐져 있었다.

따라서 레비스트로스의 인류학적 생애, 그의 여정 그리고 우리가 읽고 있는 『슬픈 열대』 등 이 모든 것은 프랑스 창녀들로부터 비롯된 것이라 할 수 있다!

이는 구세계에서는 일어날 수 없는 일이다. 오로지 신세계에서만 가능하다. 신세계의 창녀는 구세계의 창녀와 다르다. 달리 말하면, 신세계의 창녀가 사회에서 맡는 역할과 발휘하는 기능은 고정적이고 틀에 박힌 구세계의 그것과 같지 않다. 가르시아 마르케스의 소설에는 여러 창녀와 유곽이 나온다. 그가 생전에 쓴 마지막 소설의 제목에도 창녀가 등장한다. 그는 유곽에서 젊은 시절을 보냈다. 그뿐만 아니라 그와 동시대 남아메리카 청년들 역시 지극히 풍부하고 감성적이며 단순히 육체적 매매에 그치지 않는 유곽에서의 경험을 갖고 있었다. 유곽은 그들에게 유스호스텔이었고 혁명적 주점이었다. 또 유곽 여주인은 그들의 어머니이자 집주인이자 사감이었고, 은행이자 채주債主였다. 또 창녀는 여동생이자 심리상담사이기도 했다. 더욱이 유럽에서 온 창녀의 경우 그들이 동경하던 유럽 문명에의 창구가 되기도 했다.

신세계에서는 창녀와 독재자, 진실과 환상, 종교와 연금술, 전설과 기록 등이 분리되지 않은 채 여러 관계를 형성할 수 있다. 이러한 환경에 들어섬으로써 레비스트로스는 문명과 야만의 역설 그리고 문명과 야만 사이의 상이하고 상반된 면모를 대조적으로 읽어 낼 수 있었다.

일반적인 개념에서 문명은 풍요롭고 야만은 결핍되어 있다. 야만에 관한 설명 방식 중 하나는 그곳에는 전기도, 수도도, 장미 정원도 없고 '시'詩도 없다는 것이다. 즉 문명의 성취, 문명의 이기利器가 결여된 것이 바로 야만이라는 식이다. 그러나 레비스트로스와 20세기 초 모더니즘 예술가들은 이러한 대조를 뒤집었다. 야만에 있는 직관, 공포, 활력, 리듬, 자연스러움이 문명에는 전혀 없다고 말이다.

한 걸음 더 나아가 레비스트로스는 이렇게 묻는다. 현대 문명에서는 찾을 수 없는 야만의 요소나 특질이 정말 오로지 야만에만 있으며, 그것은 문명과 공존할 수 없는가?

이 물음에 레비스트로스는 이미 답을 갖고 있었고, 적어도 답의 방향을 알고 있었다. 그는 야만의 요소와 특질 중 상당 부분이 인류 공통의 자산이라고, 다만 문명에서는 배제되어 보이지 않거나 식별이 어려운 여타 형태로 변형되었을 뿐이라고 말한다. 따라서 우리 세대의 임무는 일상적으로 주의를 기울이지 않았던 후미진 곳을 들추거나 겹겹이 쌓인 안개 속을 헤쳐 야만과 문명 사이의 공통된 부분, 즉 전체 인류에 속한 총체적 의미와 구조를 발견하는 것이다.

새로운 쇠퇴/성숙의 묘미

『슬픈 열대』는 특정 부류로 갈래 짓기가 어렵다. 왜냐하면 저술 의도 자체가 갈래 짓기를 거부하기 때문이다. 나아가 『슬픈 열대』는 갈래 짓기를 반대하고 그것을 전복하려 한다. 레비스트로스는 리스트 형식을 사용해 분류나 갈래 짓기의 충동을 철저하게 타파하는 전혀 다른 성질의 내용을 포함시켰다.

500~600페이지라는 분량도 적다고는 할 수 없지만, 내용의 밀도를 고려하면 이 책이 제공하는 독서 경험과 즐거움은 일반 서적 1~2천 페이지의 내용에 상당할 것이다. 책 곳곳에 우리가 보지도, 생각지도 못한 경험과 통찰력이 스며 있기 때문이다.

아무 예나 하나 들어 보자. 브라질에 도착한 레비스트로스는 급속도로 형성되는 남아메리카의 도시들을 관찰하며 다음과 같이 말한다.

(……) 내게 깊은 인상을 남긴 것은 이 지역이 무척 새로웠다는 점이 아니라, 너무 일찍부터 쇠락하고 있다는 점이었다. (……) 그곳이 수차례 갱신되고 중건되는 과정에서 유일하게 칭찬할 만한 것은 그 과정이 고작 50년 만에 이루어졌다는 것이다. 50년은 우리 사회의 유구한 역사에 비춰 보면 무척 짧은 시간이다. 하지만 그것은 시간의 깊이를 결핍함으로써 눈 깜짝할 새에 사라져 버릴 청춘에 대한 그리움의 기회를 제공할 수 있었다.

그가 본 것은 '신세계의 도시들이 중간에 노화 과정을 거치지 않고 새로움에서 곧장 쇠락으로 빠져드는' 광경이었다. 시간의 재촉으로 모든 것이 부랴부랴 지어졌다. 막 지어졌을 때에는 새롭고 말끔해 보이지만, 표면의 아우라가 빠르게 사라지면서 그 즉시 쇠락의 길로 접어든다. 이 과정에 진정한 성숙이나 성장이란 없다. 급속하게 생겨난 도시의 면모는 순식간에 폐허를 향해 걸음을 내딛는 것이다.

그 후 한동안 세상을 풍미했던 '종속이론'Dependency The-ory*을 통해 레비스트로스는 자신의 책에서 이미 언급한 발전만 있지 진정한 진보는 없는 남아메리카의 도시들을 또 다시 관찰할 수 있었다. 하나의 도시가 생겨났다 빠르게 쇠퇴하면 근방에 기세등등하게 다른 도시가 생겨나고, 본래 있던 도시는 불과 50년 만에 '낡은 도시' 또는 '유령 도시'가 되어 버린다. 새로이 생겨난 도시의 운명도 이전 도시의 그것과 다르지 않다. 이로 인해 겉으로 보면 도시화된 구역이 갈수록 넓어지지만, 한 도시가 성숙할 시간은 사실상 주어지지 않는다. 성급하게 완성된 각 도시는 성숙과 진보의 계기를 갖지 못한다.

레비스트로스가 지켜본 남아메리카 도시의 곤경이 타이완에서도 나타난 바 있다. 급히 지어진 주택, 남루한 공공건물, 언제든 부쉈다 다시 지을 수 있다는 심리는 타이완의 도시에 새로운 것과 낡은 것을 난립시켜 혼잡하게 만들었다. 새로운 것은 무척 새로웠지만, 낡은 것은 너무도 낡았다. 이

---

* '중심/주변' 이론으로도 불린다. 남아메리카 학자들이 1960년대 말에 제기한 국제 관계 및 발전 경제 이론이다. 이 이론의 기본 관점은 다음과 같다. 전 세계는 이미 산업화된 '중심' 국가와 산업화 이전이거나 산업화 중인 '주변' 국가로 나뉘었다. 후자는 노동집약형 산업을 통해 전자에 공업 원료를 수출하면서 중심 국가의 산업 수요에 의존해 경제를 유지한다. 그러나 주변 국가는 그러한 과정을 통해 중심 국가가 될 수 없으며, 어느 한도까지의 발전만을 기대할 수 있을 뿐이다. 그리고 이 과정에서 통상적으로 심각한 부패와 폐단이 생겨난다.

것이 혼재되어 있는 도시의 면모는 눈뜨고 봐줄 수 없을 정도였다. 오랜 시간을 허비한 후에야 타이완은 비로소 도시를 어떻게 '노화'시킬 수 있는지, 세월에서 묻어나는 도시의 고상함을 어떻게 보존하고 창조할 수 있는지 터득했다. 전체적으로 보면, 타이완의 도시는 여전히 과거에 급조된 무질서한 면모를 보여 주고 있지만, 그 위에 점차 시간의 더께가 쌓이면서 다소간의 깊이와 아우라를 갖추게 되었다.

레비스트로스가 남아메리카에서 관찰한 상황은 현재 중국 대륙에서 재현되고 있다고 할 수 있다. 10년 후면 '개혁 개방'이 시작된 지 50년이 된다. 이 기간 동안 미친 속도로 성장한 중국 대륙의 도시 경관은 필연적으로 쇠퇴할 수밖에 없다. 그러한 쇠퇴는 경악스럽고 전면적일 것이다. 노화 과정을 건너뛴 도시의 말로는 결국 폐허일 뿐이다.

교토, 런던, 파리, 빈, 로마, 피렌체 같은 도시가 어째서 사람들을 매혹하며 수많은 관광객을 끌어들이는가? 바로 무수히 많은 낡은 것이 있기 때문이다. 우리는 거기서 14세기의 교회, 16세기의 회화, 17세기의 궁전, 18세기의 도로, 19세기 말의 카페를 볼 수 있고, 그것이 훌륭하다고 생각한다. 하지만 더 중요한 이유는 이러한 도시에서 '노화된 고상함'을 느낄 수 있기 때문일 것이다. 즉 우리는 시간이 야기한 변화를 향유할 수 있는 것이다. 수십 년, 수백 년의 시간은 본래 일상적이고 특이할 것 없는 건물, 교량, 도로, 생활환경에 특별한 아우라를 부여한다. 빛바랜 색에 깃드는 아우라를 말이다.

그것이 바로 '낡음'이다. 그것은 '새로움'과 '쇠퇴' 사이를 이어 주는 중요한 계단이다. 더 이상 새롭지 않다 해도, 그것은 아직 파멸로부터 멀리 떨어져 있다. 그 자리에 꼿꼿이 서서 긴 시간의 부식을 의연히 감당하지만 짧은 시간의 파괴에는 늠름하게 저항하는, 그러한 대상과 시간 사이의 기이한 관계가 우리에게 감동을 선사하는 것이다.

누구의 '일상생활'인가?

『슬픈 열대』에서 남아메리카 도시에 대해 서술하던 레비스트로스는 갑자기 펜 끝을 돌려 인도에 대해 쓰기 시작한다.

기행문의 시각에서 보면 그러한 서술은 갑작스럽고 이치에 맞지 않는다. 출발, 탑승, 항해, 도착, 관찰로 이어지는 여정의 목적지는 분명 남아메리카의 브라질이었다. 그런데 갑자기 그곳과는 전혀 상관없는 남아시아의 인도라니?

그러나 인류 현상에 대한 레비스트로스의 설명 논리에서 보면, 여기서 인도를 논하는 것은 전혀 어색하지 않다. 남아메리카에 도착한 그에게 가장 인상적이었던 것이 급속히 세워진 '인위적' '인공적' 도시, 지도 위에 선을 긋듯 황무지에 수립된 도시라면, 이와 강렬한 대조를 이루는 것은 거의 인공적이지 않고 계획적이지도 않으며 오랫동안 주민에 의해 자생적이고 집단적으로 형성된 도시일 것이기 때문이다.

인도의 도시들이 그러했다. 그 도시들은 설계나 기획을 거치지 않은, 남아메리카의 그것과는 대조적인 도시였다. 레비스트로스는 인도의 도시에 대해 이렇게 말한다.

(이곳에서) 일상생활이란 마치 인간관계 개념에 대한 끊임없는 부정처럼 보인다. 이곳 사람들은 당신에게 무엇이든 줄 수 있고, 그것이 당신을 무척 흡족하게 할 거라고 말한다. 그리고 자신이 모든 것에 능통하다고도 한다. 하지만 사실 그들은 할 줄 아는 게 하나도 없다. 결국 당신은 상대방이 성실한 마음과 약속을 이행하는 자기 통제 능력을 지닌 인성을 갖추지 못했다고 믿게 된다. 인력거꾼은 당신을 어디라도 데려다 줄 수 있다고 말하지만, 실상 그는 당신보다 길을 모른다. 이런 상황에서는 화를 내지 않기 어려

울 것이다. 비록 인력거를 타려고 마음먹은 당신이 그들에게 인력거를 끌게 하는 것에 약간 미안한 마음을 갖는다 하더라도, 결국 그들을 열등한 인간이라고 생각하게 될 것이다. 왜냐하면 그들은 이치로는 설명이 안 되는 그 같은 행위로 별수 없이 당신이 그들을 그렇게 대하도록 만들기 때문이다.

이 서술은 레비스트로스의 전형적인 설명 방식을 보여준다. 한편으로 그는 직접적으로 무시에 가까운 태도를 드러내며 그곳 생활의 고통을 토로한다. 그러나 다른 한편으로 그의 무시와 토로는 고도로 자각적이며 자기 반성적인 전제를 깔고 있다. 그는 그래서는 안 된다는 것을 안다. 그러나 설령 고도의 자각과 반성하는 마음을 지녔더라도 그러한 부정적 느낌을 지울 수 없고, 그것을 부인할 마음은 더더욱 없다. 그로 인해 사람들이 신뢰할 수 없는 그와 같은 환경이 보다 강렬하게 부각된다.

또한 레비스트로스는 약간의 과장과 풍자를 담은 언어를 기필코 찾아내 그가 묘사하려는 현상을 개괄한다. "일상생활이란 마치 인간관계 개념에 대한 끊임없는 부정처럼 보인다." 이 짧은 문구가 끌어내는 결론에는 내적 모순과 긴장이 가득하다. 본디 인간관계는 일상생활의 지극히 보편적인 일부다. 생활이 '일상적'인 까닭은 그 속에 고정적이고 예측 가능하며 필연적으로 중복되는 인간관계가 존재하기 때문이다. 그러나 인도의 도시에서 일상생활은 전체 도시의 발전과 마찬가지로 무계획적이고 필연적인 규칙이 없어, 일상생활조차 '일상적'이지 않으며 예측과는 거듭 상반되는 일이 발생한다.

이러한 결론은 우리를 구체적인 인도로부터 끌어내, 인도를 하나의 사례로 간주하는 보다 높은 수준의 이론적 설명과 토론으로 데려간다. 그것은 우리를 일깨워 초문화적인 사고를 갖게 한다. 도대체 일상생활이란 무엇인가? 우리는 어떻게 일상생활에 대해 상상하고 가정하는가? 일상생활과 인간관계 사이에는 어떤 상호작용이 존재하는가?

종족 제도와 채식주의

이어서 레비스트로스는 인도의 도시에서 본 거지를 묘사하고 분석한다. 그는 거지가 사람들을 불안하게 한다는 사실에 주목한다. 왜냐하면 거지는 갖가지 방식으로 자신이 당신보다 열등하다는 점을 드러내고, 끊임없이 당신을 드높이며, 스스로를 낮춰 계층상의 차이를 부각하기 때문이다. 계층 간 거리가 멀지 않을 때, 계층이 낮은 사람은 신분 상승으로 큰 이익을 얻을 기회가 있으며 계층 간 거리를 줄일 수 있다고 생각한다.

하지만 그 사회의 계층 간 거리가 상당히 멀어져 낮은 계층, 특히 가장 낮은 계층의 사람들이 신분 상승으로 계층 간 거리를 좁히고자 하는 동기를 철저하게 상실한 경우, 그들은 돈 있는 사람, 지위가 높은 사람 앞에서 적극적으로 자신을 비하하기 시작한다. 동정이나 오만에서 기인하는 자비와 베풂을 얻기 위해서 말이다. 계층 간 거리를 과장하고 좁힐 수 있는 가능성을 없앰으로써 그들은 생활을 영위할 돈을 얻는다.

그로 인해 이러한 사회는 계층 간 차이를 좁힐 동력을 완전히 상실하고, 빈부 격차는 갈수록 커진다.

레비스트로스는 이처럼 빈부 격차의 확대를 왜 방치해서는 안 되는지를 직접적이고 분명하게 설명한다. 또 인도의 카스트제도를 보는 하나의 명확한 관점을 제시한다. 그에 따르면, 인도에 그처럼 엄격하고 공고한 계층구조가 존재하는 까닭은 과거 인도인이 빈부 격차와 계층 간 차이를 홀시했기 때문이다. 그 결과 인도 하층민은 계층 상승을 바라기는커녕

남의 동정을 구하는 처지를 수긍하게 되었고, 기득권자 역시 사회계층 변화의 필요성을 주장하지 않게 되었다. 계층 간 변화의 동력이 사라지자, 계층은 카스트제도로 굳어졌다.

인도 문화의 내재적 에믹의 관점에서 보면, 카스트제도는 강렬한 신념이 배후에 깔린 엄격한 규범이다. 인도인은 자신이 상류 계층에 속하지 않아도 보편적으로 카스트제도를 믿으며, 카스트를 위반하는 행위에 반대하고 심지어 혐오하기까지 한다. 그들에게 카스트 사이의 혼종은 재앙을 불러오는 무서운 오염 행위로, 우리가 먹을 것과 배설물을 한데 두지 않는 것처럼 용납될 수 없는 것이다.

레비스트로스는 외재적 에틱의 관점에서 이런 현상을 다음과 같이 해석한다.

사회의 게임 규칙은 사람들의 손과 발을 묶는다. (……) 그처럼 불행하고 고통받는 사람들을 자신과 평등하게 여기면, 그들은 부당하다고 항의할 것이다(왜냐하면 그들이 요구하고 획득한 베풂을 받을 기회와 권리를 박탈하는 것이기 때문이다). 그들은 당신과 평등하기를 원치 않는다. 그들은 당신이 거만하게 그들을 짓밟고 지나가기를 구걸한다. 당신과 그들 사이의 차이를 확장함으로써만 당신에게서 작은 도움을 얻을 수 있으므로. (……) 우리(유럽인)는 계급 대립을 투쟁이나 긴장으로 보며, 본래적이고 이상적인 것은 그러한 모순과 충돌을 해결해 다시는 일어나지 않도록 하는 것이라고 생각한다. 하지만 여기서 긴장이란 아무런 의미도 없는 단어다. 어떤 일에도 긴장감이 없다. 과거 긴장 상태에 놓여 있던 모든 것이 오래전에 소멸했기 때문이다.

그렇다면 이처럼 긴장감 없고 상하 구분이 당연시되는 상황은 어떤 효과를 낳는가?

인도는 3천 년 전 카스트제도를 통해 인구 문제를 해결했다. 즉 양의 문제를 질의 문제로 전환해 사람들을 각 계층으로 나눔으로써 모두가 공존할 수 있도록 한 것이다.

인도인은 그런 방식을 통해 한정된 토지로 더 많은 사람을 부양할 수 있었다. 대부분 사람들을 하층계급으로 전락시키고 상층으로 진입하려는 욕망을 제거했다. 하층민 스스로 다른 이들의 자선에 의지하는 삶을 원하도록 만들었고, 동시에 그들의 물질적 욕구 자체를 억누르거나 심지어 없애 버렸다. 대다수 사람들의 욕구 수준이 그처럼 낮고 요구 사항이 적기에, 일정한 자원으로 많은 사람을 부양할 수 있었던 것이다.

한 걸음 더 나아가 레비스트로스는 이런 논리로 '채식 원칙'을 해석했고, 카스트와 채식 사이의 공통점에서 또 다른 새로운 결론을 도출했다.

게다가 인도인은 보다 넓은 시야로 이 문제를 사고한다. 그들은 카스트제도를 인류를 넘어 모든 생명체의 기본 형식으로 확장한다. 채식 원칙은 카스트제도와 마찬가지로 사회 집단이나 동물 종족이 서로를 침범하지 않게 한다는 목적을 띤다. 모든 인간이나 동물이 자신만의 특별한 자유를 보증받기 위해 취하는 방법은 다른 집단이 공격의 자유를 포기하도록 강제하는 것이다.

남아메리카에서 레비스트로스는 먼저 자연을 본 뒤에 사람을 보았지만, 인도에서는 반대로 막대한 수의 사람을 먼저 본 뒤 희소한 자연을 보았다. 바꿔 말하면, 그와 같은 환경에서 그처럼 많은 수의 사람이 삶을 영위하는 것은 무척 어려운 일이므로 특별한 조치가 필요했을 것이다. 카스트제도와 그 배후의 계급 구분 원칙은 인도인이 인구 압력을 극복하는 방법이었다. 그러한 원칙은 인도인의 세계관으로 흘러들어 갔고, 그들의 세계관을 결정했으며, 그들이 보는 인간과 동물 사이의 관계에도 적용되었다.

대단히 비좁은 공간에서 인간은 폭넓은 자유를 누릴 수 없다. 단지 작은 범위 안에서의 자유만 누릴 수 있을 뿐이다. 카스트제도의 엄격한 계급 구분 원칙은 다수의 상이한 공간을 획정해 사람들이 자신의 자유가 그처럼 작은 공간에 한정됨을 인식하게 했다. 그들의 자유는 그 공간을 넘어설 수 없다. 자유가 엄격히 축소되어야 그토록 많은 사람이 소소한 자유를 나누어 가질 수 있으며, 서로 간에 충돌하거나 해를 끼치지 않으면서 평화롭게 공존할 수 있다.

그러한 관념은 사람들의 마음에 깊이 각인되어 자연환경과의 교류에도 영향을 미쳤다. 그들은 동물을 인간 자유의 범위 밖에 배치해 멋대로 침범하지 않았다. 그들은 오로지 식물만 침범할 수 있고 식용으로 삼을 수 있었다. 이러한 분명한 경계를 통해 그들은 안심하고 삶을 꾀할 수 있었다. 이것이 레비스트로스가 생각한 '채식주의'의 기원이자 원리였다.

후에 레비스트로스가 『신화학』에서 음식과 문화의 관계에 대해 보여 준 기본 태도는 바로 이런 생각에서 비롯되었다. 우리는 음식이 맛이 있거나 없다는 이유로 선택하거나 선택하지 않는 것이 아니다. 오히려 어떤 음식을 먹을 수 있고 먹어야 하는가 하는 관념이 우리에게 그것이 맛이 있다고 느끼도록 하는 것이다. 맛이 있고 없고는 자연적이고 생리적인 현상이 아니다. 그것은 심층적인 문화 가치가 결정한다. 따라서 우리는 음식을 분석함으로써, 특히 각 문화가 음식을 대하는 상이한 태도를 분석함으로써 문화의 심층 의식을 논하고 이해할 수 있다.

그 밖에도 레비스트로스는 다음과 같이 평가한다.

이 위대한 실험의 실패는 인류에게 비극이었다. 역사 발전 과정에서 서로 다른 종족이 각자 다르다는 이유로 평등이 유지되는 상태에 결국 도달하지 못했기 때문이다. 여기서 말하는 평등이란, 서로 다른 것 사이에 어떠한 공통적 규준도 없음을 가리킨다. 동질성이라는 해로운 요소가 이 제도 안으로 들어오면, 서로 다른 것이 비교되어 우열과 상하가 가려지게 된다.

그러한 엄격한 구분으로, 각 집단이 향유하던 작은 범위의 자유 원칙은 인도에서 진정으로 실현될 수 없었다는 것이다. 레비스트로스가 말하고자 하는 바는 이렇다. 만약 정말로 이러한 원칙이 실현되면 사람들은 수많은 성질을 가진 서로 다른 집단으로 구분되고, 이러한 집단 간의 평등은 성질의 차이를 지닐 뿐 계층적 차이는 지니지 않게 될 것이다. 다시 말하면, 상이한 집단은 하나의 기준으로 그 우열을 평가할 수 없기에 피차간 '비교 불가능한'incommeasurable 관계가 되는 것이다. 인도에서 실험이 실패한 것은 독립적이고 평등하며 비교 불가능한 집단에 결국 상하 간 우열이 생겨났기 때문이다.

시기상 레비스트로스보다 약간 뒤인 1966년에 또 다른 프랑스 인류학자 루이 뒤몽이 인도의 카스트제도를 연구한 명저 『계층적 인간: 카스트제도와 그 파생 현상』Homo Hierar-chicus: Essai sur le Système Des Castes에서 과거 카스트제도에 대한 서양의 거센 비판으로부터 벗어나 불평등을 핵심 가치로 하는 그러한 시스템을 동정적 이해의 시각으로 분석했다. 그는 카스트제도가 어떻게 생겨났고, 어떤 존재 의미를 갖는지 고찰했다. 기존 관점과 정반대로 나아간 뒤몽의 견해는 사람들에게 카스트제도와 불평등을 합리화했다는 인상을 주었다. 그러나 그가 카스트제도를 분석하기 위해 사용한 개념적 기반은 레비스트로스가 제시한 것과 기본적으로 일치한다.

다만 양자는 다음과 같은 점에서 차이가 있다. 레비스트로스는 카스트제도가 앞서 말한 구분 원칙의 실험이 실패함으로써 생겨났다고 여기며 그러한 원칙을 긍정했지만, 역사 현실에서의 카스트제도는 비판했다. 반면 뒤몽은 그러한 원칙을 긍정하는 동시에 역사 현실에서의 카스트제도도 부정하지 않았다. 그는 카스트제도를 인류 문화의 다양성을 나타내는 중요한 사례로 보았고, 사회적 지위에 있어 평등 이외에 계층 원칙도 있을 수 있다고 생각했다. 즉 그는 평등 개념으로 계층적 인간의 원칙을 무시하거나 억압해선 안 되며, 계층과 평등 모두 인류 사회조직의 원칙에 속하기 때문에 낙후나 진보의 틀로 그것을 재단해서는 안 된다고 여겼던 것이다.

10

더 이상 당연하지 않다

야만인을 고정시키다

『슬픈 열대』를 읽는 한 가지 방법으로 책 속의 지적 밀도와 농도 그리고 소소한 이야기들을 수시로 의식하며 읽는 방법이 있다. 이러한 방법은 족히 박사 논문으로 발전시킬 만한 아이디어를 제공해 줄 수 있다. 실제로 책 속의 여러 장절章節이 1955년 이후에 인류학과 여타 인문학 영역에서 열띠게 논의·심화·확장되었다. 그 과정에서 중요하고 명쾌한 학술 노선이 형성되거나 새로운 지적 영토가 개척되었다.

겉으로 드러난 형식 면에서 볼 때,『슬픈 열대』제4부까지는 느슨한 기행문 형식으로 이루어져 있다. 그러나 제5부부터는 인류학적 민족지의 형식이 나타나며, 각 부의 제목은 모두 남아메리카 인디언 부족의 이름을 취했다.

1955년 이 책이 출판되었을 때, 서구 인류학은 이미 19세기부터 형성된 분과 학문의 기틀을 재조정하고 있었다. 19세기 말에 인류학은 고고학archaeology과 민족학ethnology으로 이루어져 있었다. 반세기 후 인류학의 틀은 네 분과가 서로 지탱하는 새로운 틀로 전환되었다. 바로 고고학, 체질인류학physical anthropology, 사회인류학social anthropology 또는 문화인류학cultural anthropology, 민족지가 그것이었다.

이러한 변화의 배경을 간단히 설명하기로 하자. Anthropology는 간단하고 일목요연한 단어다. 이 단어는 두 부분으로 나뉜다. 뒤에 붙는 −ology는 학과 또는 학문을 의미하며, 앞에 오는 anthrop−는 그리스어에서 인류를 총칭하는 집합명사다. 그 두 부분이 결합하여 인류를 연구하는 학문인 '인류학'을 의미하게 되었다.

최초에 인류학은 '인간이란 무엇인가?'라는 물음, 또는 '인간을 인간답게 하는 조건과 정의定義'에 관심을 둔 철학의 한 분과였다. 18세기 이후 그러한 철학인류학 외에 역사인류학이 등장해, 정의나 연역으로 인간을 탐색하기보다 인류 현실을 기록한 역사 자료에 기반해 자연과학이 광범위하게 운용하는 귀납법으로 '인간이란 무엇인가?'라는 물음에 답을 제시하고자 했다.

역사적 탐색은 시간을 거슬러 올라가는 방식을 취하기 용이하므로, 역사인류학 영역에서 갈수록 많은 사람이 흥미를 느끼는 문제들이 도드라지기 시작했다. 시간의 발전이라는 시각에서 인류는 언제 인류가 되었나? 그리고 그들이 언제 어떠한 조건을 갖게 되면서 인류로 인정받게 되었나?

이러한 문제의식에서 역사인류학은 빠르게 역사학과 분리되어 제 갈 길을 가게 되었다. 역사학은 문자 기록에 기초하며, 그러한 기록을 이해하고 정리함으로써 인간의 발전 과정을 설명한다. 달리 말해, 역사학은 인류를 인류로 인정하고 문자가 이미 존재한다는 전제, 즉 인류가 이미 동물로부터 벗어나 문자라는 독특한 도구를 발명했다는 전제에서 출발한다. 그러나 역사인류학이 던지는 질문은 다르다. 그것은 인류가 어떻게 이러한 모습을 갖게 되었나, 문자나 언어가 없던 동물 상태에서 문자와 언어를 가진 인류 상태로 변모하는 과정에 어떤 핵심 동인이 존재했나를 묻는다.

여기서 표현상의 역설이 만들어진다. 즉 역사인류학이 관심을 갖는 대상은 '역사 이전의 역사', 즉 역사가 존재하지 않았던 시기의 인류 역사인 것이다.

고고학은 지표면 아래에서 출토한 오래된 물건을 분석해 문자가 출현하고 역사적 기록이 형성되기 이전 인류의 모습을 이해하려 한다. 즉 시간을 거슬러 올라가 까마득한 과거에 인류가 남긴 활동의 흔적을 탐사한다. 민족학은 공간상으로 문명의 주변부 지역에 남겨진, 줄곧 역사에 편입된 바 없었던 인간에 관해 탐구한다. 즉 야만인을 연구한다. 야만은 문명에 대응할 뿐 아니라 역사에도 대응한다. 당시 그처럼 문명에 편입된 적 없던 야만인은 서구인의 눈으로 볼 때 역사를 갖지 못한 인간이자 현실에 존재하지만 진화하지는 못한 '화석동물'이었다.

당시 유행하던 진화론에는 이런 믿음이 있었다. 인류는 고정된 방향을 따라 진화하며, 점진적이고 단계적으로 야만에서 문명으로 나아간다. 그리고 문명 역시 점차적이고 단계적으로 간단한 것에서 복잡한 것으로, 거친 것에서 정교한 것으로 진화한다. 서구인이 아프리카, 아메리카, 오스트레일리아 등지에서 발견한 야만인은 진화론의 시각에서 볼 때 문명이라는 통근열차에 오르지 못한 인간이었다. 그들의 생활은 어떤 이유로 수천 년간 멈춰 있었고, 그들의 진화 또한 정체되었다.

이러한 진화론에 입각해서 당시 서구인은 현존하는 야만인과 먼 옛날 문명 시기 이전의 야만인이 동일하다는 인식에 조금도 의심을 품지 않았다. 고고학은 과거의 야만인을 연구하고, 민족학은 현존하는 야만인을 연구한다. 양자가 머리를 맞대면 문명 이전의 야만인에 대해 명확히 파악할 수 있으며, 야만이 문명으로 전환되는 과정 역시 분명하게 이해할 수 있다. 이것이 인류학의 사명이요, 학문적 역할인 것이다.

민족학에서 민족지로

20세기에 들어 과학주의의 위세가 드높아지자 모든 분과 학문 내부에 과학화를 부르짖는 목소리가 생겨났다. 또한 인류학에서는 '가장 과학적인' 영역인 체질인류학이 등장했다. 고대의 유해와 야만인의 체질에 관한 연구는 당시 급격히 성장한 의학 지식과 보조를 같이하며 발전했다. 그리고 자연과학의 측량과 화학 실험 방법을 운용하면서 빠르게 전문화되어, 사회과학과는 점차 거리를 둔 독립적인 체질인류학을 성립시켰다.

다른 한편, 인류학은 수백 년간의 적극적인 탐구를 거쳐

'인류는 언제 인류가 되었나?' 같은 근본 물음에 대한 초보적인 해답을 도출했다. 인류가 복잡한 소통 기술에 의존하는 특수한 사회조직을 구축했을 때, 말하자면 인류에게 '문화'라는 것이 생겼을 때 인류는 동물 상태에서 벗어나 인류가 되었다는 것이다.

이 학문 분과의 후속 관심사는 자연스럽게 사회와 문화에 대한 묘사와 해석이 되었고, 그에 따라 사회인류학 혹은 문화인류학이 탄생해 기존의 민족학을 두 층위로 나누었다. 즉 조사, 수집, 기록의 층위인 민족지와 정리, 귀납, 분석, 해석의 층위인 사회인류학 혹은 문화인류학으로 말이다.

앞서 언급한 민족지 방법론에 대한 말리노프스키 혁명 또한 이 시기에 일어났다. 참여식 관찰의 수행자가 특수하고 독립적인 훈련을 거쳐야만 '자각적인 이문화 기록자'의 역할을 맡을 수 있게 된 것도 그 무렵이다.

그는 자신의 문화와 상대 문화 사이의 차이를 자각해야 하고, 자신의 문화가 야기하는 편견을 의식적으로 억누르고 배제해야 한다. 또 최대한 상대 문화에 녹아들어, 객관적으로 드러난 그들의 언어와 행위뿐만 아니라 그들의 주관적 인식까지도 탐구해야 한다.

민족학에서 민족지로 이행하는 과정에는 근본적인 가치

조정이 있었다. 첫째, −ology에서 −ography로의 강등이다. 그것은 엄격하고 충실한 기록이 선행된 후에야 지식과 학문을 분석하고 귀납적 결론을 이끌어 내는 게 가능하다는 점을 강조했다. 조사자가 현지 조사를 떠날 때 품고 있는 지적 학문적 동기 자체는 조사 대상에 대한 기록을 방해한다. 그의 지식이나 학문 역시 그 문화가 낳은 편견이나 선입견을 내포하기 때문에, 참여식 관찰 방법이나 그것이 추구하는 이상과는 어울릴 수 없다.

둘째, 조사자는 외부적 관찰에만 머물러서는 안 되며, 그러한 관찰로 특정 결론을 이끌어 내어서도 안 된다. 이전의 민족학자들은 일정한 거리 밖에서 사건을 관찰했다. 만약 부락에서 두 사람이 서로 이야기를 나누다 점차 목소리를 높이고 마침내 서로를 밀치는 상황에 이르렀다면, 조사자는 "오늘 부락에서 어떤 사람들이 말다툼과 몸싸움을 벌였다"고 기록하거나, 심지어 "이 부락 사람들 사이에는 긴장감이 돈다. 그들은 자주 다투고, 말싸움은 종종 몸싸움으로 이어진다"는 결론을 내렸던 것이다.

민족지학자는 그렇게 하지 않는다. 그는 부락의 두 사람이 방금 일어난 일을 어떻게 대하는지, 그 일의 의미를 어떻게 이해하고 해석하는지 분명히 파악해야 한다. 왜냐하면 그들은 근본적으로 자신들이 다투었다고 생각하지 않을 수도 있고, 그들의 몸싸움은 습관적인 놀이일 수도 있으며, 몇 마디 말 끝에 큰 소리를 지르는 것이 놀이에 앞서 스스로를 고무하는 행위일 수도 있기 때문이다. 즉 그들이 내뱉는 언어는 일종의 의식儀式으로, 근본적으로 두 사람과 무관한 것일 수 있다는 말이다.

혹은 두 사람 사이에 자녀의 혼담이 오갔을지도 모른다. 한 사람이 의례적으로 상대방을 쓰러뜨릴 만큼 강한 불만과 거부를 표현하면, 우세를 점하던 여자 쪽 집안에 손해를 끼쳐 양가가 비등한 지위를 점하게 됨으로써 비로소 혼사가 이루어지는 것이다.

실제로 여러 부락에서 발생했던 이러한 사례들은 본래의 관찰 귀납법이 지녔던 오류와 위험성을 보여 준다.

이렇게 연구 방법이 조정되는 과정에서, 민족지학자는 이전에 당연하게 여겼던 문제를 가지고 이문화에 진입해 조사를 수행해서는 안 되며, 인류 문명의 기원을 해명하거나 인류가 인류로서의 면모를 갖추게 된 시점을 탐구하는 일에 집착해서도, 나아가 선입견을 가지고 그곳 사람들을 '진화되지 않은 인간'으로 여겨서도 안 된다는 점을 깨달았다. 이전의 모든 가정은 그들을 객관적 사실로부터 멀어지게 하고,

주관적 오해와 검증되지 않은 결론으로 이끌었기 때문이다.

　흥미로운 점은, 민족지 방법론의 혁명이 '어떻게 관찰할 것인가', '어떻게 기록할 것인가' 하는 기본적이고 저차원적인 문제만을 다룬 것으로 보이지만, 이후에 인류학의 탄생을 가능케 한 고차원적이고 총체적인 원칙과 인류학이라는 분과 학문의 성격을 규정하는 문제의식을 자극했다는 것이다.

　본디 민족학은 모든 야만 문화를 서구인의 상상 속에 존재하는 진화론의 거대 계보 내에서 평가하고 자리 매겼다. 그들에 의하면, 인류는 막 탄생한 0점 단계에서 진화를 거듭해 현대 유럽에 이르러 100점 단계에 도달했다. 이 과정은 대단히 길고 연속적인 계보를 형성한다. 이에 기초하여 민족학자들은 자연스럽게 눈앞의 부락을 평가했고, 도구, 공예, 조직, 자연신에 대한 신앙 등 각종 척도를 사용해 그들의 진화가 어느 지점에 이르렀는지 탐구했다.

　민족학이 민족지로 전환되면서 이러한 척도는 한쪽으로 밀려났다. 민족지는 문화의 내적 의미를 강조하며 모든 문화가 서로 다른 내적 의미 체계를 지녔음을 부각했고, 각 문화를 '진화 정도'에 따라 비교하는 태도를 배제했다. 민족지 학자는 먼저 해당 문명의 내부로 최대한 진입해 그것을 상세하게 기록하고자 했고, 겉으로 드러난 행위뿐만 아니라 내적 사상과 그것이 외적 행위와 맺는 관계 모두를 기술하려 했다. 이 문명과 저 문명, 그 밖의 모든 문명 사이의 관계는 민족지학자가 관심을 갖고 수행하는 작업의 범주 밖에 있었다. 만약 민족지학자가 그러한 것에 관심을 기울이느라 기록 작업을 정확하게 수행하지 못한다면, 그것은 민족지의 취지나 역할에 부합하지 않게 될 것이다.

민족지는 인류 문화를 이해하는 원시적 자료다. 특히 현대 산업 체계의 급속한 발전으로 토착 이질 문명이 급격히 소멸하면서, 민족지는 그 문명을 파악하기 위한 유일한 수단이 되었다.

동시에 민족지는 인류학이라는 분과 학문으로 나아가기 위한 필수 단계이기도 하다. 이 과정으로 진입하기 위해 반드시 거쳐야 할 훈련, 갖추어야 할 능력은 다음과 같다. 현지 조사 및 참여 관찰 요령, 편견의 배제 및 상대 문화에서 오는 충격을 해소하는 요령, 관찰한 자료를 분류하고 정리하는 요령. 이렇듯 고된 훈련을 마친 후라야 당신은 진정한 인류학자가 될 수 있다. 전근대적 문명 속에서 일정한 시간을 보내지 않고서는, 초보적인 현지 조사 경험을 거치지 않고서는 인류학자가 되는 길로 들어섰다고 인정받기 어렵다.

이문화는 멀리 있지 않다

레비스트로스는 당시에 이미 확립되었던 민족지의 관례에 따라 참여 관찰 당시의 경험을 기록으로 남기는 데 뛰어난 능력을 발휘했다. 이는 『슬픈 열대』 제5부 이후의 후반부를 장식하고 있다. 그러나 레비스트로스는 민족지의 규범에 온전히 부합하지는 않는 다수 요소를 그 안에 포함시켰다.

『슬픈 열대』는 자각적이고 동정적인 시선으로 이문화를 보았다는 점에서 전통적인 민족지의 규범에 부합했다. 반면 이문화적 관점을 적용하는 범위에 있어 레비스트로스는 전통 민족지학자와 달랐다. 민족지학자는 훈련을 통해 얻은 이문화의 안경을 쓰고 그가 기록하려는 지역이나 부락으로 들어간다. 그러나 레비스트로스는 항상 그 안경을 쓰고 있었던 것처럼 보인다. 그는 민족지 훈련으로 얻은 안경을 내면화해 그것을 결코 벗지 않았고, 그것을 세계를 보는 방편으로 삼았다.

예를 들어, 각종 준비를 마치고 타이베이를 출발해 베이난족卑南族 난왕南王* 부락에 도착한 민족지학자는 한족의 입장, 중국 문화와 현대 문화가 주입한 편견 등을 최대한 배제하고 베이난족의 의식주와 가무, 축제 등을 관찰할 것이다.

---

* 타이완 원주민 중 하나로, 베이난강(卑南溪) 남안과 타이둥(臺東) 쭝구(縱谷) 평원에 분포한다. 베이난족은 두 계통에서 유래했다고 알려져 있는데, 난왕 계통이 그중 하나다. (옮긴이)

2개월 후 타이둥에서 타이베이로 돌아온 그는 자연스럽게 난왕 부락에서 취했던 조심스러운 태도를 버리고 본래의 타이완 사람이 되어 타이베이의 현대적 생활에 젖어 들 것이다.

레비스트로스는 타이베이로 돌아왔지만 타이베이의 현대적 생활로는 돌아오지 않은 사람이라 할 수 있다. 이제 그는 난왕 부락의 이문화를 바라보는 시선으로 타이베이와 타이베이 사람들의 생활을 본다. 그는 일반적인 '정상' 생활과 태도를 버리고 이문화에서 취한 자각적 상태를 고도로 유지하는 것이다.

이를 달리 표현해 보면, 타이베이역 승강장에서 타이둥행 기차를 기다리는 레비스트로스가 난왕 부락에서나 사용할 만한 안경을 쓰고 주변 사람들, 그들의 행위, 승강장과 철로 등을 관찰하면서 그것을 '이질화', '이문화화'하는 것과 마찬가지라 할 수 있다.

이문화의 시선으로 관찰하고 기록해야 할 것이란 무엇일까? 레비스트로스에게 그것은 명확하게 정해져 있지 않았다. 그는 자기 자신과 자신의 일상 문화 모두를 이문화로 인식했다.

『슬픈 열대』 18장에서 레비스트로스는 다음과 같이 서술한다.

지명이 잘못 붙여진 음울한 에스페란사항을 나는 지구상에서 발견할 수 있는 가장 이상한 지역으로 기억한다. 유일하게 그곳과 비견될 수 있는 곳은 뉴욕주의 파이어아일랜드일 것이다. 내가 이 두 곳을 한꺼번에 상기한 까닭은 서로 매우 유사했기 때문이다. 두 곳은 가장 모순적이고 대립적인 것을 결합시켰고, 지리적으로나 인문적으로 황당함을 표현하고 있었다. 비록 그 황당함의 성격은 사뭇 달랐지만 말이다. 하나는 익살스러운 반면 다른 하나는 사악하다는 점에서.

그는 대학의 긴 휴가를 이용해 '진정한 탐험'을 감행했다. 두 토착 집단과 접촉하려 했던 것이다. 그 이상한 에스페란사항에 도착해서 그는 또 다른 이상한 지역을 연상했다. 그러나 그 지역은 낙후한 곳이 아니라 고도로 현대화된 미국 뉴욕의 인근 지역이었다.

파이어아일랜드는 조너선 스위프트가 창조해 낸 지역과 무척 닮았다. 그곳은 롱아일랜드 해안 밖에 뻗어 있는, 길이 80킬로미터, 폭 200~300미터에 아무런 식물도 자라지 않는 모래섬이었다. 파이어아일랜드의 대서양 쪽 해안은 파도가 거세 수영을 할 수 없는데, 다른 쪽 해안은 바람이나 파도가 잔잔함에도 물이 너무 얕아 마찬가지로 수영을 할 수 없었다. 섬에서의 유일한 오락거리는 먹을 수 없는 물고기를 잡는 일이었다. 모래사장에는 일정한 간격으로 다음 문구가 적힌 안내판이 설치되어 있었다. "잡은 물고기는 썩지 않도록 즉시 모래 밑에 매장하시오." 파이어아일랜드의 모래언덕은 모습이 일정치 않았고, 바다와 접한 부분은 자주 함몰되었다. 그 때문에 또 다른 안내판에는 여행객이나 주민이 바다에 빠지지 않도록 모래언덕에서 멀리 떨어지라는 당부가 적혀 있었다. 파이어아일랜드는 베네치아와 반대로 땅은 유동적이고 통로는 도리어 견고했다.

베네치아는 도로가 있어야 할 곳에 수로가 있어 사람들이 물에 포위되어 있다. 반면 파이어아일랜드의 도로는 도로이고 땅은 땅이지만, 그 땅이 액체처럼 유동적이어서 언제라도 꺼질 수 있다. 그에 비하면 베네치아의 운하는 불변적이고 신뢰할 만한 것이었다.

섬 중앙에 있는 마을인 체리그로브의 주민들은 나무판자와 말뚝을 사용해 보도를 설치할 수밖에 없었다. 그것이 마을의 도로망을 구성했다. (……) 이곳에는 주로 남성끼리의 동성 부부가 거주하는데, 의심할 나위 없이 그들은 모든 것이 거꾸로 되어 있는 이 지역에 매료된 것이 분명했다. 이곳 모래땅에서는 독성이 있는 담쟁이덩굴 외에 어떤 식물도 자라지 않았다. 모든 일상용품은 매일 섬 안의 유일한 상점에서 구매해야 했다. 상점은 선창의 끄트머리에 있었다.

본래 이곳은 20세기 초중반에 게이 커뮤니티가 있던 곳이었다. 이곳의 해변에서는 수영을 할 수 없었고, 식용 물고기를 낚을 수 없었으며, 토양은 견고하지 않았다. 이곳에는 사람들을 끌어들여 정착하게 할 만한 그 어떤 조건도 없었지만, 결국 그와 같은 특별한 사람들을 유혹했다. 그들은 다른 사람들이 이주해 오길 꺼릴 가장 좋은 조건을 갖춘 곳을 찾아냈으며, 그것이 다른 사람들의 멸시와 간섭에서 그들을 벗어나게 해 주었다. 하지만 그들이 이곳에 정착한 후 그들의 생활은 이 섬 안에 또 다른 '뒤집어 놓은' 풍경을 창조했다.

모래언덕보다 조금은 견고하고 높은 보도를 따라, 아이를 낳을 수 없는 남성 커플이 유모차를 몰며 집으로 돌아가는 광경을 볼 수 있었다. 그 보도는 매우 협소했기에 유모차는 가장 적합한 운반 도구였다. 유모차에는 주말에 마실 우유가 담긴 작은 병이 들어 있었지만, 그 우유를 마실 아이는 없었다.

유모차를 모는 것은 아이의 부모가 아니라 아이를 낳을 수 없는 남성 커플이었다. 유모차 안에 있는 것도 아이가 아니라 아이의 몫이 아닌 우유 등 잡동사니였다.

익살극 같은 파이어아일랜드에 관한 설명을 듣고 나면, 에스페란사항에 대한 레비스트로스의 묘사도 그리 놀랍지 않을 것이다. 생각해 보면, 뉴욕주의 파이어아일랜드가 주는 이질감이 브라질 주변부의 에스페란사항보다 크면 컸지 작지는 않을 것이다. 레비스트로스는 파이어아일랜드와 우리 사이의 이문화적 거리를 목도하고 그것을 부각했다. 그러한 거리는 문명과 비문명, 야만과 비야만 따위와 아무런 관계가 없다. 파이어아일랜드의 주민은 그야말로 현대 문명인이지만, 그들의 생활이나 그들이 창조한 경관은 레비스트로스가 묘사한 것처럼 우리 눈에 더할 나위 없는 이문화로 보이는 것이다.

에스페란사항은 1,500킬로미터에 이르는 철로의 종착점에 위치해 있다. 그것은 기괴하고 이상한 철로였다. 철로가 통과하는 지역에는 사람이 거의 살지 않았다. 하지만 기왕 철로가 놓였으니, 그 위로 기차가 다니지 않을 수 없었다. 기차는 매주 두 차례 운행했다. 그리고 기차의 운행으로 1,500킬로미터에 달하는 철로에 세워진 기차역을 관리할 사람이 필요해졌다.

기차는 에스페란사항에 도착하기 전 늪지대를 지났다. 아무도 그런 기차를 타고 늪지대를 지나 에스페란사항에 가야 할 이유가 없었다.

파이어아일랜드와 에스페란사항은 기이하고 황당한 인문 경관을 보여 준다는 점에서 레비스트로스에게 유사하게 인식되었다. 모든 기이하고 황당한 인문 경관은 그의 이문화적 시야가 묘사하고 기록하는 범위에 포함되었다.

필연성의 전복

『슬픈 열대』22장은 이렇게 시작된다.

(······) 여전히 생기발랄한 데다 본래 전통에 충실하고 의심을 품지 않는 사회를 대면할 때, 그 영향력은 대단히 강력해서 어찌할 바를 모르게 만든다. 그처럼 복잡다단하고 혼란

스럽게 얽힌 사회를 이해하기 위해서는 어디서부터 손을 대야 좋단 말인가?

이는 민족지학자가 일반적으로 직면하는 문제다. 일찍이 현대 문명과 접촉한 적도, 현대 문명에 의해 개조된 적도 없는 부락에 들어갈 때 가장 큰 문제는, 그 부락이 여전히 완전한 체계를 유지하며 자체적으로 순환하는 사회적 논리를 갖고 있다는 점이다. 그곳 사람들의 생활은 모두 그 논리에 의해 유지되기에, 그러한 체계에 익숙해지지 않으면 그 사람들의 개별 행위를 이해할 수도, 평가할 수도 없다. 하지만 개별 행위의 의미를 이해하고 난 후 그 전체 체계는 또 어떻게 이해할 수 있을까? 그들의 문화와 현대 문화가 일찍이 충돌한 적 없다는 사실은 양자 사이에 간극을 낳는다. 그들이 아무리 자신들에 대해 적극적으로 설명한다 해도 그 내용을 상대에게 제대로 전달하기는 어렵다. 왜냐하면 그들은 민족지학자에게 익숙한 현대 문명, 관념, 어휘를 통해서가 아니라 자신들이 속한 체계를 통해서 설명할 것이기 때문이다. 말하자면 설명이란 행위 자체는 자기지시적이다.

여기에는 민족학에서 민족지로의 전환에서 발생하는 커다란 차이점이 존재한다. 이전의 민족학자는 자신의 문화적 가치로 상대 문화를 평가하려 했다. 그들에게 자신의 문화적 가치란 두말할 필요도 없는 전제였다. 민족학자는 낯선 현상을 대면했을 때 그러한 전제에 의존해 답을 찾고, 이해와 평가의 실마리를 발견했다. 그들은 깊이 고민하거나 의심할 필요를 느끼지 못했다. 분과 학문의 방법론 차원에서 민족학은 이문화 현상을 현대 문명의 체계 안에서 평가했지, 그것 자체의 체계 속에서 다루려 하지 않았다.

앞에서 든 예를 살펴보자. 두 사람이 큰 소리로 말하며 손발을 놀리는 것을 본 민족학자는 당연하다는 듯이 "두 사람이 소리를 지른 후 싸웠다"고 기록할 것이다. 왜냐하면 그에게 익숙한 현대 문명에서 그와 같은 행위는 다툼을 의미하기 때문이다. 그러나 민족지학자는 민족학자와 같은 확신을 갖고 있지 않다. 그는 큰 소리로 말한 후 서로 손발을 놀리는 행위가 해당 문화에서 어떤 의미를 갖는지 확정하지 않는다. 그는 그러한 행위를 자체 문화의 의미 체계로 환원함으로써만 비로소 적절한 기록 방법을 발견할 수 있다.

민족지학자나 기록자는 인내심을 갖고 이문화 체계로 들어서는 실마리를 찾아야만 그 문화 체계에서 큰 소리로 말하고 손발을 놀리는 행위가 뭘 뜻하는지 알 수 있다. 그러나 일단 그와 같은 탐구 여정을 개시했다면, 찾아낸 답안이 설사 "두 사람은 말다툼 끝에 몸싸움에 이르렀다"라 해도 그는 더 이상 과거에 당연시했던 자신의 문명에 머물지 않고 전혀 다른 지적 상황으로 들어선 것이 된다. 그는 조심스럽게 다음과 같이 예상할 것이다. "혹시 어떤 문화에서는 큰 소리로 대화하는 것이 다툼이 아닌 사랑의 표현이지 않을까?" 또는 "어떤 사회에서는 손발을 놀리는 행위가 격해진 감정을 주체하지 못하는 행동이 아니라 어떤 의식儀式을 상징하는 행위가 아닐까?" 한편 그는 시선을 돌려 이렇게 자신의 인식을 조정할 것이다. "우리 문화에서는 낮고 작은 소리로 사랑을 속삭이지만, 이는 인류 행위의 보편적 규칙이 아닐 수 있다." "우리 사회에서는 몸싸움과 분노를 연결해 사고하지만, 이런 사고는 필연적이지 않을 수 있다."

모든 문화에는 저마다 자신의 체계에서 당연시하는 무언가가 있다. 그것은 우리가 평소 당연시하는 것이 당연하지 않다는 것을 드러내 준다. 민족지학자나 민족지 조사와 기록 훈련을 받은 인류학자는 "현대 생활을 인류 생활의 보편적 규범이라 여기는" 잘못을 쉽게 깨달을 수 있다. 우리가 믿는 인류의 본성 혹은 천성에 대해서도, 인류학자는 끊임없이 질문을 던지고 반복해서 오류를 수정하려 한다. 큰 소리로 사랑을 속삭이는 문화가 발견되면, 작고 낮은 목소리로 사랑을 표현하는 행위는 더 이상 인류의 본성 혹은 천성의 범주에 머물 수 없게 된다. 이제 그런 행위는 후천적인 사회 습속의 영향으로 만들어지는 행위의 범주로 옮겨지는 것이다.

레비스트로스보다 다소 늦은 시기에 활동한 프랑스 철학자 미셸 푸코는 그와 같은 길을 따라 더 먼 곳까지 이르렀다. 그는 모든 본성과 천성에 대한 논의는 '지식/권력'이 작동한 결과물이며, 가장 큰 권력은 진리를 구축하는 권력이라고 주장했다. 그가 볼 때 권력을 가진 사람들은 부분적이고 단편적인 지식을 진리로 격상시킨다. 그들은 자신의 지식에 부합하지 않는 현상을 배제하고 자신의 생활이나 습관을 진리로 드높여 차이를 제거하거나 억압한다.

레비스트로스는 푸코처럼 극단적인 입장까지 나아가지는 않았다. 그러나 그를 포함한 당시의 많은 인류학자가 인류 행위에 대한 기존의 보편적 준칙에 질문을 던지기 시작했다.

이원 대립: 레비스트로스 사상의 핵심

누가 '인간'에 가까운가?

카두베오족Caduveo을 조사하면서 레비스트로스는 낙태와 영아 살해 행위에 주목했다. 그들은 자신의 아이를 기르지 않았다. 그렇다면 그들의 부족과 마을은 어떻게 대를 이을 수 있었을까? 바로 다른 이들에게서 아이를 빼앗아 길렀다!

그곳은 우리가 자연스럽게 여기는 감정을 매우 혐오하는 사회였다. (……) 그들은 아이를 낳고 기르는 일을 대단히 싫어했다. 낙태와 영아 살해는 거의 일반적인 관습이었고, 부족의 존속은 생식이 아닌 입양에 의존할 정도였다. 전사의 출정 목적 중 하나는 다른 사람의 아이를 빼앗는 것이었다. 19세기 초에는 과이쿠루족Guaycuru 가운데 본래 혈통에 해당하는 인구가 10퍼센트도 되지 않았다.

우리는 누구나 자신의 자녀를 사랑하는 것이 인간의 천성이라 여기지 않는가? "호랑이가 아무리 사나워도 제 새끼는 먹지 않는다"虎毒不食子라는 말이 있듯, 자기 뱃속에 열 달이나 품었던 아이를 사랑하지 않을 어머니가 있겠는가? 그러나 카두베오족은 천성에 대한 우리의 가설에 도전한다. 그들은 그러한 행위의 의미를 해석하도록 우리를 몰아붙이며, 인간에 대한 우리의 인식을 조정하도록 강제한다.

이전의 민족학자가 이러한 현상을 보았다면, 단순하게 그것을 야만 행위로 규정하고, 그들이 야만 상태에 머물러 있는 까닭을 생존 투쟁과 관련된 한 원인에서 찾으려 할 것이다. 게다가 그러한 행위가 그 부족과 사회를 멸망케 할 것이라고 예측할 것이다. 그러나 민족지학자는 그럴 수 없다. 그처럼 경솔한 추론의 권한이 그에게는 없다. 그의 작업은 해당 사회의 특수한 차이점을 발견하고 그것을 충실히 기록해 다른 많은 민족지 기록과 비교할 수 있게 하고, 좀 더 보편적인 인류 문화의 시야와 기준을 구축할 수 있는 기회를 제공한다.

민족학자가 연구 대상을 판단하고 조사하는 데 활용하는 지식의 기준은 직접 이문화를 접하기 전에 이미 그의 머릿속에 확고하게 서 있다. 그러나 민족지학자는 주관적이고 의도적으로 그러한 기준을 뒤로 미뤄 두고, 기록이 기준에 선행하도록 한다. 왜냐하면 충분한 기록이 있어야만 기준을 지지할 수 있기 때문이다. 기록을 쌓는 것은 기준을 만들기 위함이다. 그러한 절차가 뒤바뀌어 선입견에 물든 기준을 가지고 이문화의 영역에 들어가서는 결코 안 된다.

레비스트로스는 민족지 조사 방식을 충실히 따랐다. 그는 외부의 기준으로 카두베오족의 특수한 행위를 판단하지 않았다. 그러나 그는 자신을 억제해 단순한 기록자의 역할에 머물게 하지 못했다. 그에게는 강렬한 해석에의 충동이 있었다. 그런 까닭에 그는 그 문화에 존재하는 다른 현상을 낙태나 영아 살해 행위와 연결해 해명하려 했다.

그가 끌어온 다른 현상이란 카두베오족의 '신체 그림'이었다.

우리가 방문한 카두베오족의 남자는 모두 조각가이고, 여자는 모두 화가였다. (……) 여자들의 특기는 도예와 가죽 장식 그리고 신체 그림이었다. (……) 그녀들의 얼굴이나 때때로 몸 전체에는 비대칭적인 아라베스크 문양이 그려져 있었고, 그 중간에는 정교한 기하학적 도형이 삽입되어 있었다. (……) 도예는 최근에 완전히 쇠퇴했다. 이는 그들이 신체 그림, 그중에서도 특히 얼굴 그림을 대단히 중시하며, 그것이 그들 문화 전체에서 중요한 지위를 점한다는 사실을 증명하는 듯하다.

먼 옛날 신석기 문화를 비롯해 많은 토착 문화에서는 도기의 문양이 발달했다. 그런데 카두베오족은 특이하게도 일반적으로 도기에 새길 법한 문양을 얼굴과 몸에 새겼고, 도기의 문양이 쇠락한 후에도 여전히 얼굴과 몸에 문양을 새겼다.

신들린 필치로 레비스트로스는 표면상 완전히 다른 행위인 신체 그림과 낙태와 영아 살해를 하나로 연결했다.

그러한 얼굴 그림부터 그들의 관행인 낙태와 영아 살해에 이르기까지 모든 행위는 자연에 대한 음바야족Mbayá*의 일

---

* 일찍이 파라과이강 양안에 분포하면서 몇 개의 부족을 파생시켰다. 카두베오족은 그중에서 살아남은 부족 중 하나다.

정한 혐오를 표현했다. (……) 카두베오족 예술이 그처럼 독특한 성질을 갖게 된 데에는 다음과 같은 비밀이 숨어 있었다. 즉 그들은 그러한 예술적 수단을 통해 신의 이미지의 반영물이 되기를 거부했던 것이다.

그들은 자연을 혐오하고 자연 상태를 혐오했다. 자신이 낳은 아이를 기르는 일은 자연을 따르는 일이고 자연 상태에 머무는 일이다. 마치 사람이 본래 모습 그대로 자신을 표현하는 일이 자연을 따르는 일이고 자연 상태에 머무는 일인 것처럼 말이다. 카두베오족은 그처럼 자연에 종속되는 일을 폄하했다. 그들은 자신의 힘으로 자연을 개조하려 했다. 그것이 그들의 '인문적' 기준이었다. 신체 그림을 새기는 것, 그리고 자신이 낳은 아이를 직접 기르지 않는 것이야말로 인간과 동물 간의 차이를 보여 주는 일 아닌가? 그들의 기준에서 볼 때, 레비스트로스와 같은 서구 현대인이야말로 매우 괴이쩍고 우둔하다. 그들은 이렇게 생각할 것이다. 어째서 서양인은 보다 '인간'처럼 행동하지 않는가? 어째서 스스로를 동물과 같은 '자연'의 수준으로 추락시키는 것인가?

정신 기능을 분석하다

이 내용은 레비스트로스의 대담한 통찰력을 보여 준다. 이 점이 그가 여느 민족지학자와 구별되는 부분이었다. 정통적인 영미 인류학 민족지학자는 일련의 고정된 형식을 갖고 있었다. 출산 방식, 친족 관계, 사회조직, 분배 체계, 권력 안배, 집단의식, 신앙 등이 그것이었다. 그들은 밖에서 안으로, 구체에서 추상으로 한 단계 한 단계씩 그것을 탐구해 나아갔다.

레비스트로스는 그러한 형식에 개의치 않았다. 그는 영미 인류학자의 '기능' 원칙을 신뢰하지 않았고, 기능으로부터 귀납으로 발전시키는 문화 기록 형식을 따르지도 않았다. 레비스트로스 역시 기능적 분석을 수행했지만, 기능을 영미 인류학자와는 다르게 정의했다. 카두베오족 문화의 신체 그림 행위를 사회 기능적으로 해석하기보다 정신 기능적으로 해석하는 게 낫다고 여겼던 것이다. 신체 그림의 기능은 무엇인가? 레비스트로스의 말을 되풀이하자면, "그들은 그러한 예술적 수단을 통해 신의 이미지의 반영물이 되기를 거부"했던 것이다.

레비스트로스가 선호하고 잘했던 것이 바로 그와 같은

'정신 기능' 분석이었다. 그는 정신 기능 분석을 사회 기능 분석 위에 둠으로써 우리가 정신 기능의 중요성을 분명하게 인식하도록 했으며, 기존 사회 기능 개념의 한계를 되돌아볼 수 있게 했다.

그들(카두베오족)에게는 사회조직의 모순을 해결할 수 있는 기회가 주어진 적이 한번도 없었다. 심지어 그러한 모순을 정교한 제도로 감출 수도 없었다. 하지만 사회적 층위에서 그들은 아직 사용하지 않았거나 고려하기를 거부했던 해결 방식을 결코 영원히 못 본 체할 수 없다. 그러한 해결 방식은 끊임없이 다종다양하고 은밀한 형태로 그들을 에워싼다. 설령 그들이 그것을 인식할 수 없고 현실 생활에서 응용할 수 없다 하더라도, 그들의 꿈은 그것의 출현을 막지 못할 것이다. 물론 그들의 꿈은 직접적으로 그것을 표현하지 못한다. 왜냐하면 그것은 그들이 지닌 선입견과 충돌하기 때문이다. 그들은 그것을 변형해 그들의 눈에 해롭지 않은 방식으로 표출한다. 그 방식이 바로 예술이다.

이는 그야말로 '문화적 꿈의 해석'이라 할 수 있다. 레비스트로스는 키두베오족의 예술을 그들 집단의 꿈속 풍경의 반영이라고, 그들이 현실 문제로부터 도피하는 방법이라고 생각했다. 그들은 사회조직의 모순이라는 구체적인 문제를 해결할 힘이 없기 때문에, 아예 실행할 수 없는 해결 방식을 억눌러 그 문제를 상기시키지 못하게 한다. 그러나 그러한 억누름은 완벽할 수 없기 때문에, 억압된 의식은 꿈에서와 같은 왜곡된 형식으로 그들의 예술에 반영된다. 예술은 꿈이다. 그것은 문화적 차원의 집단무의식을 전시한다.

레비스트로스는 이어서 말한다.

만약 나의 분석에 문제가 없다면, 카두베오족 여자들의 회화 예술이 지닌 신비한 매력과 불필요해 보일 정도의 복잡성은 일종의 사회적 환상으로 해석되어야 할 것이다. 그 환상이란, 어떤 상징적 수단을 찾아내 그 사회가 가질 수 있음에도 이익과 미신의 방해로 가질 수 없었던 제도를 나타내고자 하는 강렬한 욕망을 말한다. 이러한 문화는 굉장히 매력적이며, 그 문화의 미녀들은 자신의 신체 치장을 통해 전체 사회의 환상을 표현한다. 그녀들의 신체에 새겨진 그림은 도달할 수 없는 황금시대를 나타내는 상형문자이며, 그녀들은 치장을 통해 황금시대를 찬미한다. 그녀들에게는 그것을 표현할 다른 기호 체계가 없으므로, 그 황금시대의 비밀은 그녀들이 벌거벗을 때 남김없이 드러난다.

레비스트로스는 다음과 같이 강조한다. 신체 그림은 그들에게 오락도, 취미나 창작도 아니다. 신체 그림은 집단적 의미와 기능을 갖는다. 그림의 도식, 그 가운데서도 불규칙적인 선과 규칙적이고 기하학적인 선의 관계는 그들 사회조직에 반드시 있어야 할 구조를 상징한다. 그러한 구조를 얻는다면, 카두베오족은 내적 충돌과 모순을 해결할 수 있을 것이다. 그러나 그들이 생각해 낸 해결 방법은 사회조직 안에서 실현될 수 없기 때문에, 실현되지 못한 해답과 높은 기대감을 자신들의 몸에 추상적인 도안으로 남겨 둔다. 신체 그림은 일종의 기억이고, 보다 나은 사회를 향한 아쉬움의 흔적이다. 그것의 기능은 실질적인 사회 기능이 상실된 이후의 정신 기능으로, 또는 심오한 정신적 의의로서 출현한다.

정신 기능, 정신적 의의를 탐색함으로써 우리는 문화상의 차이 사이에 존재하는 연결고리를 찾아낼 수 있으며, 구조기능학파보다 더 광범위한 시야를 확보하게 된다. 사회 기능의 각도에서 보면, 신체 그림과 낙태와 영아 살해 사이의 관계는 물론 카두베오족의 예술과 사회구조 사이의 관계도 이해할 수 없다.

레비스트로스에게는 '생각하기 좋은 것'good for thinking 이 가장 중요하다. 그가 볼 때 특정 문화의 감각적 선호는 내재적이고 보다 근본적인 세계 분류로부터 결정된다. 카두베오족이 아름답다고 여기는 신체 그림은 표층적인 시각적 즐거움보다는 심층적인 세계관과 이상理想에 의해 결정된다. 신체 그림의 도안은 그들의 인간관과 세계관을 내포하기 때문에 '아름다운' 것으로 평가된다. 그것은 진정 'good for looking'(보기 좋은 것)이 아니라 'good for thinking'인 것이다.

마찬가지로 훗날 『신화학』에서 레비스트로스는 '날것과 익힌 것'의 기본 대립을 통해 다음과 같은 내용을 우리에게 전한다. 특정 문화에서 어떤 음식은 먹을 수 있고 어떤 음식은 먹을 수 없다고 여기는 기준은 미각이 아니라 그 배후의 세계 분류 의식에 의해 결정된다. 어떤 음식이 사람들에게 맛있다고 평가되는 이유는 'good for eating'(먹기 좋은 것) 때문이 아니라 'good for thinking' 때문인 것이다.

대칭의 비대칭성

우리는 모두 상징 질서 안에서 살아간다. 문화 통합을 이루는 가장 큰 힘은 상이한 현상 배후를 관통하는 상징 질서다. 그러므로 구조기능학파가 기능의 각도에서 사회구조를 보는 것은 완전하지 않다. 많은 문화 현상이 명확한 기능을 지니지 않음에도, 그들은 '기능 구조' 속에 집어넣을 수 없는 것을 구조 밖에 남겨 둔 채 단지 우연으로 치부해 버린다.

레비스트로스의 견해에 따르면, 문화는 그토록 많은 우연성을 갖지 않는다. 정신 기능이나 상징 질서의 각도로 보면, 보다 많은 요소를 사회를 통합하는 'good for thinking'의 구조 안에 집어넣을 수 있으며, 이로써 특정 문화의 내적 완전성과 명료성을 높일 수 있다.

레비스트로스는 정신 기능과 상징 질서를 기록하고 분석하는 많은 도구를 창안해 냈다. 예를 들어 그는 카두베오족의 예술적 도안을 분석하기 위해 다음과 같은 도구를 사용한다.

(……) 예술의 역동적인 활동 과정, 즉 각 모티프가 상상되어 그림으로 나타나는 과정은 모든 층위에서 기본적인 이원 대립성과 서로 교차한다. 일차적인 주제가 먼저 쪼개지고 그 후 이차적인 주제가 다시 조합되는데, 이때 이차적인 주제는 첫 번째 주제의 일부분을 사용하여 잠정적인 총체성을 구성하고, 이차적인 주제는 다시 서로 뒤섞여 원래의 총체

성이 재차 출현하도록 한다. 마치 다시금 상상되어 나타나는 것처럼 말이다. 마지막에 이러한 방법으로 얻은 복잡한 도안은 재차 분할되었다가 문장紋章의 십자형처럼 4등분으로 교차되고 재조정되며, 두 가지 도안을 서로 마주 보는 방식으로 사분면의 구조 속에 배치할 때, 그 안의 모든 도안은 서로 대응하는 도안의 축약이거나 변형이 된다.

책 속의 부도附圖를 가지고 비교 독해를 하는 듯한 이 서술로는 레비스트로스가 도대체 무슨 말을 하는지 이해하기 어렵다. 또 그의 어떤 설명이 도안의 어떤 지점, 선의 어떤 부분을 지시하는지도 알기 어렵다. 그러나 중요한 것은 레비스트로스가 사용하는 개념이 근본적으로 시각적이지도 도상적이지도 않다는 사실이다. 그는 의도적으로 음악적 어휘(그가 음악가 집안 출신임을 상기하라)를 사용해 카두베오족의 도안을 서양 고전음악의 변주곡으로 고쳐 쓰고 있는 것이다.

그가 카두베오족의 도안을 묘사하는 문구는 베토벤의 회선곡回旋曲 악장을 고스란히 옮겨 놓은 듯하다. 좀 더 정교하게 말하자면, 레비스트로스는 베토벤의 회선곡 악장의 주제 배치 형식을 빌려 카두베오족의 예술 도안을 묘사하고 이해하려 했던 것이다. 이렇듯 레비스트로스는 함축적으로 시각과 청각의 이치를 정신 기능 속에서 통합한다.

또한 레비스트로스는 카두베오족의 문화를 트럼프에 비유한다.

이들의 문명은 유럽 사회가 전통 유희에서 만들어 낸 문명 형태와 실제로 매우 닮아 있다. 그 전형은 일찍이 루이스 캐럴의 풍부한 상상력에 의해 빚어진 바 있다. 기사騎士의 모습을 한 인디언은 트럼프의 인물들과 대단히 흡사하다. (……) 인디언에게도 왕과 왕비가 있다. 그들의 왕비는 마치 『이상한 나라의 앨리스』의 왕비처럼 전사들이 가져온 사람의 머리를 가지고 노는 것을 매우 좋아한다.

이 글은 20장의 첫머리에 등장한다. 흡사 되는대로 내뱉은 농담처럼 보이는 이런 비유에 대해 레비스트로스는 이 장이 끝나가는 부분에서 진지하게 설명한다.

이제 우리는 왜 그러한 (신체 그림의) 스타일이 트럼프의 미묘한 변형을 상기시키는지 설명할 수 있게 되었다. 모든 트럼프의 도안은 두 가지 요구를 충족하고 이중적 기능을 수행해야 한다. 그것은 하나의 독립체로서 두 대립자 사이의 대화나 대결에 쓰일 수 있어야 한다. 또한 다른 카드들과 관계를 맺으며 전체 게임에서 각 카드에 부여된 역할을 수행해야 한다. 이렇듯 복잡한 성질은 카드에 다음과 같은 임무를 달성하도록 요구한다. 즉 기능 면에서는 대칭을 이루어야 하고, 역할 면에서는 대칭을 이루지 않아야 한다. 이러한 문제를 해결하는 방법은 트럼프의 사선을 중심으로 대칭되는 구도법을 사용하고, 비대칭되는 구도법을 사용하지 않는 것이다. 기능과의 충돌이 일어나더라도 상반되고 완전히 대칭되는 구도 방식은 피할 수 있으며, 이로써 상술한 상황과는 상반되는 결과를 낳을 수 있다.

우리는 어릴 적부터 두 사람 혹은 그보다 많은 사람이 원탁에 둘러앉아 트럼프 놀이를 하며 기사, 왕비, 왕 등의 도안을 봐 왔고, 그러한 도안을 식별해 낼 수 있었다. 그러나 대다수 사람들은 트럼프 도안의 구조 원리에 대해 진지하게 생각해 보지 않았을 것이다. 더구나 그러한 원리 배후에 존재하는 요구에 관해서는 더더욱 탐구해 본 바 없을 것이다.

그러나 레비스트로스는 트럼프의 도안이나 카두베오족의 신체 그림 도안에 깊은 관심을 가졌다. 왜냐하면 거기에는 분명한 충돌이 존재하며, 동시에 그러한 충돌을 해결하고 모순을 갈무리하라는 요구 또한 강하게 나타나 있기 때문이었다. 그것은 대칭적이면서 동시에 비대칭적이다. 즉 어떤 각도에서 보면 대칭적이나 다른 각도에서 보면 비대칭적이며, 그 대칭과 비대칭의 변화는 서로 뒤섞일 수 없다. 이 문제를 어떻게 해결할 것인가?

바로 사선의 대칭 방식으로 해결할 수 있다. 트럼프도, 카두베오족의 신체 그림도 그러한 방식으로 해결했다. 여기서 핵심은 다음과 같다.

그러므로 카두베오족 예술의 스타일은 우리가 일련의 복잡한 문제와 대면하도록 한다. 우선 그것은 마치 거울궁전에 있는 듯, 어떤 이중구조를 연속되는 평면 위에 투사한 것과 같다. 남자와 여자, 조각과 회화, 구상과 추상, 각과 곡선, 기하학 도면과 아라베스크 문양, 목과 배, 대칭과 비대칭, 선과 면, 주변과 중심, 단면과 공간, 도안과 배경 등의 이중구조를 말이다.

이중구조와 그 융합 및 극복은 레비스트로스가 가장 흥미로워한 주제였다. 겉보기에 병존할 수 없으며 이분법으로 나누어 병렬해야 하는 것을 어떻게 하나의 문화 체계에서 융합한단 말인가? 레비스트로스는 도처에서 그러한 문제와 현상을 보았고, 항상 민감하게 그것을 끄집어내 지치지도 않고 논했다.

이는 그 자신이 주관적으로 어떻게 믿는가, 그것을 좋아하는가 싫어하는가와 무관하고, 심지어 그가 어떻게 경계 가르기를 시도하는가와도 무관하다. 그 또한 그 시대 프랑스 철학 교육의 산물이었기에 어릴 적 받은 철학 교육이 그에게 남긴 사고 습관이 줄곧 배어 있었다.

그것은 바로 '이원론'적 사고 습관을 말한다. 앞에서 이미 읽었던 6장의 문장에서 레비스트로스는 철학을 이렇게 비판했다. "……각종 명사를 동원해 두 관점을 동일한 진실의 두 보완면 ― 형식과 내용, 용기와 내용물, 존재와 외관, 연속과 단절, 본질과 실존 등 ― 으로 삼는다." 레비스트로스는 이와 같은 철학의 언어유희를 경멸했다. 그러나 언어유희 배후의 사고 형식 ― 현실을 보는 두 측면, 즉 모순적이거나 상보적인 또는 모순적인 성격에서 상보적인 성격으로 전환하는 ― 에 관해서는 시종 진지하게 고민했다.

심지어 우리는 이렇게 말하기도 한다. 레비스트로스의 개념에서 문화의 최대 역할은 모순들을 서로 보완하고 공존케 하여 자연이 본래 제공하지 않았던 전체성과 정합적 안전 감을 획득하고, 인류가 다른 생물보다 우세를 점하도록 하는 것이라고 말이다.

이원론에의 집착

레비스트로스는 심정적으로 영미 인류학에 공감했고, 프랑스의 지적 전통과 멀리 떨어져 있었다. 그러나 그와 일반적인 민족지학자나 인류학자 사이의 가장 큰 차이점은 분명 그가 깊이 영향을 받은 철학적 훈련에서 비롯되었다.

혹 우리는 정신분석학의 관점으로 돌아가 이렇게 말할 수도 있을 것이다. 그와 같은 이원적 철학 분석 체계가 레비스트로스의 가장 근원적인 문화 관찰 방법의 배경이 되었기 때문에, 그는 「나는 어떻게 하여 민족학자가 되었는가」에서 일부러 자신과 그러한 철학 체계를 분리해 사람들이 그의 연원과 지적 유형을 쉬이 알아채지 못하게 했다고 말이다.

이분법적 체계는 보로로족Bororo 문화에 관한 그의 기록에서 뚜렷하게 나타난다. 그는 다음과 같이 말한다.

보로로족이 신앙을 바꾸도록 하기 위한 가장 효과적인 방법은 기존의 원형 촌락을 포기하고 평행으로 늘어선 집에 거주하도록 만드는 것이다. 일단 방위를 혼란스럽게 하고 원시 전통을 반영한 촌락의 구도를 상실케 하면, 인디언들은 빠르게 자신의 전통에 대한 감정을 잃고 말 것이다. 그들의 사회제도와 종교 체계(우리는 양자가 사실상 분리될 수 없음을 곧 이해하게 된다)는 지나치게 복잡해, 만약 촌락의 구도를 통해 구체적으로 드러나지 않는다면, 그리고 일상 활동을 통해 부단히 상기하지 않는다면 존속할 수 없을 것이다.

왜 이런 원형 촌락의 구조가 그토록 중요한가? 그리고 왜 촌락의 배치는 철저히 이분법적인가? 여자들이 기거하는 가옥이 둘러싸고 있는 촌락의 중앙은 남자들의 모임 장소로, 이 구조는 남성과 여성의 이분법적 배치를 보여 준다. 그리고 촌락 정중앙에는 보이지 않는 선이 있어 보로로족 내의 두 반족半族을 명확하게 분할한다. 그중 한쪽은 세라라 불리고 다른 한쪽은 투가레라 불린다.

두 반족 사이에는 엄격한 통혼이 이루어진다. 이쪽 반족의 남성은 오로지 다른 쪽 반족의 여성과만 결혼할 수 있고, 그 사이에서 태어난 아이는 어머니의 반족에 속하게 된다. 가옥 또한 여성에게 속하며, 남성은 결혼 후 아내가 속한 반족의 집에서 살아야 한다. 그런데 여기서 또 다른 이원 현상이 생겨난다. 여성은 계속 같은 집에 사는 반면, 남성은 유동적으로 자기 어머니의 집에 살다가 나중에 아내의 집으로 옮겨 가며, 많은 시간을 남성 집단의 모임 장소에서 보낸다. 남자들의 모임 장소가 마련된 이유도 자기 소유의 집이 없는 남성들에게 어머니나 아내 소유의 공간에서 도피해 갈 곳이 필요했기 때문이다.

나아가 두 반족과 초월 세계 사이에는 각기 다른 연관 관계가 있다. 모든 주술사는 투가레 반족에 속한다. 여기서 주술사는 정령이나 악령과 교류하는 사람을 일컫는다. 그들은 악령을 모시고 악령과 공생 관계를 맺는다는 점에서 특권을 갖는데, 나중에는 악령이 주술사를 부리는 것인지 아니면 주술사가 악령을 부리는 것인지 대단히 모호해진다. 주술사는 악령과 사람 사이의 중간자다. 다른 한편으로 '영혼의 길을 다스리는 자'가 있는데, 그는 반드시 세라 반족이어야 한다. 그 '다스리는 자'는 초월 세계의 부름을 받았기 때문에 사람들에게 특별한 힘을 줄 수 있다.

주술사와 '다스리는 자', 투가레와 세라는 겹겹의 이원 관계를 파생한다.

주술사는 천상과 지상의 힘을 주재한다. 그는 열 번째 하늘로부터 땅밑 깊은 곳까지 관할한다. 그가 통제하고 또 의지하는 힘 또한 하나의 수직 축을 따라 배열된다. 그러나 영혼의 길을 다스리는 자는 망자가 머무는 두 촌락이 있는 동과 서를 잇는 수평 축을 관할한다.

하나는 종적이고 다른 하나는 횡적이다. 즉 방향에서 이원 관계를 구성한다. 또한,

모든 보로로족 신화에서 투가레의 영웅은 창조자이자 조물자인 반면, 세라의 영웅은 화평을 이루고 조직을 하는 자다. 전자는 물, 강, 물고기, 식물, 인간 등을 존재케 하는 반면, 후자는 조직과 창조의 과정에서 사람들을 역경으로부터 구하고, 특정한 먹이를 각종 동물에게 분배한다.

한쪽은 창조하고 다른 한쪽은 창조의 과정과 질서를 조율함으로써 분업에서 이원 관계를 구성한다. 이것이 끝이 아니다.

정치와 종교 권력을 지닌 세라 반족은 '약자'로 불리지만, 투가레 반족은 '강자'로 불린다. 투가레는 물질세계와 가깝지만 세라는 인간세계와 가깝기 때문에, 후자는 전자보다 결코 더 강한 힘을 가질 수 없다. 사회가 우주의 질서를 완벽하게 기만할 수는 없기 때문이다. 보로로족 사이에도 자연의 정복에 앞서 자연의 권위를 인정하고, 자연의 요구를 먼저 고려해야 한다는 인식이 존재하는 것이다.

이렇듯 하나의 물질과 자연, 하나의 정신과 인간도 영역상의 이원 관계를 갖는다. 그리고 이러한 이원 관계는 두 반족의 강약을 통해 보로로족의 신앙을 표현한다. 즉 자연이 인간보다 더 강하다는 세계관에 따라 인간을 제어하고 통치하는 것은 강자가 아니라 약자이며, 약자만이 자연과 조화하고 소통하는 능력을 가질 수 있다는 신앙 말이다.

이분법 또는 이원론은 사물을 두 측면으로 나누는데, 이 두 측면이 서로 맺는 다양한 관계는 레비스트로스가 가장 좋아하고 또 가장 잘 운용하는 문화 해석 양식이자 그가 보기에 가장 근본적인 문화적 이미지였다. 인류 문명의 오묘함은 어떻게 그 이원성을 운용해 두 측면을 서로 협력시키거나 대립시켜 보다 고차원적인 새로운 이원 관계를 형성하는가에 있다. 즉 대립 속에 존재하는 협력, 협력 속에 존재하는 대립이 서로 나선형을 그리며 상승해 보다 높은 차원의 이원적 조합을 이루는 것이다.

인류 문명의 모든 기제는 서로 층위가 다른 이원적 대상들의 운동에 포함될 수 있다. 레비스트로스 이론의 핵심 역량인 동시에 치명적인 결함은 그 이분법적이고 이원론적인 개념에 대한 집착이라고 할 수 있다.

문화원소표의 수립

레비스트로스는 민족지를 기록하면서 그 문화에 대한 해석을 병행했고, 동시에 그것을 가장 보편적인 이론과 대비해 분석했다. 그는 원시 자료와 객관적 기록, 귀납 정리와 주관적 해석을 도저히 구분할 수 없었다. 주관적 해석의 틀 없이는 문화 조사나 기록을 진행할 수 없었던 것이다. 그는 보로로족의 거주 분포를 기록하는 동시에 그렇게 분포하는 이유를 기록해야만 했다. 그의 입장에서 그런 일련의 해석은 보로로족의 거주 분포도와 마찬가지로 객관적이었다. 다만 하나는 이론상 객관적이고 다른 하나는 현실상 객관적이었을 따름이다.

레비스트로스가 지닌 또 하나의 매력은 대단히 노련하게 인류학에서 가장 낮은 단계의 기층 작업과 가장 높은 단계의 궁극적 이상을 한데 뒤섞었다는 점이다. 그는 보로로족의 거주 분포도를 제작하면서 동시에 "인류 문명은 어떻게 형성되어 존재하게 되었는가?"라는 문제를 고찰한다.

『슬픈 열대』 20장에서 그는 이렇게 말한다.

어떤 사회의 갖가지 관습을 총체적으로 고찰해 보면 저마다의 스타일을 발견하게 되는데, 그 스타일이 바로 체계를 형성한다. 나는 이러한 체계의 수가 무한하지는 않으리라 믿는다. 인류 사회의 놀이, 몽환, 망상 등은 개인의 그것과 마찬가지로 아무런 이유 없이 생겨난 것이 아니다. 그것은 모두 하나의 이상에서 생겨났을 여러 가지 상황 가운데 선택된 몇 가지 유한한 결합 형태일 따름이며, 그 이상에 따른 모든 상황은 한정될 수 있다.

그가 수행한 것은 바로 '그 이상에 따른 모든 상황'을 한정하는 일, 말하자면 인류 사회와 문화가 만들어 낸 현상을 근본적인 형식으로 귀납하는 일이었다. 표면적으로 뒤죽박죽이고 거의 무한하기까지 한 현상의 나양성을 압축시켜 준

이론적 도구가 다름 아닌 이분법과 이원론이었다. 기이하고 복잡한 문화 현상 속에서 그것을 양분하는 상상 가능하고 정신 기능을 지닌 구획선을 발견해 낸다면, 구획선의 이쪽과 저쪽의 관계를 쉬이 파악할 수 있고, 그러한 문화 현상을 '생겨났을 여러 가지 상황'의 좌표 안에 적절히 배치할 방법을 찾을 수 있을 것이다.

이는 화학의 원소주기율표와 유사하다. 화학자는 이 세계에 존재하는 무수히 많은 종류의 물질이 유한한 '원소'로 이루어졌다고 생각한다. 어떤 물질을 연구하거나 기술할 때, 화학자는 본능적으로 그 기본 성질 ─ 질량, 경도, 물질 상태, 녹는점, 연성延性과 전성展性 등등 ─ 을 측량할 뿐 아니라 기존의 원소주기율표를 기초로 그 물질의 분자 구조를 해체해 '원소 분석'을 진행한다. 화학자는 물질에 대해 기록하는 동시에 "이것은 어떤 물질인가?"라는 질문에 대답을 시도한다. 이런 질문에 대한 답은 실질적으로 "이것은 어떤 원소가 어떻게 결합해 만들어진 물질인가?"에 대한 답이라 할 수 있다.

레비스트로스는 그런 의미에서 '문화 화학자'라 할 수 있다. 일반인이나 비전문가가 보는 '물'은 전문 화학자의 눈에는 수소와 산소라는 두 원소가 특정한 비율과 방식으로 결합한 결과물로 보일 것이다. 마찬가지로 일반인이나 비전문가가 보는 '주술'이나 괴상한 의식은 전문 인류학자의 눈에는 몇 가지 근본적인 문화적 원소가 특별한 방식으로 결합해 나타난 결과물로 보일 것이다. 그들에게 그것은 그리 괴상하지도, 특이하지도 않을 것이다. 화학자는 우리가 호흡하는 공기와 마시는 물이 표면상 큰 차이가 있어 보이더라도 양자 사이에 확고한 유사성이 있음을(모두 산소 분자를 포함한다) 알고 있다. 마찬가지로 인류학자는 꿀과 재가 외견상 대단히 다름에도 둘 사이에 분명한 유사점이 있음을 알고 있다(레비스트로스의 『신화학』에 나오는 해석을 보라).

레비스트로스는 평생 '문화 원소'를 분해하는 방법을 찾으려 하는 한편 '문화원소표'를 수립하려 했다. 그는 인류학의 라부아지에*이자 멘델레예프**가 되고자 했던 것이다.

구조와 다양성의 모호성과 모순성

레비스트로스는 사회와 인간이 모두 꿈을 꿀 수 있다고 본다. 그 둘은 모두 실현될 수 없는 집단의 의지를 꿈속에 투

---

* 앙투안 로랑 라부아지에(Antoine Laurent Lavoisier, 1743~1794). 프랑스 화학자로 '질량 보존의 법칙'을 발견했고, 처음으로 물을 산소와 수소로 분리해 근대 화학의 아버지로 불렸다. (옮긴이)
** 드미트리 이바토비치 멘델레예프(Dmitrii Ivanovich Mendeleev, 1834~1907). 러시아 화학자로 원소주기율표를 발명했다. (옮긴이)

사한다. 예술은 바로 사회 집단의 꿈으로, 사회의 좌절 또는 만족에 이르지 못한 욕망을 응축하고 있다. 이러한 각도에서 볼 때, 레비스트로스의 지적 활동은 사회적 정신분석이라 할 수 있다. 앞서 든 비유를 다시 사용하자면, 우리 눈에 보이는 물은 겉으로 드러난 의식과 같다. 그리고 우리가 물의 성질을 분석해 물이 두 개의 수소 원자와 한 개의 산소 원자로 이루어져 있음을 알게 된다면, 물의 무의식, 즉 물의 진정한 내면으로 진입했다고 할 수 있다.

이것이 바로 레비스트로스의 사회정신분석 방법론이다. 화학자처럼 그는 사회와 문화 현상을 분석해 그 안의 원소 구조를 복원하고 표면에 드러난 가상假象을 꿰뚫어, 내부의 보다 핵심적이고 진실한 구조와 무의식 층위에서 사회와 문화 행위를 결정하는 역량을 밝혀 낸다.

이러한 사상적 신념을 견지한 레비스트로스의 연구는 다른 인류학자와 다를 수밖에 없다. 그가 다른 이들보다 큰 영향력을 가질 수 있었던 이유가 바로 거기에 있다. 그러나 그의 연구가 인류학적 관심을 내포한다 하더라도, 거기에는 일생 동안 해결할 수 없는 모호함이 깃들어 있다. 야만인, 토착 부락, 문화, 카두베오족, 보로로족, 남비콰라족 등의 의미는 도대체 어디에 있는가? 그들에게 여전히 특수한 의미가 있는가? 인류학의 목표가 인류 행위와 문화의 구조를 찾아내는 것이라면, 꼭 야만인에 대한 조사와 연구를 경유할 필요가 있는가? 만약 우리가 찾아내려는 것이 인류 공통의 구조라면, 야만을 경유하는 것과 문명 또는 현대를 경유하는 것에 아무런 차이도 없지 않을까?

1980년대 이후 인류학에서 하나의 분파가 발전해 나왔다. 바로 '현대문화인류학'이다. 현대문화인류학은 인류학의 문화 관념과 이문화의 관찰 및 분석 방법을 사용해 오늘날의 현실 사회를 연구한다. 이러한 신흥 분과 학문에서 가장 인기 있는 것은 '유행인류학'이다. 사람들은 왜 화장을 할까? 왜 특정한 모습을 시류에 부합한다고 느낄까? 그리고 왜 유행은 변할까? 그러한 유행이나 시류를 결정하는 요소는 과연 무엇인가? 토착 사회의 문신, 신체 그림, 향연饗宴 등 문화적 개념으로 그러한 문제를 고찰함으로써 유행인류학은 흥미롭고 깊은 깨달음을 주는 많은 해답을 얻었다.

런웨이를 걷는 모델의 신체와 야만인의 신체 사이에 유사점이 없을 수 있겠는가? 모델이 자신의 외모를 뽐내는 방식 역시 우리가 문명의 기준으로 삼는 것을 위배할 만큼 기이하지 않은가? 그리고 그들의 신체는 '야만'스럽지 않은가?

이 점을 완전히 다른 각도에서 살펴보자. 만약 파리 패션쇼를 연구함으로써 인류가 신체를 활용하는 기본적 행위 양식과 의의를 파악할 수 있다면, 우리에게 야만인이 필요할까? 만약 인류학자가 파리 패션쇼에서 현지 조사를 진행할 수 있다면, 꼭 전통적 훈련을 거친 후 갈수록 발견하기 어려워지는 외딴 지역의 야만인을 찾아가 현지 조사를 진행할 이유가 있을까?

과거 야만의 가장 큰 기능은 문명과의 대조였다. 야만을 조사함으로써 문명의 성질을 더 잘 이해하고, 야만과 문명의 근본 차이를 조명함으로써 문명이 어떻게 생겨났는지 더 잘 파악할 수 있었다. 그러나 이는 모두 야만과 문명의 차이를 부각하는 작업이었다. 즉 '차이를 찾는' 태도를 통해서만 가능한 작업이었던 것이다.

그러나 레비스트로스의 구조 관념은 정반대 방향으로 나아가 '동일성을 찾는' 태도를 취했고, 야만과 문명 사이의 유사점을 강조했다. 이러한 입장에서 보면 레비스트로스에게는 야만인이 그리 필요하지 않았다. 야만과 문명의 공통 구조를 발견했다면, 야만인이나 토착 문화는 내팽개칠 수 있었던 것이다. '물고기를 잡으면 통발은 잊는다'는 격언으로 보자면, 구조는 '물고기'에 해당하고 야만인은 고기잡이에 필요한 '통발'에 불과할 뿐이다.

하지만 레비스트로스의 태도는 모호했다. 그는 평생 구조를 연구하는 동시에 아메리카 인디언의 토착 문화를 연구했던 것이다.

『슬픈 열대』23장은 '죽은 자와 산 자'에 관해 다룬다. 여기서 레비스트로스는 다음과 같이 말한다.

어떤 사회는 죽은 자를 편히 쉬도록 둔다. 정기적으로 경의를 표하기만 하면, 죽은 자는 산 자를 간섭하지 않는다. 설사 죽은 자가 산 자 곁으로 돌아온다 해도, 그것은 우연히, 정해진 시간 내에서만 이루어질 뿐이다. (……) 산 자와 죽은 자의 짧은 만남은 산 자의 이익을 원칙으로 하고 그것을 목표로 삼는다. (……) 이러한 생각과 대비를 이루는 또 다른 생각이 있다. (……) 어떤 사회는 (……) 죽은 자를 편히 쉬도록 두지 않는다. 그들은 죽은 자에게 산 자를 위해 일하도록 강제한다. 그중 어떤 일은 죽은 자의 시신을 실제로 이용하는 방식을 취한다. (……) 또 어떤 일은 상징적인 의미만 지닌다. 사회의 구성원은 권력 경쟁을 벌이며 필요에 따라 부단히 죽은 자의 도움을 요구하거나, 족보를 수단 삼아 조상의 이름을 빌려 그들이 얻으려는 특권을 정당화한다.

이는 중요한 결론이다. 그러나 흥미로운 것은 이러한 결론을 도출하기 전에 그가 보로로족의 종교 현상에 관해 묘사했다는 점이다.

그들은 종교를 당연한 것으로 여긴다. 남자들의 모임 장소에서 의식성儀式性을 띤 손동작은 그 밖의 손동작과 마찬가지로 아무렇게나 취해진다. 그들의 의식성을 띤 손동작은 어떤 특정한 결과를 얻고자 하는 실용적인 동작에 불과한 것처럼 보이며, 무신론자가 종교적 장소에 들어갈 때 취하는 존중의 태도조차도 전혀 없다.

우리는 사당이나 사찰에 들어갈 때 신앙의 유무와 상관없이 신상이나 불상에 합장을 한다. 또 유럽의 낡은 성당에 들어갔을 때, 더구나 그곳이 여전히 미사를 올리고 신도들이 긴 의자에 조용히 앉아 있는 성당이라면 평소 떠들썩한 관광객이라도 말과 행동을 조심할 것이다. 그러나 레비스트로스는 보로로족이 그러한 정신적 신앙과 일상 행동을 구분하지 않는 습관을 지녔다고 지적한다. 그들의 종교에는 일상 이외의 특별한 공간이나 분위기가 없다. 그들의 종교는 늘 벌어지는 일상 행위에 속해 있기 때문에, 세속적이고 비종교적인 행동과 분리되지 않는다.

서구나 이슬람 국가에서는 이러한 태도를 볼 수 없다. 미사를 드릴 때에는 어린아이조차 성가를 부르면서 가려운 곳을 긁지 않는다. 이슬람교도는 아무리 바빠도 하루에 다섯 번 자리를 깔고 메카를 향해 절을 올리며, 담배를 피우면서 회의를 하거나 기도를 하지 않는다. 거룩함과 속됨의 경계를 긋는 것은 필수이고 필연이다.

보로로족에게는 일상적이고 잡다한 시간과 공간만 있을 뿐이다. 모든 행위가 그 시간과 공간으로 들어올 수 있고, 그 것들은 서로 교차한다. 종교를 위한 별도의 시간과 공간은 없다. 사람들은 종교의식에 특별한 주의를 기울이지 않고 얼마든지 다른 일을 할 수 있다.

이러한 연속적이고 뒤섞인 태도는 삶과 죽음을 대하는 태도로 이어져, 산 자가 죽은 자를 끌어당기며 놓지 않는 상황을 연출한다. 그들에게 삶과 죽음은 분명하지 않고, 확실한 경계도 없으며, 연속적이고 서로 뒤섞여 있다.

레비스트로스의 묘사와 분석이 아무리 뛰어나다 해도, 그 배후에는 조화될 수 없는 모순이 존재한다. 한편으로 레비스트로스는 인류의 생사관과 생사 관계의 근본 구조를 드러내지만, 다른 한편으로 보로로족의 종교적 태도가 대단히 특수하고 인상적이라는 것을 보여 준다.

인류 문화는 공통된 구조를 지닌다. 그러나 또한 인류 문화에는 예상 밖의 불가사의한 풍경과 관점이 존재한다. 그렇다면 공통성과 다양성 중 어떤 것이 더 중요한가? 그리고 사람들이 공통성을 부정하지 않을 다양성의 정도가 있는가? 혹은 반대로 공통성이 우리에게 다양성은 표면적인 것일 뿐이라는 생각을 심어 주지는 않을까? 이 두 요소가 서로 평화롭게 공존하며 모순이나 충돌을 일으키지 않을 방법이란 없을 것 같다.

레비스트로스는 시종 모호한 입장이었다. 그는 줄곧 문화에 구조가 있다고 말하며, 문화 연구는 응당 그 구조를 모색해야 한다고 주장했다. 그러나 동시에 다양성에 대한 저술을 포기하지 않았고, 결코 구조로 모질게 다원성 혹은 다양성을 거부하지도, 구조를 발견했다 하여 인류 행위의 다채로운 면모를 확인하는 길로 우리를 안내하는 일을 그만두지도 않았다.

진정한 통찰

산 자와 죽은 자의 관계에 대한 레비스트로스의 간결한

규정 — 단절적인 것과 연속적인 것, 나뉘어 구별되는 것과 뒤섞여 구별되지 않는 것 — 은 인류학과 역사학에 큰 자극을 주었고, 많은 참신한 연구 결과를 이끌어 냈다.

그중에 중국 고대사 연구 영역에서 이뤄 낸 성취가 가장 대단하다 하겠다. 장광즈 교수는 고고학과 인류학의 각도에서 상商나라와 주周나라의 역사를 다시 들여다보았고, 두 나라의 역사적 시기에 있었던 변화에 대한 새로운 해석을 내놓았다.

상나라와 주나라는 상이한 왕조였을 뿐만 아니라 아예 문화 자체가 서로 달랐다. 하나는 동쪽에서, 다른 하나는 서쪽에서 유래한 문화였다. 두 문화는 100년 정도 공존했지만, 후에 연속되는 충돌과 거기에 잇따른 변화 속에서 주나라가 상나라를 무너뜨리고 상나라의 정치적 지위를 대신했다.

상나라와 주나라 문화의 핵심적인 차이를 밝히기 위해 장광즈 교수는 관련 사료를 꼼꼼하게 정리했으며, 마침내 하나는 '연속성'을 띤 문화이고 다른 하나는 '단절성'을 띤 문화라는 결론을 내렸다. 상나라인은 현실 세계와 조상(죽은 자)의 세계 사이에 절대적인 경계가 없다고 보았다. 그들은 죽은 자를 편안히 쉬도록 두지 않았다. 그들의 일상은 죽은 자와의 소통을 위한 의식으로 가득했다. 레비스트로스의 말을 빌리면, "죽은 자에게 산 자를 위해 일하도록 강제"했던 것이다. 상나라 문화의 가장 중요한 유물인 복골卜骨, 복갑卜甲, 청동기 등은 모두 산 자가 죽은 자와 소통하기 위해 사용한 물건이다. 레비스트로스의 말을 다시 빌리면, "그들은 죽은 자가 같은 방법으로 산 자를 대한다고 여겼다. 또 산 자가 죽은 자를 이용하기 때문에 죽은 자 역시 산 자에게 끊임없이 무언가를 요구하고, 산 자를 대하는 태도가 갈수록 무례해진다고 생각했다". 그러므로 그들은 죽은 자를 매우 공경했고, 모든 일에 대해 죽은 자의 의견을 물었다. 이는 산 자와 죽은 자의 영역을 더욱 공고하게 연결해 주었다.

상대적으로 주나라 문화에서는 산 자를 강조했고, 죽은 자는 산 자의 세계에 관여할 수 없다고 생각했다. 또 죽은 자와 산 자 사이의 관계가 죽은 자의 도움이나 명령이 아니라 그가 생전에 남긴 귀감과 모범, 기억과 기록에 의해 형성된다고 보았다.

상나라인은 죽은 자의 의견을 전달하는 무당이나 점술사를 중요시했다. 반면 주나라인은 역사를 중시했으며, 사관史官은 죽은 자가 생전에 축적한 경험과 지혜를 보존하려 했다.

주나라가 상나라를 대체하면서 훗날 2천 년간 지속된 중국 문화의 기본 특질이 결정되었다. 우리가 오늘날 알고 있는 중국 문화는 주나라로부터 전해진 것이다. 음산한 기운으로 가득하고 생사의 구분이 분명치 않았던 상나라 문화는 주나라에 억눌려 중국 문화의 주류에서 배제되었고, 결국 주변부나 밑바닥의 소소한 전통으로 전락했다.

장광즈 교수는 레비스트로스가 제시한 통찰력 있는 분류법을 차용해 2천 년간 이어졌던 사료적 편견을 뛰어넘어 상나라 문화의 근본 성격을 복원하는 대단한 작업을 수행할 수 있었던 것이다!

레비스트로스는 공통성과 다양성 사이의 모호한 관계를 해결하지 않았고, 심지어 해결하기를 거부했다. 그러나 그런 태도는 그의 영향력을 가로막기는커녕 오히려 강화했을지 모른다.

레비스트로스를 읽고 이해한 사람들은 그 양자 가운데 한쪽을 선택할 수 있다. 그러나 어느 쪽을 선택하든 레비스트로스의 저작은 많은 문제 해결의 실마리와 통찰력을 제공할 것이다. 또한 독자가 시간과 노력을 기울여 고민하게 하고, 마침내 풍성한 성과를 얻도록 할 것이다. 당신은 인류 문화에서 산 자와 죽은 자의 관계에 대한 기본 문법을 깊이 연구할 수도 있고, 산 자와 죽은 자의 관계를 다루는 특이한 현상을 수집하고 기록할 수도 있다. 기본 문법의 분석 방법에 관해 레비스트로스의 『슬픈 열대』는 훌륭한 모범 사례를 제공한다. 이 책은 레비스트로스처럼 독자도 연속이나 단절의 형식을 발견할 수 있도록 부추긴다. 또 특수한 현상의 수집에 관해서도 『슬픈 열대』는 뛰어난 전례를 남겨 놓았다. 이 책은 당신이 보로로족과 같은 생사가 뒤섞인 정신세계와 일상생활의 극단적 예를 식별하고 찾아내도록 고무할 것이다.

12

앞을 계승하고 뒤를 잇다

왜 쇼팽인가?

『슬픈 열대』37장에서 레비스트로스는 이렇게 회고
한다.

(……) 서부 마투그로수 고원에서 몇 주 동안 내 머릿속을
맴돈 것은 다시는 볼 수 없을지도 모르는 주변 사물들이 아
니라 좋지 못한 내 기억력으로 인해 제멋대로 수정된 진부
한「쇼팽 연습곡 작품 번호 10 제3번」의 선율이었다. 그 선
율은 당시 내가 깊이 의식하던 쓰라림과 비웃음으로 점철된

왜곡을 거쳐, 뜻밖에도 내가 등 뒤에 방치한 모든 사물의 구체적인 상징이 되었다.

그 후 그는 자신의 음악 경력을 설명한다.

왜 쇼팽이었을까? 나는 전부터 그의 작품을 별로 좋아하지 않았다. 성장 과정에서 내가 받은 교양 교육은 바그너를 높이 평가하도록 했고, 드뷔시를 알게 된 것은 아주 최근의 일이다. 그리고 그 전에 스트라빈스키의 「결혼」 2장인가 3장의 연주를 듣고 하나의 세계 전체를 본 듯한 느낌을 받은 적이 있었다. 그 세계는 내 눈에 브라질 중부의 초원보다 더 진실하고 풍부한 세계로 비쳤으며, 내가 음악에 관해 가졌던 기존의 모든 신념을 송두리째 무너뜨렸다.

분명 그의 음악 취향은 후기 낭만파의 거대 화성과 인상파와 전기 모더니즘의 '소우주' 실험이었다. 그것은 보다 큰 것 혹은 보다 작은 것이라는 두 극단적 방향으로 발전하는 음악이었다. 그 때문에 이러한 큰 의혹은 해석을 필요로 했다.

왜 쇼팽이었을까? 게다가 어째서 그의 가장 무미건조하고 중요하지도 않은 작품이 황야에 서 있던 나를 휘감았던 것일까? 이러한 질문을 스스로에게 던지는 일이 인류학적 관찰이라는 내 전문 분야의 일보다 더 큰 관심을 끌었다.

만약 우리 세대 사람들이 들었던 음악에 비유하면 이러할 것이다. 내가 젊었을 때 나를 포함한 모든 사람들이 비틀스를 들었다. 그러나 나중에 비틀스보다 도어스가 더 환상적이라는 사실을 알게 되었고, 좀 더 나중에는 영원히 잊을 수 없을 핑크 플로이드의 음악에 전율을 느꼈다. 이러한 음악을 듣고 자란 내가 어느 날 완전히 낯선 환경에 떨어져 특수한 풍경과 느낌을 접하게 되었을 때, 느닷없이 펑페이페이鳳飛飛*의 노래가 머릿속에 떠오른 것이다!

쇼팽의 이 작품은 널리 알려져 있고 쉽게 찾을 수 있는 곡이다. 쇼팽의 피아노 연습곡 가운데 가장 널리 사랑받는 곡으로, '이별곡'이라는 별칭이 붙어 있다. 곡의 앞부분은 아름다운 선율로 이루어져 있어 대부분 사람들이 허밍으로 따라 부를 수 있는데, 레비스트로스는 아마도 이 대목을 '무미건조하다'고 표현한 듯하다. 그의 말은 쇼팽의 음악이 지나치게 단순해, 자신이 좋아하는 후기 낭만파에서 인상파로 이

* 1970년대부터 1990년대까지 중화권에서 널리 사랑받은 타이완 출신의 전설적인 여가수. 2012년에 59세의 나이로 사망했다. (옮긴이)

어지는 음악의 복잡성을 결여하고 있다는 의미일 것이다.

　내 생각에 쇼팽에서 드뷔시로 향하는 과정을 반대로 되돌려 쇼팽의 곡을 다시 감상한다면 아마도 더 많은 깨달음을 얻을 듯하다. 내가 드뷔시를 좋아하게 만들었던 그 쾌감을 이제는 쇼팽의 작품에서 얻을 수 있게 되었다. 그러나 그 쾌감은 매우 함축적이고 불확실하며 쉽게 받아들여지지 않는 형식 아래에 있었다. 그로 인해 나는 처음에는 그것에 주의를 기울이지 못했고, 다만 가장 눈에 띄는 방식으로 표현한 작품만을 직접 선택했던 것이다. 이제 나는 이중으로 진보를 완수한 셈이었다. 왜냐하면 드뷔시 이전 시기의 작가와 작품을 보다 깊이 이해함으로써 그 작품에서 드뷔시를 먼저 알지 못했다면 감상할 수 없었을 아름다움을 발견할 수 있었기 때문이다.

　그는 무슨 말을 하고 있는가? 그가 우리에게 전하려 하는 깨달음이란 무엇인가? 그는 드뷔시 음악에 대한 애정을 통해 화성和聲, 형식, 감정의 서로 다른 표현 방식을 깨달았고, 나중에 이러한 것이 쇼팽의 음악에도 존재한다는 사실을 돌이켜 알게 되었다. 이후에 드뷔시에 의해 창조되고 도드라진 그와 같은 방식은 쇼팽의 작품에도 은근하고 심오한 형태로 보다 익숙하고 알아채기 쉬운 '무미건조한' 표현 아래 숨겨져 있었던 것이다.

만약 드뷔시가 아니었다면 우리는 쇼팽의 곡을 늘 같은 방식으로 익숙하게 감각되는 부분만을 들었을 것이다. 그러나 드뷔시의 곡을 듣고 나서야 비로소 우리는 드뷔시 이전 쇼팽의 곡에서 색다른 점을 느끼게 된다. 바꿔 말하면, 앞서 발생한 것이 뒤에 오는 것에 영향을 미쳐 계승 관계를 형성한 것이 아니라, 뒤에 온 것이 앞에 발생한 것에 영향을 미치고 그것을 결정하는 기묘한 뒤바뀜 현상이 일어나 뒤에 온 작품이 앞서 있었던 작품에 대한 우리의 인식과 이해를 바꿔 놓았다는 것이다.

레비스트로스는 이러한 '뒤바뀜'의 논리를 통해 쇼팽의 「이별곡」을 다시 해석한다.

그것은 마치 자신의 새로운 매력을 부단히 발산하는 것 같았다. 처음에는 느리게 모습을 드러냈고, 나중에는 선율의 선을 꼬아 머지않아 다가올 종말을 감추려는 듯했다. 얽혀버린 선은 더 이상 풀 수 없었고, 사람들은 회의를 품기 시작했다. 어쩌면 전체 곡이 곧 무너져 내릴 것 같았다. 그러나 돌연 다음에 오는 선율이 모든 것을 완벽하게 해결했고, 모든 도피의 과정을 보다 대담하게 드러냈다. 특히 앞에 출현했던 위험한 선율이 그와 같은 마무리를 가능하게 했다. 일단 최후의 선율이 귀에 들어오자 그에 앞섰던 모든 선율이 백일하에 드러나 새로운 의미를 갖게 되었고, 그 선율이 추구했던 것도 더 이상 우연한 것이 아니라 상상조차 할 수 없었던 마무리를 위한 준비 과정으로 여겨졌다.

레비스트로스는 「이별곡」을 그와 같은 방식으로 들을 수도 있음을 발견했다. 악곡의 후반부로 전반부를 해석하고, 후반부의 선율을 들은 후에야 전반부 선율의 의미를 이해할 수 있다는 것이다. 음악은 우리가 당연시하듯 앞에서 뒤를 향해 직선으로 흐르는 시간 예술인 것만은 아니다. 음악은 전반부가 후반부의 전제 조건이 되어 후반부를 일방적으로 결정하는 그런 것이 아니다. 음악에는 전도顚倒와 교차가 있어서 후반부가 전반부의 의미에 변화를 줄 수도 있고 후반부가 전반부를 결정짓거나 정의할 수도 있다.

음악뿐만 아니라 음악사도 마찬가지다. 우리는 베토벤의 음악을 들을 때, 독창적인 스포르찬도 선율에서 깊은 인상을 받는다. 베토벤이 스포르찬도로 리듬의 관성을 타파해 감정의 변화를 유도한다는 점을 이해할 만큼 그의 곡에 익숙한 사람이 베토벤의 작곡 스승인 하이든의 작품을 다시 감상한다면, 일찍이 그의 곡에서 듣지 못했던 것을 듣게 될 것이다. 하이든은 베토벤에 앞서 이미 리듬의 관성을 타파하기 위해 여러 실험을 했고, 감정 변화를 유도하는 방식을 창조했다. 다만 그의 곡이 베토벤만큼 희극성과 과장성이 없었을 뿐이다. 하이든의 독창성은 우리 귀로 잘 인지하지 못할 만큼 보다 보편적이고 안정적인 고전주의 형식에 감추어져 있다. 그러나 만일 베토벤의 희극적이고 과장된 표현을 접함으로써 감추어져 있던 것을 인지하게 되면, 우리는 하이든이 일찍이 썼던 곡에 대해 사뭇 다른 느낌과 감상법을 갖게 될 것이다.

역사도 그와 유사하다. 역사적으로 나중에 일어난 일이 도리어 우리를 대신해 앞서 발생한 일의 의미를 밝혀 주거나 숨겨져 있던 의미를 드러내는 경우가 있기 때문이다.

모든 경험은 현재적이다

이러한 관찰과 통찰력은 이미 민족지나 인류학과 무관한 것이다. 『슬픈 열대』를 끝까지 읽고 나면 이 책의 기본 방향을 깨닫게 된다. 이 책은 여행기에서 혹은 통속적인 경험의 기록에서 출발해 점차 전문적이고 학술적인 민족지와 문화 분석으로 나아간다. 이런 전개는 제6부와 제7부에서 다루는 보로로족과 남비콰라족에서 정점에 이른다. 그리고 제8부에서 투피카와이브족Tupi-Cawahib을 다룰 때, 레비스트로스의 필치는 고개를 떨구고 민족지로부터 차츰 멀어져 상식과 광범한 관찰의 영역으로 되돌아간다.

비록 제8부의 제목도 앞선 5, 6, 7부와 마찬가지로 아메리카 인디언 부족의 이름으로 되어 있지만, 그 집필 방식과 목적은 매우 상이했다. 제8부의 핵심은 투피카와이브족의 묘사나 분석에 있지 않았다. 레비스트로스가 거듭된 노력 끝에 어떻게 투피카와이브족을 만났나 하는 점에 있었다. 제8부에는 투피카와이브족과 직접적인 연관이 없는 수많은 내용이 삽입되어 있다. 주로 그가 투피카와이브족과 접촉하는 과정 중에 떠올렸던 생각과 느낌을 적은 내용이다. 이렇듯 그의 글쓰기는 갈수록 여행기와 비슷해졌다.

제9부는 이 책의 마지막 부분으로 제목은 '귀로'다. 여기서는 인디언과 남아메리카에 관한 내용은 거의 사라지고, 오로지 보들레르가 파리에 대해 가졌던 것과 흡사한 태도만 남는다. 레비스트로스는 시인의 민감함으로 "나는 결국 무엇

을 보았나?" "내가 진정 보고 느꼈던 것은 무엇인가?"라는 물음에 대해 사색한다.

책의 마지막 부분에서 시인의 정체성을 회복한 레비스 트로스는 여러 층위의 많은 비유를 사용한다. 머릿속을 맴돌며 메아리치는 쇼팽의 선율 역시 여행에 대한 하나의 비유였다. 관련 대목을 다시 읽어 보자.

일단 최후의 선율이 귀에 들어오자 그에 앞섰던 모든 선율이 백일하에 드러나 새로운 의미를 갖게 되었고, 그 선율이 추구했던 것도 더 이상 우연한 것이 아니라 상상조차 할 수 없었던 마무리를 위한 준비 과정으로 여겨졌다. 어쩌면 이것이 바로 여행의 본질일지도 모르겠다. 탐사하는 대상은 내 머릿속의 사막이지 내 주변에 존재하는 저 사막이 아닐지도.

프루스트의 명저 『잃어버린 시간을 찾아서』에서 화자는 어떻게 그 '잃어버린 시간'을 찾아 나섰을까? 바로 기억에 의지해서였다. 기억은 우리 머릿속에 들어 있어 언제든 떠올릴 수 있는 무엇이 아니다. 기억은 어떤 노력을 통해 소환되는 것이고 체험을 통해 인식되는 것이다. 보다 중요한 점은 기억이 과거의 시절을 여실하게 보존하고 있지 않으며, 단순히 과거의 경험 형식으로 존재하는 것이 아니라는 점이다. 매번 기억이 불러내는 것은 과거의 경험만이 아니다. 거기에는 불가피하고 필연적으로 현재적인 경험이 중첩되어 있다. 과거의 기억은 현재의 기억에 간섭을 받는다. 여덟 살 때 계단에서 미끄러져 넘어진 기억이 오랫동안 잊혔다 열다섯 살에, 서른 살에, 고향 집에서, 친구와 잡담을 나누다, 나이 들어 병상에서 각기 다른 느낌과 세부 기억을 품고 완전히 다른 의미를 띤 채 느닷없이 떠오를 수 있다.

프루스트가 쓴 것은 단지 다섯 살 때 잠자리에 들기 싫었던 어느 밤에 있었던 일도, 다섯 살 때의 의식이나 관념이나 언어도 아니었다. 어머니가 자신을 곧 떠날 것을 알고 있고 이를 경험했던 마흔 살의 폐결핵 환자가 질병으로 예민해진 시각과 청각이 뒤얽힌 채 그리 달갑지 않은 다섯 살 때의 어느 밤을 다시 경험하는 이야기였다.

여행은 짧은 기간에 집중적으로 낯선 감각을 자극한다. 마치 생활 풍습이 상이한 곳으로 이주해 생활할 때처럼 말이다. 그리하여 인상파 작곡가인 드뷔시의 음악이 거꾸로 낭만파인 쇼팽의 작품에서 색다른 세부 선율과 의미를 발굴하게 했듯이, 여행 중에 사람들은 자신의 시야를 전환해 주위의 낯선 사건과 사물로 자신의 창조적 안목을 깊이 자극하고 기억의 구도와 풍경을 다시금 들여다보게 된다.

'현대적 편견'의 쓰임

새롭게 이해된 쇼팽의 음악은 더 나아가 보다 큰 은유를 끌어냈다. 그것은 『슬픈 열대』를 초월했고 동시에 그 전체를 포괄했다. 레비스트로스가 한 그 말의 의미는 『슬픈 열대』를 읽은 후에야, 그리고 이후 수십 년의 노력을 기울여 집필한 4권짜리 그의 대작 『신화학』을 읽은 후에야 비로소 이해할 수 있을 것이다.

우리는 야만인과 야만 문화를 어떻게 대할 것인가? 또 우리를 따라 현대로 진입하지 않고 과거에 머물러 있는 사회와 문화를 어떻게 대할 것인가? 우리는 단지 '현대' 속에서 현대적 지식을 가진 채로, 말하자면 역사의 결과를, 현대의 출현과 발전과 승리를 이미 아는 상태에서 그와 같은 문화를 대한다. 따라서 우리와 그들을 대조하는 관점에서 그들의 연속, 정체, 낙후와 취약함을 본다.

인류학은 이제껏 '현대적 편견'에서 벗어나고자 했다. 특히 말리노프스키 이래 인류학은 객관의 중요성을 끊임없이 강조했고, 새로운 방법을 고안해 인류학자의 현대적 편견을 억제하려 했다. 그리고 인류학자에게 멀리 떨어진 야만 문화를 '여실히' 기록할 것을 요구했다.

그러나 레비스트로스는 다른 태도를 취했다. 기억이 이후의 경험이 미치는 간섭을 배제할 수 없는 것처럼, 야만에 대한 기록 역시 현대의 영향에서 자유로울 수 없다. 나아가 현대의 간섭을 의식하기 때문에, 우리는 도리어 그와 같은 야만 문화의 특수성을 명확하게 파악할 수 있다.

드뷔시의 음악이 일찍이 우리에게 모습을 드러내지 않았던 쇼팽 음악의 의미를 도드라지게 했던 것처럼, 현대 문명은 야만인조차 이해하지 못하고 객관적으로 드러낼 수 없었던 야만 문화의 가치를 부각시킬 수 있다. 현대에서 특별한 의미 — 유사한 의미이든 혹은 상호 보완적 의미이든 — 를 지닌 요소 역시 본디 예전에는 서로 다른 형식으로 야만 문화에 존재했다.

이 역시 현대적 편견인가? 그렇다. 하지만 그것은 편견을 통해 야만에 가치와 존엄을 부여한 정의正義다. 그것은 '시학적 정의' 혹은 '시적 정의'poetic justice라 할 수 있다. 야만에는 오늘날 우리가 현대인이 독점하고 있다고 생각하는 여러 사고의 형태가 반영되어 있다. 그리고 우리가 이미 망각하고 잃어버린 다양한 사고의 형태가 녹아 있기도 하다. 강력한 유비적 사유가 바로 그 예다.

만일 우리가 쇼팽의 음악만 듣거나 반대로 드뷔시의 음악만 듣는다면, 드뷔시의 음악을 통해 쇼팽과 드뷔시 사이의 심오한 연관성을 발견할 수 없을 것이다. 마찬가지로 우리가 어떠한 현대적 편견도 없이 모든 현대적 요소를 배제한 채 원시 부락에 들어간다면, 문화의 이후 변화를 통해 그 이전 문화의 상황을 고찰하는 데 요구되는 민감한 통찰력을 상실하고 말 것이다.

먼 여행의 의의

신이 된 인간은 더 이상 인간이 아니다

『슬픈 열대』 37장에서 레비스트로스는 쇼팽의 음악에 대해 서술한 후 한 편의 희곡을 소개한다. 그 자신이 엿새 동안 절반 정도 썼다가 방치해 버린 희곡이었다.

희곡의 제목은 「신으로 받들어진 아우구스투스」였다. 아우구스투스는 로마사에서 옥타비아누스가 얻은 영예로운 칭호였다. 옥타비아누스의 지위는 로마 신의 경지까지 높아졌다. 레비스트로스는 희곡에서 곧 '신으로 받들어지게 될' 옥타비아누스의 심정에 대해 사색했다.

홀로 남은 아우구스투스는 한 마리 매와 대화를 나눈다. 이 매는 일반적인 새도, 신성神性의 상징물도 아니었다. 그저 따뜻한 깃털을 가졌으나 악취를 풍기는 야생 매였다. (……) 이 매가 아우구스투스에게 말한다. 아직 인간이기에 벗어날 수 없는 혐오감은 신성성을 얻자마자 더는 느끼지 않게 될 것이라고. 또 신적인 아우라의 발산이나 기적을 행하는 능력으로가 아니라, 곁에 있는 야수의 악취나 배설물에 불쾌감을 느끼지 않는다는 데서 자신이 신이 되었음을 깨닫게 될 것이라고. 매는 신이 되면 썩은 시체, 부패물, 배설물을 대수롭지 않게 여기게 될 거라며 말한다. "나비가 당신의 목덜미에 앉아 교미를 할 것입니다. 당신은 어떤 곳에서든 편안하게 잠을 청하게 될 것이고요. 또한 지금과 달리 도처에 있는 날카로운 가시와 벌레, 세균을 더 이상 보지 않게 될 것입니다."

이러한 매의 말을 빌려 레비스트로스는 자신의 희곡에서 '신'의 관념에 대해 언급한다. 신이란 무엇인가? 신의 가장 큰 특징은 인간이 아니라는 점이다. 신은 인간과 달리 다양한 인성을 구별하지 않으며, 특히 인간과 자연을 구분하지 않는다. 당신은 인간으로서 무엇이 인간이 살기 적합한 환경인지, 무엇이 인간이 혐오하고 기피하는 현상인지 구별하려 한다. 썩은 시체, 부패물, 배설물뿐만 아니라 심지어 날아다니는 나비에도 사람들은 긴장할 수 있다. 그러나 신은 그렇지 않다. 어느 때 스스로 신이 되었다고 느낄까? 일반적으로 말하듯 "아우라가 번쩍이고 상서로운 기운이 만 갈래로 퍼져 나올 때"가 아니라, 인간이 따지는 것을 따지지 않을 때 혹은 차별하는 것을 더 이상 차별하지 않을 때다.

보통 '신으로 받든다'는 개념에는 여전히 인간적인 상상력이 개입되어 있다. 우리는 습관적으로 신을 보다 높고 권위 있는 인간 세상의 제왕처럼 상상한다. 그러나 이는 진정한 신이 아니다. 진정한 신의 우선 조건은 인간으로부터 벗어나 있으며 인간과 다르다는 것이다. 인간은 자연 밖에 거주지를 마련하지만, 신은 그러한 구분을 하지 않는다. 그 자신이 자연이기에 야생의 악취를 기피하지 않고 어떤 자연현상도 싫어하지 않는다. 심지어 자신과 그러한 현상을 분리해 생각하지도 않는다.

아우구스투스가 사람일 때에는 구별의 각도에서 사물을 바라보았다. 그는 '신으로 받들어지는' 일을 혐오하거나 두려워했다. 그러나 진정한 신이 된 후에는 혐오나 두려움의 감정이 자연스럽게 사라졌다. 왜냐하면 더는 구별할 필요가 없어졌기 때문이다. 이제 야수는 그의 일부분이 되었고, 그는 여느 사람들과 달리 그것의 공격을 두려워하지도, 악취를 혐오하지도 않게 되었다.

『슬픈 열대』에서 레비스트로스는 이 희곡에 대해 이렇게 말한다. "엿새가 지난 후 영감은 모두 고갈되었고, 희곡은 미처 완성하지 못했다. 한번 사라진 영감은 되돌아오지 않았다. 당시에 급하게 썼던 그 글을 다시 읽으면서, 나는 아깝게 여길 만한 어떠한 가치도 발견하지 못했다." 레비스트로스는 자신의 희곡을 매우 낮게 평가했으며, 시간을 들여 다시 완성하려 하지도 않았다. 그렇다면 어째서 그는 『슬픈 열대』에서 많은 분량을 할애하면서까지 그 희곡의 내용을 언급한 걸까?

혹 레비스트로스가 겸양했던 것일 뿐, 실제로는 그 희곡을 높이 평가했던 건 아닐까? 아마도 그렇지 않을 것이다. 내가 생각할 때 그는 진심으로 희곡을 좋은 작품이라 평가하지도 않았고, 그것을 보관하지도 않았다. 하지만 희곡에서 제기한 개념이나 문제는 그의 이후 삶과 학문적 추구에 대단히 중요한 의미를 던져 주었던 듯하다. 그가 그 희곡을 특별히 언급한 이유도 거기에 있을 것이다.

그가 중요하게 생각한 것은 자연과 사회, 자연과 인간 사이의 근본적인 대립 관념이었다. 방대한 『신화학』의 연구 체계에서 그는 인류의 모든 신화를 그러한 근본적 대립을 다루는 수단으로 간주했다. 신화란 무엇인가? 신화는 인간이 사회를 형성하고 자연에서 벗어난 후, 자연에 대한 기억을 처리하고 자연으로부터 오는 긴장, 자연과의 대립을 해석하기 위해 고안한 것이다. 각 문화는 천변만화하는 신화를 낳았지만, 그러한 변화무쌍함은 하나의 근본 원리로 환원될 수 있다. 그것은 자연과 사회의 대립을 해소하고, 신화를 믿는 사람에게 위안을 준다. 그들은 신화를 통해 대립 중인 자연에 대한 두려움과 혐오감을 떨칠 수 있는 것이다.

흑고니의 부재를 증명하기 위해

「신으로 받들어진 아우구스투스」에서 레비스트로스는 또 하나의 중요한 요소를 킨나*라는 역할을 통해 드러낸다. 킨나는 아우구스투스의 여동생 카밀레를 깊이 흠모했다. 그러나 그는,

사회의 풍습과 법률에 의거해서만 카밀레를 얻을 수 있었

---

* 일반적으로 기원전 1세기 로마의 집정관을 지낸 정치인 루키우스 코르넬리우스 킨나(Lucius Cornelius Cinna)를 가리키나, 여기서는 카이사르의 암살에 동참했던 이름이 같은 그의 아들을 지칭한다. (옮긴이)

다. 그러나 그것은 그가 받아들일 수 없는 일이었다. 킨나는 모든 기성 질서에 대한 도전을 통해서만 카밀레를 얻을 수 있었다. 그는 결국 은둔자의 명성을 얻어 사회가 쥐고 있는 패를 드러내도록 강제해 본래 사회가 그에게 주기로 되어 있었던 여인을 얻어 내려고 했다.

킨나는 대자연으로 들어가 자연적 생활을, 다시 말해 '비인간'으로서의 생활을 경험함으로써 사회에 대한 반항적 태도를 드러냈고, 이를 통해 은둔자의 명성을 얻었다. 은둔자로서 그는 자연에서 다른 이들은 경험할 수도, 참아낼 수도 없는 일을 겪었다. 그는 실로 탐험자나 다름없었다.

이제 킨나는 머리 위에 영광스러운 후광을 얹고 돌아왔다. 그는 모든 사교 모임에서 가장 환영받는 탐험가가 되었다. 그러나 그 자신만은 알고 있었다. 그가 큰 대가를 치르고 얻은 명성이 실은 거대한 거짓에 기초한다는 사실을. (……) 킨나는 아우구스투스가 얻기로 되어 있는 모든 것에 질투를 느꼈다. 그래서 아우구스투스의 제국보다 더 광대한 제국을 갖고자 했다. "나는 스스로 다짐했었다. 그 어떤 사람도, 심지어 플라톤 같은 사람이라도 이 세상 모든 화초와 잎사귀를 다 알 수는 없겠지만, 나는 알아내고야 말겠다고. 또 풍족한 곡물 창고가 딸린 안락한 집에서 사는 사람들은 상 상조차 할 수 없는 공포, 추위, 기아와 피로가 야기하는 감 각을 맛보겠다고. 나는 도마뱀, 뱀, 메뚜기 등 그대들이라 면 생각만 해도 비위가 상할 것들을 먹으며 입교 의식을 치 르는 이의 마음과 신념을 품었다. 나는 그런 것을 통해 나 자신이 우주와 새로운 관계를 맺고자 한다고 확신했다."

킨나와 우주 사이에 맺었다는 관계는 무엇인가? 바로 사회의 매개를 배제하고 인간과 자연이 맺는 직접적 관계, 즉 인간이 사회와 문화의 도움 없이 자연의 일부로 살아갈 때 생겨나는 관계다. 그것은 사실 아우구스투스가 '신으로 받들어진' 후 자연과 맺게 될 관계이기도 하다. 킨나는 아우 구스투스보다 더 일찍 그러한 비인간적 '신'의 경계에 진입 함으로써 아우구스투스에 대한 질투를 해결했다.

그러나 아이러니한 것은 '신으로 받들어지는' 의식을 거 치지 않고 자신의 노력에 의지해 자연에 진입한 킨나의 행 동이 또 다른 극단적 형태의 사회문화적 행동이었다는 것이 다. 그는 충동적이고 침략적이며 만족을 모르는 '파우스트적 정신'으로 자연으로 들어간다. 그는 모든 것을 맛보려 했고,

"이 세상 모든 화초와 잎사귀를 다 알 수 있기"를 바랐다. 그는 인간으로서의 '한계'를 극복하고 자연의 '무한함'을 품으려 했다.

그는 그것을 실행했고, 원하던 것을 얻었다. 최소한 표면적으로는 그것을 얻었다고 인정받았다. 사람들은 그에게 환호했고 그를 모든 연회에 초청했다. 카밀레 역시 그를 숭배하게 되었다.

카밀레는 그녀의 탐험가를 숭배하게 되었다. 그러나 탐험가가 그녀에게 들려주려던 이야기들은 거짓으로 가득 차 있었고, 그의 탐험 역시 헛수고에 불과했다. "설사 내가 그 경험을 이루는 구체적인 사건들이 덧없고 의미 없는 일이었노라 말했다 해도, 나의 모험담은 여전히 사람들의 넋을 잃게 하고 그들의 관심을 끌 수밖에 없었을 것이다. 그럼에도 나의 경험은 근본적으로 공허한 것이었다. 내가 본 대지와 이곳의 대지 사이에는 별다른 차이가 없었고, 거기서 본 잎사귀와 이곳의 잎사귀 또한 매한가지였다."

은둔자 혹은 탐험가는 이미 먼 곳엘 다녀왔고, 사회에서 벗어나 자연에서 생활했다. 이를 통해 그는 다른 사람들로부터 특별한 지위를 얻었다. 그는 "자신과 우주 사이에 새로운 관계를 맺은 것"처럼 보였고, 인간으로서의 한계를 극복하고 자연의 무한함을 획득한 것으로 여겨졌다. 달리 말하면, 카밀레를 비롯한 다른 이들의 눈에는 킨나 또한 이미 '신으로 받들어진' 존재였다. 문제는 그가 진정으로 외딴 자연에 머물렀는가 하는 점에 대해 다른 사람을 속인 것처럼 스스로를 속일 수는 없었다는 점이었다. 그는 알고 있었다. 그 자신이 여전히 '인간'이라는 사실을.

따라서 38장의 도입부에서 레비스트로스는 이렇게 말한다.

앞 장에서 묘사한 희곡의 우화는 비정상적인 생활 조건에서 긴 시간을 보낸 여행자가 드러내는 심리적 혼란을 나타낸다. 그러나 문제는 또 있다. 인류학자는 그의 선택이 초래한 모순을 어떻게 극복할 수 있을까? 그의 눈앞에는 연구 대상이 될 수 있는 현존하는 사회 — 즉 그 자신이 속한 사회 — 가 있다. 그런데 어째서 그 사회를 뒤로하고 자신의 인내심과 열정을 다른 사회에, 특히 어떤 경우엔 가장 멀리 떨어져 있고 가장 낯선 사회에 쏟고자 하는 것일까?

이 대목은 책의 가장 앞부분에서 그가 여행을 떠나기 전에 고백한 여행에 대한 회의와 호응한다. 여행이 끝나갈 즈음에도 그러한 회의는 사라지지 않고 여전히 남아 있다.

인류학의 여정이란 무엇인가? 우선 대다수 사람들이 가본 적 없고 경험한 적 없으며 목도한 적도 없는 곳에 가는 일이다. 그곳은 대단히 멀고 기이한 곳이기에, 너나 할 것 없이 특별한 무언가를 발견하리라는 높은 기대감을 갖는다. 여기서 특별함이란 일반적이고 정상적인 문명사회에는 존재할 수 없는 것을 일컫는다. 그렇지 않다면 뭐 하러 그토록 많은 힘을 소모하고 숱한 고통을 견디며 먼 데까지 가겠는가?

그와 같은 기대감이 외딴곳에서 특별한 요소를 발견하고자 하는 인류학자의 감각을 날카롭게 벼려 줄 수도 있다. 대양을 건너고 깊은 밀림에 들어가 갖은 고난을 견디며 몇 번의 죽을 고비를 넘긴 그는 결코 자신이 살았던 사회와 비슷한 도로, 상가, 생활 습관 따위에 주목하려 들지 않을 것이다.

인류학자의 여정은 출발 전에 이미 결정된다. 대다수 인류학자는 미리 설정된 틀에 따라 탐사의 의의가 높다고 여겨지는 지역으로 떠난다. 그러나 레비스트로스는 달랐다. 그는 여정 중에 억누를 수 없었던 감정을 진실하게 써 내려갔다.

외딴곳은 생각보다 특별하지 않다. 외딴 지역에 반드시 특별한 무언가가 있다고 보장할 수는 없다. 그는 그 지역에서 끊임없이 익숙한 현상을 발견했고, 스스로에게 질문을 던졌으며, 심지어 자신을 저주하기도 했다. "어째서 이 먼 곳까지 온 것인가? 정말 내가 살던 환경에서는 이런 것을 알 수 없었단 말인가?"

물론 '진실'하다는 표현은 온전한 해석을 제공해 주지 않는다. 중요한 것은 레비스트로스와 달리 다른 인류학자들은 자신의 기대가 어긋난 데서 오는 실망감과 허무함을 진실하게 밝히지 않았다는 것이 아니라, 레비스트로스의 내면에 이미 인류 문화를 하나의 총체로 이해하려는 신념이 줄곧 자리하고 있었다는 것이다. 그는 보편적이고 공통적인 인류 문화의 구조와 총체적 의미가 있다고 생각했다. 따라서 그는 그 구조와 총체적 의미를 발견하고 증명하려 한 것이지, 그들의 문화에서 상이한 면모를 발견하려 한 것이 아니었다.

그는 고니가 희다는 사실을 아는 사람이 고니가 희다는 것을 증명하기 위해 도처에서 고니를 찾아다니는 사람과 흡사하다. 그는 고니를 찾아다니지 않을 수 없다. 왜냐하면 한 마리의 흑고니만 출현해도 그의 가설은 뒤집어질 것이기 때문이다. 그러나 그러한 가설을 뒤집을 흑고니를 발견하지 못했다면, 고니의 목이 길든 짧든, 날개가 비대하든 수척하든, 울음소리가 높든 낮든 상관없이 그에게 고니는 모두 같은 것이 된다.

인류 문명의 다양성은 무한할 수 없다. 이는 레비스트로스의 신념으로, 그가 멀리까지 가서 증명하고자 했던 것이다. 그는 끊임없이 다양성 속에 깃든 규율을 발견했고, 다양성 속에서 하나의 원칙을, 야만과 문명의 공통된 논리를 추출해 냈다. 즉 그는 자신이 그토록 멀리까지 갈 필요가 없었던 까닭을 증명해 냈던 것이다.

희곡에서 킨나는 분명 인류학자의 은유라 할 수 있다. "내가 본 대지와 이곳의 대지 사이에는 별다른 차이가 없었고, 거기서 본 잎사귀와 이곳의 잎사귀 또한 매한가지였다." 그러나 그는 실제로 은둔했고, 은둔자와 탐험가라는 명성을 얻었다. 그리고 그가 사람들에게 '유사함', '똑같음', 여정의 무료함에 대해 이야기하려 해도, 사람들은 그 말을 들으려 하지 않았을뿐더러 곧이듣지도 않았다.

한 번 가면 족하다

본래 1년으로 계획된 여정이었지만, 8개월 만에 레비스트로스는 그 누구라도 이문화의 환경에서 8개월 이상 체류할 수 없음을, 그리고 이문화를 진정으로 체득할 수 없음을 인정하고 말았다. 그는 이문화를 계속 기록한다 하더라도 이문화를 제대로 이해할 방법은 없다고 여겼다. 하지만 사람들은 이문화에 대해 궁금해하면서도, 이문화가 사실은 자신들의 문화와 그리 다르지 않으며 매우 따분할 뿐이라는 얘기는 듣고 싶어하지 않는다. 설령 그런 얘기를 듣는다 해도 믿지 않을 것이고, 믿는다 해도 이해하지 못할 것이다.

레비스트로스는 외딴곳의 탐험을 마친 인류학자가 결국 거짓말을 할 수밖에 없음을 인정했다. 문명 세계의 청중은 늘 문명의 그림자 아래에서만 살아왔다. 그들은 당신이 이문화의 시공간에 오랫동안 체류하면서 보다 높은 차원의 유사성과 공통점을 발견했다는 사실을 이해하지 못한다. 문명의 그림자에 파묻힌 그들은 문명과 야만의 차이, '이곳'과 '저곳'의 차이만 알 뿐이다. 그 표면을 열어젖혔을 때 드러나는 유사성과 공통점은 청중의 공감을 이끌어 내지 못한다.

『슬픈 열대』의 마지막 부인 「귀로」는 서술 기법으로나 서술 시간으로나 제1부로 되돌아감으로써, 우리에게 제1부의 제목이 괴이쩍게도 '여행의 시작'이 아니라 '여행의 마감'이었음을 일깨운다. 이 책은 '마감'에서 시작해 '마감'에서 종결되는 '이중 종결'의 고리를 형성한다.

확실히 그것은 '이중 종결'이 틀림없었다. 레비스트로스에게 집필이 끝났다는 것은 그의 인류학 여정이 종결되었고 다시는 그 여정에 오르지 않을 것임을 의미했다. 동시에 레비스트로스는 야심만만하게 과거 사람들이 이해하던 인류학적 탐험 또한 거기서 종결되었음을 선언했다.

우리는 더 이상 스스로를 속이지 말아야 한다. 우리는 문명의 그림자 아래서 살고 있는 사람들이 이문화 또는 야만 속에서 8개월간 생활한 후 얻은 그 깨달음을 느끼고 의식할 수 없음을 인정해야 한다. 너무나도 많은 기이한 현상을 경험해 더 이상 다른 현상이 특별하게 느껴지지 않고 기이한 것이 기이하게 여겨지지 않을 때, 현상은 구조에 자리를 양보하게 된다. 이제 외딴곳은 본래 의미를 잃고, 우리는 집으로 돌아갈 수 있게 된다. 왜냐하면 고향에서도 발견할 수 있는 그러한 구조를 찾아 굳이 외딴곳까지 갈 필요가 없기 때문이다. 구조의 각도에서 생각한다면, 반드시 외딴곳에 가야만 찾을 수 있는 것은 사소한 것이 분명하다. 그것은 구조의 손바닥에서 벗어날 수 없는 현상들의 재주넘기에 불과하기 때문이다.

8개월 후에 그는 마침내 하나의 이해에 도달했다. 외딴곳에서 볼 법하고 경험할 법한 것은 문명에서의 그것과 다른 것이 아니라 같은 것이며, 우리를 구조의 통찰로 안내할 수 있는 것이다. 그렇다면 이러한 깨달음을 외딴 지역에 가 본 적 없는 사람들에게 어떻게 전달할 수 있을까? "8개월의 경험 후 우리가 얻은 최대 수확은 애초부터 여행이 불필요했음을 알게 된 것"이라는 말을 누가 듣고 싶어하겠으며, 누가 이런 얼토당토않은 말의 의미를 이해하겠는가?

레비스트로스는 고백한다. 진정한 인류학자는 첫 번째 현지 조사를 성공리에 마치고 돌아온 후 다시 현지 조사를 떠나지 않는다고. 한 번은 꼭 가 봐야겠지만, 그것으로 충분하다. 그 한 번의 여행으로 특별한 현상에 대해 가졌던 매혹에서 빠져나와 다양한 현상의 한계와 시시함을 냉정하게 꿰뚫어 보고 인류학의 진정한 목적을 발견했다면, 그는 앞으로 탐구해야 할 대상을 원래 살던 환경에서도 발견할 수 있다는 사실을 깨달을 것이다. 즉 그는 이제 자신이 살고 있는 익숙한 환경에서도 구조를 볼 수 있는 안목과 재능을 갖추게 된 것이다. 그러니 다시 여정을 떠날 이유가 있겠는가?

또다시 현지 조사를 떠나는 인류학자는 여전히 기이한 현상을 조사하고 기록하는 수준에 머물러 있는, 그 현상의 한계와 시시함을 간파하지 못한 사람이다. 반면 문화와 사회

현상의 유한성을 간파한 사람은 필연적으로 구조인류학자가 될 수밖에 없다.

외딴 지역은 이미 매혹적인 성질을 잃어버렸다. 모든 외딴곳을 다 돌아보았기 때문이 아니라, 외딴곳이 제공할 수 있는 의미를 이미 이해했기 때문이다. 외딴곳은 우리가 모든 문화에 본래 존재하는 것을 어떻게 볼 것인가를 일깨워 준다.

외딴곳에서 자신을 찾다

여행에서 돌아온 후 레비스트로스는 야콥슨 그리고 그의 언어학과 밀접하게 교류했다. 인류학과 구조인류학, 언어학과 구조언어학은 거의 비슷한 과정을 통해 변천했다. 언어학 역시 인류 언어의 다양성에 대한 인식에서 출발했고, 언어의 표본을 열정적으로 수집하던 단계를 거쳐 결국 각각의 언어를 분석하고 연구하는 일이 공허하다는 점을 깨닫고 구조에 대한 탐구로 전환했던 것이다.

구조언어학이 번성하기 이전에 언어학에서 가장 중요한 분과는 음성학이었다. 음성학에서는 인류가 낼 수 있는 모든 음성을 광범위하게 수집했다. 새로운 언어의 발견과 수집에 따라 음성학의 자료 창고가 점차 확충되었고, 서로 다른 음성 요소가 그곳을 채웠다. 그러나 구조언어학이 성립되기 위한 전제 조건은 다음과 같은 물음에 있었다. "부단히 확대되는 음성학은 우리에게 인류 언어에 대한 어떤 지식을 줄 수 있는가? 그토록 광대한 자료 창고는 인류 언어가 대단히 많은 음성으로 이루어져 있다는 점 외에 어떤 의미를 지닐 수 있는가? 만약 언어학이 우리에게 가르쳐 주는 바가 단지 인류의 언어 경험이 매우 풍부하고 다양하다는 점뿐이라면, 우리는 그토록 멀리까지 가서 그처럼 많은 자료를 수집할 필요가 있을까?"

이러한 전제에서 출발한 구조언어학은 음성학과 상반된 길을 걸었다. 음성학은 확장적이었다. 따라서 새로운 언어 요소와 음성 규칙을 끊임없이 찾아내며 인류 언어 경험의 광범위함을 강조했다. 반대로 구조언어학은 수습적이었고, 인류 언어의 형성 방식이 무한하지 않으리라 믿었다. 인간은 음성을 활용해 의미를 형성하고 표현하는데, 그 음성의 결속 방식은 유한하며 우리는 그것을 귀납할 수 있다는 것이다.

언어의 본질이 언어학 연구의 핵심이었다. 하나하나의 어음이 아니라 음과 음 사이의 관계 또는 음과 의미 사이의 관계가 중요했다. 음성의 개수는 무한할 수 있지만, 음과 음을 결합해 언어를 구성하고 의미를 표현하는 방법은 상대적으로 유한하다. 아무리 많은 음성을 수집한다 해도, 음과 음 사이의 관계를 탐구하지 않는다면 언어를 제대로 이해했다고 말할 수 없다.

음성학이 모든 언어에서 '비'雨를 지시하는 음성을 수집하고 나열한 후 "인류 언어에서의 '비'"를 완성했다고 여긴다면, 구조언어학은 그러한 음성 자료는 어떠한 언어계통에서도 의미가 없다고 여긴다. 왜냐하면 음성은 다른 음성과의 관계에서 볼 때라야 진정한 뜻을 가리킬 수 있기 때문이다. 예를 들어 단순하고 고립된 'yǔ'*라는 음성은 중국어에서 '雨'를 직접 가리킬 수 없다. '下雨'(비가 내리다), '雨水'(빗물) 같은 단어 또는 "怎么下雨了?"(왜 비가 왔지?) 같은 문장에 위치할 때라야 '비'라는 뜻을 갖게 되는 것이다.

따라서 핵심은 'yǔ'라는 음성이 '비'를 지시한다는 데 있지 않다. 해당 언어에서 어떤 음성 간의 관계가 'yǔ'라는 음성을 '비'로 인지하게 하느냐에 있다. 각 사회와 언어에서 '비'를 표현하는 음성은 무한할 것이다. 그러나 그 음을 들었을 때 그것이 '비'를 가리킨다는 것을 알게 해 주는 관계와 계통은 초문화적 초언어적 공통성을 지닌다.

언어는 일련의 음이 모여 이루어진다. 그렇다면 음성을

---

* 중국어에서 '비'를 지시하는 단어 '雨'의 발음. (옮긴이)

듣는 사람은 어떻게 그 일련의 음과 각 음이 대표하는 바를 분별할 수 있을까? 각 음은 하나의 의미를 초월한다. 그 각각은 수백 개의 상이한 물체, 동작, 현상을 대표한다. 그렇다면 우리는 어떻게 그중에서 하나의 대상을 판별해 내는가? 분명 음성 자체가 아니라 음성과 음성 사이의 특수한 관계에 의존해서이리라. 한 사회에서 사용하는 음을 멋대로 뒤섞어 버린다면, 그것은 언어를 구성할 수 없다. 음이 특수하고 고정된 관계를 형성해야만 비로소 화자와 청자 사이를 이어 주는 언어를 구성할 수 있다. 음성이 단순하게 배열되고 조합되는 경우의 수는 음성이 실제 언어가 되는 경우의 수보다 훨씬 많을 것이다. 말하자면 관계와 구조에 의해 결속된 언어는 그렇게 많고 다양할 수 없다.

소쉬르가 수립한 구조언어학은 여전히 하나하나의 언어계통을 연구 단위로 삼는다. 그러나 야콥슨에 이르러 연구 방식이 보다 확대되었다. 그는 한 언어계통의 구조를 탐구하는 데 그치지 않고, 비교 대조와 직관을 통해 모든 언어계통을 관통하는 공통 구조를 암시했다. 문법 구조의 측면에서 보면, 이 언어계통과 저 언어계통의 경계를 나누기가 대단히 모호해진다. 예를 들어 중국 각지의 방언은 같은 계통하에 있다고 할 수 있을까? 중국의 푸퉁화와 타이완의 궈위는 동일 계통에 속할까? 말레이시아나 싱가포르에서 사용하는 화위華語*는 또 어떤가? 야콥슨은 이러한 계통 간의 구분을 무시하기 시작하면서 서로 다른 계통 사이의 공통된 현상에 주목했다.

나아가 노엄 촘스키는 언어의 구조가 선천적으로 내재한다고 주장한다. 모든 언어가 관계 구조를 지니는데, 각 언어의 관계 구조는 서로 대단한 유사성과 중첩성을 지닌다. 또한 언어의 근본 구조는 단지 하나일 뿐으로, 모든 인류는 태어나면서부터 이미 그것을 갖고 있다. 다시 말해, 어린아이가 외부 환경의 영향으로 언어를 학습할 때 배우는 것은 특정한 언어와 의미의 연결고리일 뿐, 언어 구조에 대한 이해는 외부에서 비롯된 것이 아니라는 것이다. 학습을 거치지 않고도 아이는 선천적으로 언어의 구조를 인지한다. 아이가 후천적으로 배우는 것은 특정한 언어와 의미를 선천적이고 내재적인 구조에 위치시키는 요령일 뿐이다.

언어가 선천적인가 아니면 후천적인가 하는 문제는 여전히 논쟁거리이며, 그에 대한 궁극적인 답은 없다. 그러나 구조언어학의 형성은 레비스트로스에게 큰 영감을 주었다. 그는 자신과 인류학의 관계가 구조언어학자와 언어학의 관계와 유사하다는 것을 곧바로 알아챘다. 따라서 다른 인류학자들이 황급히 야만 문화를 구조하려 할 때, 그러한 행위가 음성학과 마찬가지로 부질없는 짓이라는 걸 인식할 수 있었다. 8개월의 여정이 끝난 뒤 그는 더 이상 그처럼 고된 방식으로 인류학을 연구하지 않겠다고 결심했다. 보다 중요한 구조를 탐구하는 데는 현존하는 자료만으로 족했다. 그 이상 인류 문화를 기록하는 것은 의미 없는 일이다. 그것은 인류학의 진정한 임무가 아니다. 인류학자는 그저 외딴 지역의 자극이 자기 문화에도 그것과 유사한 구조가 있음을 깨닫는 데 도움이 된다는 사실을 체득하면 된다. 기이하고 다채로우며 우리에게 익숙지 않은 현상과 우리에게 낯익고 우리가 보고도 못 본 체했던 현상은 동일한 구조의 논리를 따른다. 그러므로 진정 신선하고 특별한 발견이란 바로 구조의 발견이다.

부단히 확대되는 구조

끝없이 보완하고 포용하다

레비스트로스는 희곡을 완성하길 포기했지만, 킨나에 관한 이야기는 인류학적 우화였을 뿐 아니라 인류 문명에 관한 우화이기도 했다. 인류는 끊임없이 각종 기이한 현상을 빚어내고 탐구하면서 그것을 문화라고 여긴다. 방향을 달리해 말하면, 인류는 늘 '문화'와 그것이 가져다 준 진보가 각종 기이한 현상을 발생시켰다고 생각한다. 그러나 뜻밖에도 문명의 기원, 인간을 인간답게 해 주는 특질은 오로지 경험의 근원으로 돌아가 경험을 형성하고 정리하는 근본 법칙을 발견하는 데에서만 찾을 수 있다.

　인류 문명의 발전 과정에서 인간은 스스로를 부단히 '혁신'했고, 과거에는 없었던 새로운 사물을 창조해 왔다고 자부했다. 이는 마치 『서유기』에서 손오공이 재주를 넘으며 단숨에 세상 끝까지 이르렀다고 여겼지만, 그것은 실상 부처의 손가락에 불과했다는 사실을 발견함으로써 깨달음을 얻은 것과 유사하다. 손오공은 자신이 아무에게도 구속되지 않고 자유롭다고 믿었지만, 결국 부처가 그어 놓은 경계선을 벗어날 수 없었던 것이다. 따라서 우리는 손오공과 같은 시야로 오류에 빠지지 말고 냉정하게 부처의 존재를 확인할 수 있어야 한다.

　레비스트로스는 『신화학』을 집필하는 한편 『신화학』의 일부 내용을 뽑아 『야생의 사고』라는 책을 펴냈다. 『레비스트로스: 실험실의 시인』에서 윌컨은 이렇게 말한 바 있다.

　　『야생의 사고』에서는 '과학적 사고'와 '야생적 사고' 사이의 차이에 관한 길고 중요한 철학적 토론이 진행된다. 레비스트로스는 말한다. 과학적 사고는 분석적이고 추상적이며 세계를 일련의 어려운 문제들로 쪼개는 반면, 야생적 사고는 총체적인 방법을 추구한다.

(……) 과학자는 일정한 거리 밖에서 사물을 측정하고 모형을 수립하는 습관이 있다. 반면 야생적 사고는 주위 환경에서 비롯되는 감각 경험을 직접 처리하며, 그것을 서로 견주어 신화적 시적 공식에서 질서를 끄집어낸다. 레비스트로스는 과학적 연구 과정을 영원히 멈추지 않는 굴착에 비유한다. 과학자는 먼저 표면을 두드려 깨뜨리고 그 아래에 있는 세계를 분석적으로 탐구한다. 그런 연후에 한층 더 땅을 파고 들어가는데, 이러한 작업은 지속적으로 반복된다. 과학의 진보는 지표면을 한 층 한 층 파고 들어감으로써 이루어진다. 그리고 이 과정을 통해 과학자는 더욱더 비밀스러운 지도를 발견하며, 여기서 얻은 해석은 우리 손에 들려진 지도의 본질로 간주된다.

상대적으로 과학은 세계에 균열을 내는 방식으로 세계를 파악한다. 과학은 우리가 세계를 열어젖혀 문제를 하나하나 끄집어낸 후 끈기 있게 그것을 축적하고 차례대로 해답을 발견함으로써 (비로소) 이 세계에 관한 지식을 얻게 된다고 본다. 반면 야생적 사고가 세계를 대면하는 방식은 각 사물이나 현상이 자리를 잡을 수 있도록 그것을 지탱할 뼈대를 만드는 것과 같다. 우리는 그 뼈대를 이해함으로써 세계를 이해할 수 있다.

과학은 깊이 숨겨진 하나의 핵심이 있다고 믿는다. 따라서 과학은 부단히 아래를 향해 파고들어 그 핵심에 가까워지려 한다. 그러나 야생적 사고가 걸어간 길은 비교의 길이었다.

야생적 사고와 관련해 레비스트로스는 인디언의 토템을 예로 들었다. 각 인디언 부족은 저마다의 토템과 터부가 있다. 토템과 터부는 서로 밀접하게 연관된다. 곰을 토템으로 삼는 부족은 곰을 사냥하거나 해치는 것을 터부로 한다. 과거 유럽인은 이러한 터부에 대해 그 인디언 부족이 자신을 곰으로 여기며 곰과 동일시한다고 해석했다.

레비스트로스는 이러한 단순한 해석을 비판했다. 그는 토템과 터부의 기능을 확대했다. 곰 부족이 동일시하는 '곰'은 독립적으로 존재하는 것이 아니다. 그들은 '곰'이라는 토템을 사용해 주위 세계와 상호작용하기 위한 기초를 수립한다. 단순하게 그들이 "자신을 곰으로 여겼다"고 보는 것은 별 의미가 없다. 중요한 것은 '곰'이라는 토템과 여타 토템, 그리고 주위 환경을 구성하는 그 밖의 사물과 현상 사이의 상호 관계다.

곰 부족은 곰을 동일시함으로써 자기 부족과 다른 부족

의 관계 그리고 자신들과 주변 자연환경의 관계를 다루고 바로잡는다. 곰 부족과 연어를 토템으로 삼는 부족 사이의 관계는 곰과 연어 사이의 관계와 일치한다. 곰과 연어는 두 부족의 상호 관계를 비유적으로 보여 준다.

현대적 개념으로 보면, 인간 관계에 관한 연구는 사회학 영역에 속하며, 인간의 신체에 관한 연구는 의학 영역에 속할 것이다. 그러나 야생적 사고에서는 그렇게 분과를 나누어 현상을 다루지 않는다. 반대로 현상을 부단히 유비적으로 융합한다. 인간관계를 이해하는 가장 좋은 방법은 자연을 활용한 유비다. 곰과 연어 사이에 고정되고 구체적인 자연 관계가 존재한다면, 곰 부족과 연어 부족의 사회관계에 그들의 자연 관계를 유비하고 대입함으로써 양자 간의 상호적 구조를 발견할 수 있다.

하천의 상류에 거주하는 부족과 하류에 거주하는 부족이 있다고 하자. 그런데 상대적으로 강력한 상류 부족이 하류 부족이 필요로 하는 자원을 통제해 하류 부족은 상류 부족의 공격을 무릅쓰고 상류로 거슬러 올라가곤 한다. 이러한 생존 관계는 자연계에서 곰과 연어의 관계와 유사하기 때문에, 두 부족은 곰과 연어를 각자의 토템으로 삼아 서로 간에 형성되는 구도를 명확하게 규정한 것이다.

모든 사물을 이러한 비교 방식으로 유형화한 것이 바로 야생적 사고다. 레비스트로스는 책에서 수리공의 작업에 비유해 야생적 사고를 설명한다. 수리공은 망가진 물건들을 수리한다. 창문, 우산, 솥, 칼 등. 그에게는 고정된 작업 방식도, 정해진 도구도 없다. 당신이 무엇을 가져오느냐에 따라 거기에 맞게 작업 방식과 도구를 정한다. 과학적 사고는 늘 상 현상을 분류하고 각각의 유형에 고유한 특성을 부여한다. 그러나 이는 인류의 일반적 경험과 다르다. 대부분의 사회에서 대부분의 시간 동안 인간은 혼동과 '수리'의 태도로, 말하자면 야생적 사고로 살아간다.

곰과 연어 토템이 두 부족 간의 주요 관계를 결정한다고 봤을 때, 곰과 연어의 자연 관계가 포괄할 수 없는 새로운 구도가 두 부족 간에 형성된다면 어떻게 해야 할까? 이 경우 그들은 포괄할 수 없는 부분을 도려내 다른 관념 영역에 배치하는 방식이 아니라, 곰과 연어의 신화를 수정하고 보완하는 방식을 취한다. 즉 스토리를 첨가하고 거기에 해석을 덧붙여, 재조정된 곰과 연어의 관계에 그것을 반영한다. 예를 들어 연어 부족의 한 구성원이 더 상류에 거점을 만들어 곰 부족의 통제에서 벗어날 수 있게 되었다고 해 보자. 이런 경우 곰의 주둥이에서 용감히 달아난 특별히 강인한 어미 연어가 보다 높은 곳까지 거슬러 올라가 알을 낳았고, 그 알이 새로운 환경에서 자랄 치어를 부화했다는 이야기가 신화에 덧붙는다는 것이다.

이러한 사유에는 불변하는 것도, 포함되지 못할 것도 없다. 문제에 부딪히면 원래 체계에서 가장 근접하고 유사한 부분을 찾아내 세부 내용을 새롭게 덧붙임으로써 문제를 체계 안으로 포섭해 해결한다. 부서지고 망가진 부분을 수리하는 것은 그것을 따로 떼어 내 독립시키는 것과 전혀 다른 것이며, 전체 체계의 포괄성을 포기하는 것은 더더욱 아니다.

과학은 사실 특수한 사례에 불과하다

레비스트로스는 야생적 사고를 밝혀내는 데 그치지 않고 야생적 사고가 인류 문화의 뿌리이자 보다 보편적인 사고 형태임을 주장한다. 상대적으로 과학적 사고는 소수의 특수한 사례에 불과하다. 그는 과학을 보편 진리, 인류의 유일한 지적 기준으로 보는 것에 명확히 반대한다. 그러나 그가 내놓은 이러한 논점은 커다란 문제를 남겼다. 그렇다면 과학적 사고는 어떻게 해서 존재하게 되었나? 이렇듯 소수이고 특수한 사례에 불과한 것이 어떻게 탄생할 수 있었나? 더욱이 그가 제시한 구조와 총체적 의미라는 개념으로 돌아가서 보자면, 과학적 사고란 문화의 구조 내에 본래 있었던 것인가, 아니면 구조 밖에 있는 특수한 사례인가?

만일 과학적 사고 역시 구조 안에 있다면, 어떻게 과학이 보편적이 아니라고 말할 수 있는가? 반대로 만일 과학적 사고가 구조 밖에 있다면, 어떻게 구조가 진정 공통적이라고 말할 수 있는가?

레비스트로스는 이러한 문제에 답을 제시하지 않았다. 그러나 "과학은 필연적이거나 당연한 것이 아니다"라는 회의의 씨앗을 새로운 세대의 과학사 연구에 성공적으로 이식했다. 이전의 과학사는 기본적으로 성공의 서사로서, 인류(특히 유럽인)가 어떻게 몽매함을 극복하고 진리를 발견했는지 묘사했다. 그러한 서사에는 명확히 좋은 사람과 나쁜 사람이 있었다. 진리 추구에 매진하는 과학자는 좋은 사람이고, 여타 비과학─종교, 미신 등─적 태도로 과학적 지식을 거부하고 과학적 진보를 저해하는 사람은 나쁜 사람이었다. 과학사는 우리에게 좋은 사람이 어떻게 굳센 마음으로 힘을 쏟아 마침내 나쁜 사람으로부터 승리를 거두었는지 말해 준다.

하지만 새로운 세대의 과학사는 이와 같은 전제를 수정

해 과학 ─ 과학적 지식, 방법, 과학자 ─ 을 역사 속에 위치시켜 해석해야 할 특수한 현상으로 본다. 과학이 인류의 수많은 지식 체계 속의 한 갈래라면, 과학과 다른 지식은 왜 그렇게 상이한가? 과학은 어째서 특정한 시공간적 맥락에서 생겨났는가? 새로운 세대의 과학사는 이러한 서사의 전달에만 그치지 않았다. 그것의 주요한 임무는 역사적 해석으로 전환되었고, '어떻게'가 아니라 '어째서'로 관심의 초점이 이동했다. 즉 과학이 어떻게 몽매함을 물리쳤는지가 아니라, 어째서 그토록 특이한 과학 사상이 출현했는지에 보다 큰 관심을 기울이기 시작한 것이다.

과학은 더 이상 창문을 뚫고 들어와 어둠을 밝혀 주는 한 줄기 빛이 아니다. 과학은 네 다리로 걷는 대다수 '정상적인' 동물 중에서 갑자기 직립보행하는 동물이 출현한 것과 같은 특수한 현상이다. 과학사가 탐구하는 것은 어느 지점에서 그러한 변화가 발생했고, 어떠한 에너지가 그러한 변화를 촉진시켰는가다.

구조주의의 나뭇가지와 잎이 돋아나다

레비스트로스가 끼친 보다 직접적인 영향은 구조주의

개념과 그 관련 논의를 유럽과 미국을 넘어 전 세계에 유행시킨 것이다.

예를 들어 레비스트로스 이후 라캉의 구조주의 정신분석이 등장했다. 라캉은 레비스트로스가 언어학에서 차용해 인류 문명을 분석한 방법으로 개인 심리와 정신을 연구했다. 라캉은 이렇게 주장했다. 우리의 정신은 고정된 구조를 갖고 있으며, 그 구조는 외부에서 온 자극을 유형화하고 정리하도록 우리를 지배한다. 또한 그러한 작용은 임의적이거나 우연적인 것이 아니며 개별적인 것은 더더욱 아니다. 이러한 방식으로 라캉은 구조언어학과 구조인류학이 고찰한 집단 현상의 기초를 더 파고들었다. 그는 인간이 언어 구조와 문명 구조를 집단적으로 발전시킬 수 있는 것은 각 개인의 내부에 그러한 정신 구조가 있기 때문이라고 보았다. 또 정신 구조가 그와 같이 유한한 구조 형식 속에서만 인간이 감관과 심리 정보를 다루도록 제한하기 때문에 인간과 외부 세계의 관계 양상은 무한하지 않다고 주장했다. 따라서 인류는 오로지 한정된 규칙을 통해서만 언어를 발명하고 운용하며, 유한한 형식하에서만 사회와 문명을 구축할 수 있다.

레비스트로스의 영향을 받은 또 다른 예로 푸코의 구조주의 지식사智識史가 있다. 푸코는 구조주의의 핵심 주장을 받아들여 "관계가 어떠한 개별 구성원이나 개별 요소보다 중요하다"고 보았고, 이러한 원칙을 통해 지식을 재정리함으로써 기존과는 구별되는 지식사를 수립했다. 그는 분리와 구분의 방식으로 지식을 보지 않았다. 즉 그는 철학, 문학, 예술, 역사 등의 분과를 구분해 연구하기를 거부했다. 오히려 그는 그러한 지식 사이의 관계에 주목했고, 지식의 생산에서 성립까지를 결정하는 구조의 연구에 가치를 두었다.

푸코는 이러한 연구를 '지식고고학'이라 불렀다. 그는 칸트, 헤겔, 피히테 등 철학자를 시간순으로 나열해 사상의 변화를 고찰하지 않았다. 마치 고고학자가 유적지를 발굴하듯, 하나의 층위에서 발견된 모든 사물을 하나로 연결하는 방식을 취했다. 즉 동시대 지식 간의 관계를 분석하고 서술하려 했던 것이다.

이러한 분석을 거쳐 푸코는 서로 다른 지식 간의 관계를 결정하는 요소가 바로 '권력'임을 밝혀냈다. 이러한 권력을 통해 지식의 configuration(배치)이 가능해지며, 권력은 각 지식에 하나의 공통된 형식과 면모를 부여한다.

레비스트로스의 영향을 받은 또 한 예로 롤랑 바르트 같은 '문학구조주의자'를 들 수 있다. 문학은 언어와 문자로 이루어진다. 그렇다면 구조언어학이 발견한 규율은 필연적으로 문학에 반영될 것이다. 또한 문학은 경험과 감정을 표현하는데, 그러한 경험과 감정은 구조인류학이 발견한 문화적 규율의 영향하에서 형성된다. 이 두 구조를 통해 롤랑 바르트는 문학에서 기존과는 매우 다른 것을 들여다볼 수 있었다. 그는 문학작품을 심층적인 언어 문법과 문화 문법의 상호 교차를 통해 산출되는 것으로 인식했다.

라캉, 푸코, 롤랑 바르트 등 프랑스 지식인은 후에 세계적으로 유명한 지적 영웅이 되었고, 구조주의의 거센 파도를 일으켰다. 또 그들로 인해 프랑스는 20세기 후반 서구 사상계의 지도적 위치를 점하게 되었다. 나중에 구조주의에서 후기구조주의가 파생했고, 데리다의 해체주의, 리오타르의 포스트모더니즘 등 프랑스에서 유래한 사상의 물결이 끊임없이 전 세계 지성계에 충격을 주었다.

역자 후기
보편과 특수 사이의 진자운동

　내가 처음으로 읽은 문화인류학 저서는 아마도 루스 베네딕트의 『국화와 칼』이었을 것이다. 정확히 언제인지 기억도 나지 않을 만큼 오래전에 읽었지만, 그 책에서 받은 인상은 지금까지도 부분적으로 남아 있다.

　그 인상은 퍽 부정적이었다. 일본인의 '양면성'에 관해 논술한 이 책은 제2차세계대전 당시 일본과 태평양전쟁을 치르던 미국 정부의 요청으로 기획되어 집필된 책이다. 문화인류학 영역의 고전으로 평가되는 이 책에서 베네딕트는 '적국'으로서의 일본과 거기 살고 있는 일본인의 심층 심리 기제를 대단히 정교하고 효과적으로 분석한다. 그러나 내게 이 책은 한마디로 문화인류학이라는 학문 분과가 얼마나 현실 정치나 국제 정세에서의 이익 관계와 밀착되어 있는지(어느 학문 분과가 그렇지 않겠냐마는) 보여 주는 사례로 여겨졌다. 그 속에 담긴 치열한 논증과 이를 뒷받침하는 풍부한 사례는 그와 같은 부정적 인상으로 빛이 바래고 말았다.

『국화와 칼』을 읽은 지 몇 해가 지나 레비스트로스와 『슬픈 열대』를 알게 되었다. 그의 책을 꼼꼼하게 정독한 것은 아니었지만, 한때나마 프랑스 구조주의와 포스트구조주의 계열의 이론과 사상에 심취했던 내게 소쉬르의 구조주의 언어학과 레비스트로스의 구조인류학은 불가피한 관문이었다. 레비스트로스의 학술적 노정은 베네딕트로부터 받은 문화인류학에 대한 부정적 인상을 완화해 주었다. 베네딕트의 책이 학문과 정치·권력·전쟁의 밀접한 연관성을 보여 주었다면, 레비스트로스의 책은 매우 포괄적이고 심층적인 차원의 인간 이해가 어떻게 가능한가를 보여 주었다. 그것은 현실 정치나 군사적 목적에 부합하는 도구적 산물이 아니라, 인류의 존재 양식과 그것을 떠받치는 정신 기제에 대한 호기심에서 비롯한 남다른 열정의 산물이었다. 더욱이 레비스트로스의 구조인류학이 부분적으로 20세기 중후반 유럽에서 시작해 세계적으로 확산된 반전운동, 소수자운동, 탈권위주의 운동의 이론적 모태가 될 수 있었던 것도 그의 작업에서 보이는 왕성한 사상적 에너지 덕분일 것이다.

레비스트로스의 『슬픈 열대』를 대중적으로 풀어낸 양자오의 이 책은 레비스트로스의 구조인류학이 당시 문화인류학의 발전이라는 씨줄과 유럽의 사상계라는 날줄 사이에서 어떠한 위상과 의미를 가졌는지 간명하고도 흥미진진하게 설명한다. 양자오가 레비스트로스의 저작에서 특별히 주목한 점은 바로 '보편'과 '특수'의 문제였다. 레비스트로스의 구조인류학은 인류의 보편적 성격과 개별 종족의 특수한 성격 사이에서 어떤 입장을 취하는가? 그것은 어떠한 특수성으로 기존의 보편적 가치에 의문을 품었으며, 또 어떠한 보편성으로 기존 특수성의 굴레로부터 벗어나고자 했는가? 이는 이 책을 관통하는 핵심 물음이자 유럽 현대사상의 큰 줄기를 이해하는 하나의 방편이 될 수 있는 물음이다.

레비스트로스의 구조인류학은 폭력적인 식민주의를 떠받쳤던 유럽 중심의 보편주의로부터 벗어나 상이한 문화 집단의 특수성에 천착했던 말리노프스키 혁명을 계승한다. 그러나 동시에 특수한 문화 사례를 단순히 수집하고 나열하는 방식으로 인해 다양성의 소용돌이에서 목적과 방향을 잃고 마는 말리노프스키 이래의 민족지 학자들을 비판하고, 인류 공통의 '구조'를 제시하며 보편성의 가치를 재구축한다. 이러한 패턴은 레비스트로스가 사르트르의 실존주의에 맞서고 프로이트나 마르크스의 사상에 공감하는 데에서도 유사하게 반복된다. 요컨대 레비스트로스는 거짓된 보편, 폭력적으로 왜곡된 보편을 거부하면서 특수성의 원시림으로 나아가지만, 재차 특수한 것에서 보편적 구조와 규칙을 도출하려한다. 즉 그는 문명 속에서 야만을, 야만 속에서 문명을 보려한다. 이처럼 레비스트로스의 구조인류학에서 보편과 특수의 문제는 끊임없는 진자운동으로 나타난다고 할 수 있다.

이런 의미에서 다시 루스 베네딕트의 문화인류학으로 되돌아가 보면, 그것이 노정했던 문제가 도드라진다. 『국화와 칼』은 일본이라는 적국을 철저하게 타자화한 산물이며, 거기서 일본인과 그들의 문화는 자신들(즉 미국인)과는 무관한 특수한 사례로 다뤄진다. 그러나 일본과 미국 그리고 그곳에서 살고 있는 사람들 사이에는(나아가 인류 전체에는) 진정 '공통의 구조'가 존재하지 않는가? '국화'와 '칼'로 대변되는 일본인의 양면성은 정말 일본인만의 특수한 문화

심리일까? 레비스트로스의 구조인류학 견지에서 보면, 이는 문화인류학자에게 필수적이고 필연적인 질문이다. 구조인류학은 이문화의 의미와 속성을 드러내는 데 그치지 않고, 그것을 통해 나 자신의 정체를 발견하고 드러내는 데까지 나아가야 한다고 말한다.

당연한 말이겠지만, 이는 베네딕트와 레비스트로스의 이야기로 그칠 문제가 아니다. 많은 경우 우리 사회 안팎에서 끊임없이 이질적 타자를 소환해 내고 그것에 특수성의 올가미를 씌워 의혹과 불안의 눈초리를 보내곤 하는 우리 자신과 관계된 문제이기도 하다.

슬픈 열대를 읽다
: 레비스트로스와 인류학을 공부하는 첫걸음

2019년 4월 24일 초판 1쇄 발행

지은이	**옮긴이**
양자오	박민호

펴낸이	**펴낸곳**	**등록**
조성웅	도서출판 유유	제406-2010-000032호(2010년 4월 2일)

주소
경기도 파주시 책향기로 337, 301-704 (우편번호 10884)

전화	**팩스**	**홈페이지**	**전자우편**
031-957-6869	0303-3444-4645	uupress.co.kr	uupress@gmail.com

	페이스북	**트위터**	**인스타그램**
	www.facebook .com/uupress	www.twitter .com/uu_press	www.instagram .com/uupress

편집	**디자인**
류현영	이기준

제작	**인쇄**	**제책**	**물류**
제이오	(주)민언프린텍	책공감	책과일터

ISBN 979-11-89683-09-2 04330
        979-11-85152-02-8 (세트)

이 도서의 국립중앙도서관 출판예정도서목록(CIP)은 서지정보유통지원시스템
홈페이지(seoji.nl.go.kr)와 국가자료공동목록시스템(www.nl.go.kr/kolisnet)에서
이용하실 수 있습니다.(CIP제어번호: CIP2019014756)